NOMOSSTUDIUM

Dr. Philipp ter Haar | Dr. Carsten Lutz
Dr. Matthias Wiedenfels

Prädikatsexamen

Der selbstständige Weg
zum erfolgreichen Examen

6. Auflage

Dr. Philipp ter Haar, Abteilungsleiter, Hamburg | **Dr. Carsten Lutz**, Rechtsanwalt, Fachanwalt für Handels- und Gesellschaftsrecht, Heidelberg | **Dr. Matthias Wiedenfels**, Rechtsanwalt, Frankfurt am Main

Die Deutsche Nationalbibliothek verzeichnet diese Publikation in der Deutschen Nationalbibliografie; detaillierte bibliografische Daten sind im Internet über http://dnb.d-nb.de abrufbar.

ISBN 978-3-7560-1055-4 (Print)
ISBN 978-3-7489-4171-2 (ePDF)

6. Auflage 2025
© Nomos Verlagsgesellschaft, Baden-Baden 2025. Gesamtverantwortung für Druck und Herstellung bei der Nomos Verlagsgesellschaft mbH & Co. KG. Alle Rechte, auch die des Nachdrucks von Auszügen, der fotomechanischen Wiedergabe und der Übersetzung, vorbehalten.

Vorwort zur 6. Auflage

Die 6. Auflage ist eine Jubiläumsausgabe; wir feiern „20-jähriges". Als wir unser Projekt starteten, haben wir uns nicht vorstellen können, dass es so lange aktuell sein würde. Einerseits freuen wir uns über die unverminderte Nachfrage, andererseits bedauern wir, dass die Herausforderungen der Examensvorbereitung im Fach Jura offenbar immer noch übermächtig sind, Studierende immer noch Bedarf nach Handreichungen haben und trotz mancher gut gemeinten Reform immer noch dieselben alten Probleme der Stofffülle und unbefriedigender Examensergebnisse drängen.

Immerhin tut sich etwas – zumindest in der politischen Debatte. Mit Wohlwollen nehmen wir zur Kenntnis, dass sich die Vorstellung Gehör verschafft, wir verschenkten unser volkswirtschaftliches Potenzial, wenn wir weiter so viele Studierende in einem so späten Stadium scheitern lassen. Die Debatte um den „integrierten Bachelor" zeigt, dass es offenbar wenigstens auf der Ebene einzelner Bundesländer etwas wert sein soll, wenn Studierende die Voraussetzungen für die Anmeldung zur staatlichen Pflichtfachprüfung erfüllt haben und der universitäre Teil des ersten Staatsexamens bestanden ist. Ob dieser geplante zusätzliche Abschluss ein Gewinn ist, ob er sich politisch durchsetzt und ob tatsächlich Studierende damit einen universitären Abschluss erwerben, ein Masterstudium anschließen oder direkt in den Arbeitsmarkt gehen, wird sich zeigen.

Dies ist indes nicht unser Thema. Niemand, der dieses Buch zur Hand nimmt, sucht politische Unterstützung, sondern handfeste Hilfe zur Selbsthilfe. Diesem Credo bleiben wir treu; wir möchten unseren Lesenden weiterhin dabei helfen, durch selbstbestimmte Vorbereitung ein (voll) befriedigendes Examen zu absolvieren. Dabei greifen wir auf Bewährtes zurück. Erwarten darf man von der 6. Auflage neben den üblichen Aktualisierungen in Bezug auf die Lern- und Lehrpläne, dass wir umfassender als zuvor elektronischen Hilfsmitteln Rechnung tragen, dass wir uns mit den Vorteilen digitaler Arbeitsgruppen auseinandersetzen und dass wir mit der Erfahrung unserer Berufstätigkeit auf Arbeitsmethoden (auch in der Zusammenarbeit) eingehen, die es früher so nicht gab.

Dank gilt unseren Lesenden, dem Verlag und nicht zuletzt Herrn Kollegen Marcel Zühlsdorff für die Mithilfe bei der Aktualisierung der Literaturempfehlungen. Wir wünschen Ihnen wie immer ein gutes Gelingen beim Prädikatsexamen und sind davon überzeugt, dass der erste Schritt dazu bereits gemacht ist, allein, weil Sie sich bereits jetzt aktiv mit der aktualisierten Auflage auseinandersetzen.

Hamburg / Heidelberg / Frankfurt a.M. im Februar 2025

Dr. Philipp ter Haar   *Dr. Carsten Lutz*   *Dr. Matthias Wiedenfels*

Vorwort zur 5. Auflage

Die 4. Auflage ist ausverkauft, das Literaturverzeichnis ist in die Jahre gekommen, die Schwerpunktprüfung an den Hochschulen hat sich nochmal verändert und die Digitalisierung macht selbst vor einem so beständigen Fach wie Jura nicht halt. Wir haben daher mehr als genug Anlass, Ihnen nunmehr die 5. Auflage unseres Handbuchs vorzustellen. Wir können es selbst kaum glauben, schließlich sind wir mittlerweile deutlich länger im Beruf als wir jemals studiert haben. Um ehrlich zu sein, hatten wir zunächst die Befürchtung, nicht mehr nah genug an unserer Zielgruppe zu sein. Die vielen dankbaren, hilfreichen, weiterführenden, nachdenklichen, zweifelnden, und, ja, auch kritischen Rückmeldungen haben uns aber letztlich davon überzeugt, Sie weiter auf Ihrem Weg zu einer selbstbestimmten Examensvorbereitung begleiten zu wollen. Und da wir nach wie vor – weder aus Erzählungen noch aus eigener Anschauung - keinen besseren Weg dorthin haben finden können, dürften unsere Ideen und Vorstellungen wenig an Aktualität eingebüßt haben.

Das heißt nicht, dass man nicht durchaus einiges auf den neuesten Stand zu bringen hatte: Die Neuauflage führt das bewährte Konzept des Buchs fort, setzt sich aber nunmehr auch mit den Herausforderungen (und Chancen) digitaler Hilfsmittel auseinander, greift die Erfahrungen und Änderungen im Schwerpunktbereich (und den Lehrplänen) auf, arbeitet neuere Statistiken und andere Sachinformationen ein und stellt Ihnen ein brandaktuelles Verzeichnis an Literatur und Arbeitshilfen zur Verfügung.

Um den Gesamtumfang des Buchs beizubehalten und nach wie vor ein schnelles und übersichtliches Nachschlagewerk vorlegen zu können, haben wir in inhaltlich vertretbarer Weise gekürzt.

Dank gilt unseren Lesern, dem Verlag und Herrn Rechtsreferendar Christian Jung. Wir wünschen ein gutes Gelingen beim Prädikatsexamen und sind davon überzeugt, dass der erste richtige Schritt dazu mit der Lektüre dieses Vorworts bereits gemacht ist.

Hamburg / Heidelberg / Frankfurt aM im Sommer 2020

Dr. Philipp ter Haar   *Dr. Carsten Lutz*   *Dr. Matthias Wiedenfels*

Aus dem Vorwort zur 4. Auflage

Auch in den letzten 4 Jahren haben wir uns wieder über die positiven Rückmeldungen und Berichte über die großartigen Examenserfolge unserer Leser gefreut. Auch haben wir festgestellt, dass wir in unserem Arbeitsleben immer noch von den Fertigkeiten profitieren, die wir in unserer Examens-AG erlernt haben. Die langjährige Berufserfahrung hat uns aber auch erkennen lassen, dass man unser Konzept der selbstbestimmten Examensvorbereitung in einzelnen Punkten durchaus noch schärfen kann.

Diese Chance wollen wir in dieser neuen Auflage nutzen. Eingearbeitet finden Sie die vielen hilfreichen Rückmeldungen unserer Leser und unserer Erfahrungen aus dem Berufsalltag im Top-Management und als Kanzleipartner. Im Fokus stehen dabei vor allem Tipps aus der Praxis aktuell erfolgreich beendeter Arbeitsgruppen und der Umgang mit der Informationsflut bei Social Media Nutzern (und wer ist das nicht?). Freiräume für konzentriertes Arbeiten zu schaffen ist auch im Berufsalltag eine Herausforderung, unsere Erfahrungen für einen erfolgreichen Umgang haben wir in die neue Auflage integriert.

Allen Lesern, die uns durch Ihre Rückmeldungen geholfen haben, die verschiedenen Wege aufzuzeigen, danken wir sehr. Unseren neuen Lesern wünschen wir viel Freude und Erkenntnisse mit unserem Buch und natürlich gutes Gelingen beim Prädikatsexamen.

Wir danken Herrn Rechtsreferendar Michael Heuser für die Mithilfe bei der Aktualisierung der Literaturempfehlungen.

Hamburg / Heidelberg / Frankfurt aM im März 2016

Philipp ter Haar   *Dr. Carsten Lutz*   *Dr. Matthias Wiedenfels*

Vorwort zur 3. Auflage

Dieses Werk liegt jetzt in der dritten Auflage vor. Grund dafür ist erneut, den Lesern Veränderungen in Lern- und Stoffplänen näherzubringen sowie auf die gestiegenen Anforderungen der Juristenausbildung zu reagieren.

Wie immer haben wir den ständigen Dialog mit unseren Lesern dazu genutzt, eine Vielzahl nützlicher Anmerkungen und Verbesserungsvorschläge umzusetzen. Dies betrifft redaktionelle Änderungen, aber auch inhaltliche Anregungen. Darüber hinaus wurden auch die Ausbildungserfahrungen der Autoren für erweiterte Hinweise (etwa zur mündlichen Prüfung) fruchtbar gemacht. Wir hoffen, auch damit einen gegenüber der zweiten Auflage gestiegenen Mehrwert bieten zu können.

Vorschläge, stärker auf das eigentliche Anliegen des Buches zu fokussieren haben wir dankbar angenommen und das Buch an einigen Stellen (ohne inhaltlichen Verlust) gekürzt.

Wir haben uns außerdem der (durchaus konstruktiven) Kritik gestellt, zu stark für unser Anliegen der selbst-disziplinierten Vorbereitung zu werben und uns damit zu sehr gegen andere Vorbereitungsformen zu wenden. Daher an dieser Stelle nochmal und vorweg: Wir betrachten diesen Ratgeber nicht als Agitation gegen Repetitoren. Wir sind nicht „gegen", sondern vor allem und zuvorderst „für" etwas: Die selbstbestimmte Vorbereitung auf das Staatsexamen. Konsequent wäre es daher in der Tat, den Muster-AG-Plan zu entfernen, denn er widerspricht unserem eigenen Credo, dass die selbstständige Stofferarbeitung bereits bei der eigenen (!) Strukturierung der Lerninhalte beginnt. Wir nehmen aber Rücksicht auf diejenigen Leser, die an der grundsätzlichen Herangehensweise interessiert sind oder die nur die allgemeingültigen Teile (zB aus dem Bereich „Lernen und Wiederholen") lesen möchten. Die Erfahrung zeigt, dass es viele solcher Leser gibt. Denen und allen anderen gilt erneut unser Dank.

Unser elektronischer Briefkasten projekt_praedikatsexamen@web.de wird weiterhin täglich geleert.

Hamburg/Heidelberg/Frankfurt aM im Oktober 2012

Philipp ter Haar   *Dr. Carsten Lutz*   *Dr. Matthias Wiedenfels*

Aus dem Vorwort zur 2. Auflage

Das überwältigende Feedback nicht nur solcher Leser, denen unser Buch gefallen hat, sondern vor allem denen es nach eigenem Bekunden eine echte Hilfe war, ist unsere erneute Motivation geschuldet, das Buch auf einem aktuellen Stand zu halten.

Bitte nutzen Sie es daher als aktuellen Ratgeber und echte Hilfestellung. Machen Sie regen Gebrauch von den Tipps und Anregungen; sie haben sich vielfach bewährt. Reihen Sie sich ein in die Vielzahl der erfolgreichen Absolventen, die den selbstständigen Weg zum Prädikatsexamen mithilfe unseres Buches zu Ende gegangen sind.

Hamburg/Heidelberg/Frankfurt aM im April 2007

Philipp ter Haar   *Dr. Carsten Lutz*   *Dr. Matthias Wiedenfels*

Aus dem Vorwort der 1. Auflage

Dieses Buch ist die Weiterentwicklung eines über viele Jahre angewandten und immer weiter verbesserten überarbeiteten Konzepts und das Ergebnis eines sehr erfolgreichen Projekts. Das Projekt lautet »Examensvorbereitung«; sein Konzept heißt ebenso schlicht wie anspruchsvoll »die richtige Vorbereitung« und ist in dreifacher Hinsicht erfolgreich: Die Autoren haben es im Selbstversuch unter echten Bedingungen getestet und in Publikationen und Workshops an Studenten und Fachschaften zahlreicher Universitäten im ganzen Bundesgebiet – von Kiel bis Tübingen, von Frankfurt/Oder bis Köln – weitergegeben. Durch diese Vervielfältigung und den Dialog mit Hunderten von Studenten der Rechtswissenschaften haben wir das Konzept auf eine breitere Basis gestellt und sozusagen im Feldversuch noch einmal getestet. Das Ergebnis hat uns weiter Mut gemacht. Das Feedback der Teilnehmer unserer Workshops war jedes Mal überwältigend und der persönliche Erfolg vieler Teilnehmer (so wir denn davon erfuhren) eine weitere Bestätigung.

Und jetzt, nach einer gewissen Zeit der Berufstätigkeit, erfahren wir aufs Neue: Ob als Teamplayer in einer großen Anwaltskanzlei, als Projektleiter und Ausbilder in einer Unternehmensberatung und erst recht in der Studentenausbildung als Dozenten und Repetitoren können wir uns täglich auf eine angewandte Methodik und auf Soft Skills verlassen, die uns schon vor Jahren sicher durch zwei

Aus dem Vorwort der 1. Auflage

Staatsexamina gebracht haben und ein festes Fundament für die weitere berufliche (und auch persönliche) Fortbildung darstellen.

Haben wir Sie neugierig gemacht? Dann begleiten Sie uns (und wir Sie!) bei der erfolgreichen Projektarbeit »Staatsexamen«. Wir richten uns aber nicht ausschließlich an Examenskandidaten. Wie Sie lernen und in welcher Form Sie lernen ist eine Frage, die Sie ab dem ersten Semester begleitet. Wenn Sie sich also auf die Zwischenprüfung vorbereiten wollen, auf die großen Scheine oder auch auf das Zweite Staatsexamen, sind Sie bei uns richtig aufgehoben.

Wir möchten den in unseren Workshops begonnenen Dialog mit Ihnen weiterführen. Für Kritik und Hinweise schreiben Sie bitte an:

projekt_praedikats examen@web.de

Bonn/Mannheim/Wiesbaden im Januar 2004

Philipp ter Haar   *Dr. Carsten Lutz*   *Dr. Matthias Wiedenfels*

Inhaltsübersicht

Kapitel 1: Das Projekt der erfolgreichen Examensvorbereitung — 17

- I. Auf dem Weg zu einer selbstbestimmten Examensvorbereitung — 18
- II. Über die Arbeit mit diesem Buch — 21
- III. Das Examen als Projekt — 23
- IV. Strategische Überlegungen zum Schwerpunktstudium — 32
- V. Die Wahl der richtigen Vorbereitungsart — 39
- VI. Die erfolgreiche Behandlung der Examensangst — 53
- VII. Zusammenfassung — 57
- VIII. Übung — 57

Kapitel 2: Die Arbeitsgemeinschaft — 59

- I. Was Sie am Ende dieses Kapitels erreicht haben — 60
- II. Die Gründung der AG — 60
- III. Der AG-Plan — 72
- IV. Die Durchführung der AG — 86
- V. Problemprävention/Kontrolle — 96
- VI. Besonderheiten der AG im Studium — 118
- VII. Besonderheiten der repetitoriumsbegleitenden AG — 120
- VIII. Besonderheiten der AG begleitend zum Referendariat — 122
- IX. Besonderheiten der AG zur mündlichen Prüfung — 126
- X. Zusammenfassung — 132

Kapitel 3: Lernen und Wiederholen — 135

- I. Was Sie am Ende dieses Kapitels erreicht haben — 135
- II. Die Lernphasen — 137
- III. Der Lernalltag — 142
- IV. Lernmethoden — 151
- V. Effektives Wiederholen — 161
- VI. Pausen und Entspannungsmethoden (mit praktischen Übungen) — 166
- VII. Der Einsatz digitaler Hilfsmittel — 170
- VIII. Zusammenfassung — 175

Inhaltsübersicht

Kapitel 4: Zusammenfassung und Kurzanleitung zum erfolgreichen Examen ... 177
  I. Das Projekt der erfolgreichen Examensvorbereitung ... 177
  II. Die private Arbeitsgemeinschaft ... 179
  III. Lernen und Wiederholen ... 185

Anhang 1: Unser Muster-AG-Plan für das Erste Staatsexamen ... 189

Anhang 2: Unser Muster-AG-Plan für das Zweite Staatsexamen ... 202

Anhang 3: Literaturempfehlungen ... 206

Anhang 4: Checklisten und Lösungen ... 233

Stichwortverzeichnis ... 237

Inhalt

Vorwort zur 6. Auflage	5

Kapitel 1: Das Projekt der erfolgreichen Examensvorbereitung — 17

- I. Auf dem Weg zu einer selbstbestimmten Examensvorbereitung — 18
- II. Über die Arbeit mit diesem Buch — 21
- III. Das Examen als Projekt — 23
  1. Die magische Wirkung von Zielvorgaben — 24
  2. Die magische Wirkung der schriftlichen Zielfixierung — 25
  3. Mein Examenstermin — 26
     - a) Vorlaufphase (ca. sechs Monate) — 28
     - b) Erarbeitungs- und Wiederholungsphase (neun bis zwölf Monate) — 28
     - c) Wiederholungs- und Anwendungsphase (drei bis sechs Monate) — 29
     - d) Regenerationsphase: Die letzte Woche vor dem Examen — 31
- IV. Strategische Überlegungen zum Schwerpunktstudium — 32
  1. Allgemeines — 32
  2. Strategie 1: Abschluss des Schwerpunktbereichs vor Beginn der Examensvorbereitung — 35
  3. Strategie 2: Parallele Erarbeitung von Schwerpunktbereich und Examensstoff in vollem Umfang — 36
  4. Strategie 3: Parallele Erarbeitung von Schwerpunktbereich und reduziertem Examensstoff — 37
  5. Übersicht über die Strategien zum Schwerpunktstudium — 38
- V. Die Wahl der richtigen Vorbereitungsart — 39
  1. Die Mängel der klassischen Examensvorbereitung — 41
  2. Die Mär vom auditiven Lerntyp — 42
  3. Die aktive Examensvorbereitung in einer privaten Arbeitsgemeinschaft — 47
     - a) Die Nachteile einer privaten Arbeitsgemeinschaft — 47
     - b) Die Vorteile der privaten Arbeitsgemeinschaft — 51
- VI. Die erfolgreiche Behandlung der Examensangst — 53
  1. Rationale Betrachtung der Examensangst — 54

Inhalt

	2. Emotionale Betrachtung der Examensangst	55
VII.	Zusammenfassung	57
VIII.	Übung	57

Kapitel 2: Die Arbeitsgemeinschaft — 59

- I. Was Sie am Ende dieses Kapitels erreicht haben — 60
- II. Die Gründung der AG — 60
  - 1. Die AG-Typen — 62
  - 2. Die AG-Partner — 66
  - 3. Der AG-Vertrag — 70
- III. Der AG-Plan — 72
  - 1. Grundprinzipien — 73
  - 2. Erstellen des AG-Plans — 77
    - a) 1. Schritt: Berechnung der zur Verfügung stehenden AG-Wochen — 77
    - b) 2. Schritt: Berechnung der zur Verfügung stehenden AG-Sitzungen — 79
    - c) 3. Schritt: Berechnung der pro Rechtsgebiet zur Verfügung stehenden AG-Sitzungen — 80
- IV. Die Durchführung der AG — 86
  - 1. Die Vorbereitung der AG-Sitzung als Teilnehmer — 86
  - 2. Die Vorbereitung der AG-Sitzung als Leiter — 88
  - 3. Der Ablauf der Sitzung — 92
  - 4. Die Nachbereitung der Sitzung — 95
- V. Problemprävention/Kontrolle — 96
  - 1. Grundlegendes — 96
  - 2. Risk-Management: AG-unabhängige Risiken — 97
    - a) Motivation und Disziplin — 97
    - b) Teilen und Einstecken lernen — 101
    - c) Examensangst und Selbstvertrauen — 104
    - d) Rollenverhalten hinterfragen — 105
  - 3. Risk-Management: AG-spezifische Risiken — 107
    - a) Motivation und Disziplin — 107
    - b) Der Umgang miteinander — 112
    - c) Gegen den „Herdentrieb" kämpfen — 112
    - d) Leistungsunterschiede, Krankheit und Urlaub — 114
    - e) Notbremse — 116
  - 4. Feedbackregeln zur proaktiven Problemvermeidung — 117
- VI. Besonderheiten der AG im Studium — 118

VII.	Besonderheiten der repetitoriumsbegleitenden AG	120
	1. Das Problem	120
	2. Tipps und Tricks der Examensvorbereitung beim Repetitor	120
VIII.	Besonderheiten der AG begleitend zum Referendariat	122
	1. Warum eine AG während des Referendariats?	122
	2. Die spezifischen Probleme der AG im Referendariat	123
	3. Die Organisation	124
IX.	Besonderheiten der AG zur mündlichen Prüfung	126
	1. Allgemeines	126
	2. Im Öffentlichen Recht	128
	3. Im Strafrecht	130
	4. Im Zivilrecht	131
X.	Zusammenfassung	132

Kapitel 3: Lernen und Wiederholen — 135

I.	Was Sie am Ende dieses Kapitels erreicht haben	135
II.	Die Lernphasen	137
	1. Die Lernphasen	137
	2. Die Funktionsweise des Gehirns	139
	3. Die Funktionsweise des Gedächtnisses	141
	4. Effektivität und Effizienz	141
III.	Der Lernalltag	142
	1. Zeitliche Rahmenbedingungen	142
	2. Örtliche Rahmenbedingungen	147
IV.	Lernmethoden	151
	1. Allgemeines	151
	2. SQ3R Active Reading	154
	3. Richtig markieren	155
	4. Loci Methode	156
	5. Karteikarten und Skripten selbst erstellen	157
	6. Fälle lösen	159
	7. Allgemeines Gedächtnistraining	160
	8. Randnummernmethode/Fragen formulieren	161
V.	Effektives Wiederholen	161
	1. Wiederholungsmethoden	162
	2. Wiederholungszyklen	164
VI.	Pausen und Entspannungsmethoden (mit praktischen Übungen)	166

Inhalt

	1. Lernerfolg durch Pausen	166
	2. Pausengestaltung und Erholungstechniken (mit praktischen Übungen)	168
VII.	Der Einsatz digitaler Hilfsmittel	170
VIII.	Zusammenfassung	175

Kapitel 4: Zusammenfassung und Kurzanleitung zum erfolgreichen Examen   177

I. Das Projekt der erfolgreichen Examensvorbereitung   177
   1. Der erste Schritt: Die Rahmenbedingungen Ihres Projekts   178
   2. Der zweite Schritt: Ihr Lernstil – ein erster Anhaltspunkt   178
   3. Der dritte Schritt: Die richtige Wahl der Vorbereitungsmethode   179

II. Die private Arbeitsgemeinschaft   179
   1. Der erste Schritt: Die Gründung   179
   2. Der zweite Schritt: Der AG-Plan   180
   3. Der dritte Schritt: Die Durchführung und Nachbereitung der AG   181
   4. Problemprävention   183

III. Lernen und Wiederholen   185
   1. Lernmethoden   186
   2. Wiederholungsmethoden   187

Anhang 1: Unser Muster-AG-Plan für das Erste Staatsexamen   189

Anhang 2: Unser Muster-AG-Plan für das Zweite Staatsexamen   202

Anhang 3: Literaturempfehlungen   206

Anhang 4: Checklisten und Lösungen   233

Stichwortverzeichnis   237

Kapitel 1: Das Projekt der erfolgreichen Examensvorbereitung

	Rn
I. Auf dem Weg zu einer selbstbestimmten Examensvorbereitung	1
II. Über die Arbeit mit diesem Buch	3
III. Das Examen als Projekt	4
1. Die magische Wirkung von Zielvorgaben	6
2. Die magische Wirkung der schriftlichen Zielfixierung	7
3. Mein Examenstermin	9
a) Vorlaufphase (ca. sechs Monate)	10
b) Erarbeitungs- und Wiederholungsphase (neun bis zwölf Monate)	11
c) Wiederholungs- und Anwendungsphase (drei bis sechs Monate)	12
d) Regenerationsphase: Die letzte Woche vor dem Examen	13
IV. Strategische Überlegungen zum Schwerpunktstudium	15
1. Allgemeines	15
2. Strategie 1: Abschluss des Schwerpunktbereichs vor Beginn der Examensvorbereitung	18
3. Strategie 2: Parallele Erarbeitung von Schwerpunktbereich und Examensstoff in vollem Umfang	19
4. Strategie 3: Parallele Erarbeitung von Schwerpunktbereich und reduziertem Examensstoff	20
5. Übersicht über die Strategien zum Schwerpunktstudium	21
V. Die Wahl der richtigen Vorbereitungsart	22
1. Die Mängel der klassischen Examensvorbereitung	23
2. Die Mär vom auditiven Lerntyp	24
3. Die aktive Examensvorbereitung in einer privaten Arbeitsgemeinschaft	28
a) Die Nachteile einer privaten Arbeitsgemeinschaft	29
b) Die Vorteile der privaten Arbeitsgemeinschaft	33
VI. Die erfolgreiche Behandlung der Examensangst	35
1. Rationale Betrachtung der Examensangst	36
2. Emotionale Betrachtung der Examensangst	37
VII. Zusammenfassung	38
VIII. Übung	39

Kapitel 1: Das Projekt der erfolgreichen Examensvorbereitung

I. Auf dem Weg zu einer selbstbestimmten Examensvorbereitung

1 Die meisten von Ihnen werden zu diesem Buch gegriffen haben, weil Sie demnächst die Vorbereitung auf das Erste (oder Zweite) juristische Staatsexamen beginnen möchten. Schon rein statistisch werden sie zu der weit überwiegenden Anzahl von Studenten zählen, die sich ein Examen ohne Repetitor zur Vorbereitung schwer vorstellen können. Unser erstes Ziel ist es, Sie auf Ihrem Weg zu einem erfolgreichen Examen einen Augenblick zum Nachdenken zu bringen und sich die Frage zu stellen, welche Wege es zu einer **selbstbestimmten** Vorbereitung gibt. An dieser Stelle möchten wir Ihre Einstellung bezüglich der Examensvorbereitung verändern. Bevor Sie sich fragen, für welches Repetitorium Sie sich entscheiden wollen, sollten Sie sich die Frage stellen, **welchen Weg** der Examensvorbereitung sie einschlagen möchten. Wohlgemerkt: Das Interesse ein Repetitorium aufzusuchen ist legitim; die Reihenfolge Ihrer Überlegungen zur Examensvorbereitung jedoch zumeist unsinnig. Bevor Sie sich mit dem Weg auseinandersetzen, der Sie Ihrem großen Ziel näherbringen soll, sollten Sie sich Gedanken über den Ausgangspunkt Ihrer Reise machen. Wie Sie selbst irgendwann feststellen werden (hoffentlich nicht erst, wenn Sie sich schon nicht mehr umzukehren trauen), bedarf es für ein derart großes und schwieriges Projekt wie das erfolgreiche Abschneiden im Staatsexamen eines Gesamtplans, eines großen Rahmens. Dies gilt um so mehr, als der Schwerpunktbereich Sie wesentlich früher dazu zwingt, sich mit diesem Projekt und v.a. dessen Zeitplan auseinanderzusetzen.

▶ Ändern Sie Ihre Einstellung zur Examensvorbereitung! Ihre Frage muss lauten: „Welche Art der Examensvorbereitung wähle ich?", nicht: „Zu welchem Repetitor gehe ich?" ◀

Diesen Rahmen können und müssen Sie selbst definieren. Dieses Buch soll Ihnen helfen, aktiv zu werden. Denn aktiv werden müssen Sie nun ohnehin bald. Fangen Sie gleich damit an: Halten Sie einen Moment inne und überlegen Sie sich, ernsthaft und gesondert als verschriftlichte Notiz auf einem Stück Papier oder auf Ihrem Tablet, welche Möglichkeiten Ihnen zur Verfügung stehen, sich auf das Staatsexamen vorzubereiten. Schreiben Sie alles nieder, was Ihnen in diesem Zusammenhang einfällt und bewahren

I. Auf dem Weg zu einer selbstbestimmten Examensvorbereitung

Sie den Zettel bzw. die Datei auf: Vieles davon wird Ihnen im Laufe dieses Handbuchs wieder begegnen.

Haben Sie sich einmal gefragt, wieso Jura eines der wenigen Fächer ist, in denen kommerzielle Examensvorbereitungskurse existieren? Das kann nicht nur an den (angeblich) schlechten Vorlesungen liegen. Wieso brauchen z. B. Studierende der Medizin mit mehreren schwierigen Staatsexamina kein Repetitorium, sondern bereiten sich mit gutem Lernmaterial idR alleine oder in Lerngruppen auf die Prüfungen vor? Wieso brauchen Studierende der Theologie oder Chemie kein Repetitorium? Wieso ist Jura das einzige Fach, bei dem sogar Studierende anderer Fachrichtungen wissen, dass man hier (angeblich) zum Repetitorium müsse? Repetitorien gibt es schon sehr lange und besonders in diesem Zusammenhang besitzt der bei Juristen bekannte Satz „Das haben wir schon immer so gemacht." quasi verfassungsrechtlichen Status. Lösen Sie sich also bitte von der Grundeinstellung, ein Examen sei nur mittels Repetitorium zu bestehen.

Wie Sie feststellen werden, haben wir als Alternative vor allem die private Arbeitsgemeinschaft (AG) im Auge. Aber auch wenn Sie sich nach der Lektüre dieser Arbeitshilfe aus nachvollziehbaren Gründen für ein Repetitorium oder eine andere Vorbereitungsmethode entscheiden, will Ihnen dieses Buch das richtige Handwerkszeug zur Verfügung stellen und Ihnen alternative Wege der Vorbereitung vorstellen. Wir möchten einfach Ratgeber in einem schwierigen Studienabschnitt sein. Wenn Sie aber schon ein Repetitorium besuchen wollen gehen, weil Sie sich – nach Lektüre dieses Buches fast unvorstellbar – als AG-untauglich einstufen, dann nutzen Sie dies bitte auch richtig (dazu Rn. 125 ff.).

▶ Die Universität lässt Studierende der Rechtswissenschaften in der Planung der Examensvorbereitung alleine. ◀

Die Idee zu diesem Buch ist aus der eigenen, indes schon lange zurückliegenden schmerzlichen Erfahrung heraus entstanden, dass Studierende der Rechtswissenschaften in der Examensvorbereitung von der Universität völlig alleingelassen werden. Gespräche mit unseren Leserinnen und Lesern haben uns über all die Jahre, die wir diesen Ratgeber nun schon aktualisieren bestätigt, dass sich daran trotz vieler Reformen, universitären Anstrengun-

Kapitel 1: Das Projekt der erfolgreichen Examensvorbereitung

gen und digitaler Hilfsmittel bis heute nichts geändert hat. Oft drängt sich der Gedanke auf, den Universitäten sei es gar nicht so unrecht, dass die Examensvorbereitung zu großen Teilen in den Händen privater Repetitorien liegt. Der Verantwortung, Studierende umfassend auf das Staatsexamen vorzubereiten, stellen sich immer noch nur wenige Universitäten und noch weniger Dozierende – teils, weil sie es nicht als ihre Aufgabe ansehen („Freiheit von Forschung und Lehre"), teils aus eigennützigen Motiven (kaum eine Professorin und kaum ein Professor mehrt den wissenschaftlichen Ruhm durch ein gutes Vorbereitungsangebot) und teils, weil die öffentliche Hand nicht die nötigen finanziellen Mittel aufbringt. Wir möchten nicht verschweigen, dass dies besser zu werden scheint und immer mehr Examensvorbereitungskurse angeboten werden. Außerdem wird möglicherweise durch den neuen Stellenwert des Schwerpunktbereichs die gezielte Vorbereitung auf die Staatsprüfung an der und durch die Universität ernster genommen als bisher und zu einer leichten Korrektur der Lern- und Ausbildungsmethoden führen. Und nicht zuletzt führt die zunehmende Digitalisierung auch in individueller Hinsicht zu immer mehr und immer umfangreicheren Online-Angeboten. Jedenfalls kann aber aus unserer Sicht weder eine Universität noch ein Online-Kurs die eigene, verantwortungsvolle und selbstständige Vorbereitung ersetzen.

Wir haben uns selbst in einer AG auf das Examen vorbereitet und in der Folgezeit zuerst an der Universität Freiburg, später an vielen Universitäten in Deutschland Seminare zur selbstbestimmten Examensvorbereitung durchgeführt, in denen wir unsere eigenen Erfahrungen weitergegeben haben (dazu Kubala/Lutz/ter Haar/Wiedenfels JURA spezial 1999, 28 ff.). Rückblickend haben wir festgestellt, dass viele unserer Probleme nicht aufgetreten und Fehler nicht begangen worden wären, wenn wir ausreichend Informationen gehabt hätten. Diese Lücke möchte das vorliegende Buch als **Arbeitshilfe** schließen. Wir möchten Sie damit in dieser schwierigen Entscheidungsphase und während der Examensvorbereitung (einschließlich der Integration des Schwerpunktbereichs in Ihre Vorbereitung) bis zum erfolgreichen Abschluss des Staatsexamens begleiten. Profitieren Sie von unseren Erfahrungen und denen unserer Leserschaft, die alle in diesen Ratgeber eingeflossen sind. Wir haben mit Hunderten von Examenskandidatinnen und -kandidaten und vielen Fachschaftsmitarbeitenden, Tutorinnen und Tutoren und Studienberatern gesprochen und wissen, wo die Schwierigkeiten einer eigenständigen Examensvorbereitung liegen. Wir richten uns aber nicht ausschließlich an Examenskandidatinnen und Examenskandidaten. Wie Sie lernen und in welcher Form Sie lernen, ist eine Frage, die Sie ab dem ersten Semester begleitet. Wenn Sie sich also auf die Zwischenprüfung vorbereiten wollen, auf die großen Scheine, auf den Schwerpunktbereich alleine oder auch auf das Zweite Staatsexamen, lesen Sie bitte zu Ihrem eigenen Vorteil ebenfalls weiter.

II. Über die Arbeit mit diesem Buch

▶ Das Buch gibt Ihnen Bausteine an die Hand auf Ihrem Weg zur Examensnote „9+x". ◀

Dieses Buch ist zuallererst ein praktisches Handbuch. Das heißt, es erhebt keinen Anspruch auf **wissenschaftliche Vollständigkeit**. Theoretische Hintergründe werden nur dort dargestellt, wo dies zum Verständnis der These unerlässlich ist oder wo es dazu beiträgt, Erfahrungswerte mit Erklärungen zu untermauern. Im Übrigen aber steht der praktische Nutzen im Vordergrund. Und dieser Nutzen lautet neben vielen anderen wichtigen „Nebenprodukten": Bausteine zur berühmten Examensnote „9 + x". Das Buch soll als Arbeits- und als Entscheidungshilfe sowie als Nachschlagewerk dienen. Es soll Sie bis zum Examen begleiten, wobei die Autoren die nicht unbegründete Hoffnung hegen, dass Sie das Buch nach ein paar Wochen schon gar nicht mehr benötigen werden.

Gerne dürfen Sie dieses Buch danach in Zeiten des Zweifels und der Demotivation auch als Beruhigungs- und/oder Aufputschmittel verwenden.

In jedem Falle dient es Ihnen als Entscheidungshilfe in zwei konkreten und eminent wichtigen Fragestellungen: Die erste Frage, die Sie sich (je eher, desto besser) zu stellen haben, lautet: Was ist die **für mich** richtige Methode, mich auf ein erfolgreiches Staatsexamen vorzubereiten? Dabei wird Ihnen das Buch mit Sicherheit

Kapitel 1: Das Projekt der erfolgreichen Examensvorbereitung

helfen können. Hier finden Sie Unterstützung bei der ideal auf Sie **persönlich** abgestimmten Wahl der Vorbereitungsmethode.

Die zweite Frage lautet: Wie nutze ich die Methode richtig aus? Dazu gehören weitere Fragen wie „Wie lerne ich richtig?" und „Wie wiederhole ich effizient und effektiv?" oder „Wie motiviere ich mich über einen langen Zeitraum?". Auf all diese Fragen versucht dieses Buch eine praktische Antwort zu geben und Ihnen mit Rat und Tat zu helfen. Begreifen Sie dieses Handbuch als Schaltzentrale Ihres Projekts „Examensvorbereitung". Von hier aus können Sie in alle Richtungen denken, die wir mit der Examensvorbereitung verbinden. Das eine oder andere Hilfreiche wird in jedem Fall dabei sein.

Im weiteren Verlauf dieses Kapitels 1 möchten wir Ihnen erklären, wie Sie die richtige und professionelle Einstellung zu Ihrem Staatsexamen bekommen, und Sie an die Frage heranführen, auf welche Weise Sie sich idealerweise vorbereiten können. Das Kapitel zeigt Ihnen, wie Sie Ihre Examensvorbereitung organisieren müssen. Wir möchten Sie dazu bringen, Ihre Examensvorbereitung als Projekt zu begreifen, das von langer Hand geplant sein will, um Erfolg zu haben.

In Kapitel 2 werden wir Ihnen erläutern, warum eine private Arbeitsgemeinschaft aus unserer Sicht anderen Lernformen deutlich überlegen ist und wie Sie eine Arbeitsgemeinschaft abhängig von Ihrem persönlichen Lernstilerfolgreich einsetzen. Das Buch ist vorwiegend auf das Erste Staatsexamen zugeschnitten, ist aber auch für das Zweite Staatsexamen anwendbar. Von uns selbst erprobte Musterlernpläne finden Sie an entsprechender Stelle sowohl für das Erste als auch das Zweite Staatsexamen (Anhang 1 und 2; Rn. 229 ff., 232 ff.). Wir möchten Ihnen natürlich auch Tipps und Tricks vorschlagen, wie Sie mit einem (Online-) Repetitorium oder einer universitären Examensvorbereitung richtig umgehen. Obwohl wir die private Arbeitsgemeinschaft anderen Vorbereitungsformen für überlegen halten, möchten wir Sie bei diesen Vorbereitungsformen nicht allein lassen. Wenn Sie sich schon dafür entscheiden, dann bitte richtig! Gerade bei diesen Vorbereitungsformen besteht eine große Gefahr, in die Passivität abzurutschen. Obwohl Ihnen bei diesen Vorbereitungsformen ein

Teil der Organisationsarbeit abgenommen wird, müssen Sie auch hier konsequent planen. Wir zeigen Ihnen wie.

In Kapitel 3 geht es schließlich um methodische und organisatorische Fragen des Lernalltags, also um Dinge, von denen eine Mehrzahl der Studierenden meint, die Antworten auf alle Fragen bereits zu kennen, sie nicht beantworten zu müssen oder ihnen keine Bedeutung für ein erfolgreiches Examen beimessen zu müssen. Wenn wir mit diesem Irrtum in unseren Workshops aufgeräumt hatten, wurde dieser Teil des Konzepts am häufigsten nachgefragt.

Kapitel 4 liefert einen Schnelldurchlauf anhand von Stichworten und eine Zusammenfassung.

Im gesamten Verlauf des Projekts erhalten Sie Kapitel für Kapitel Checklisten und Vorlagen sowie Arbeitsanleitungen, die Sie von heute an bis zum erfolgreichen Abschluss Ihres Examens „abarbeiten" können.

III. Das Examen als Projekt

Entgegen aller Theorie sind Studierende häufig geneigt, stets für die nächste Prüfung und nie für das Leben zu lernen. Das Staatsexamen erhebt aber den Anspruch, **sämtliche** jemals für Ihr Berufsleben **möglicherweise** in Frage kommenden Rechtskenntnisse, Fähigkeiten und Fertigkeiten abzufragen, und zwar in einer Art und Weise, die eine bloße Wiedergabe erlernten Wissens verbietet. Ihre Examensklausuren (und in gewisser Weise auch die mündlichen Prüfungen) sollen das Produkt antrainierten Verhaltens ergeben. Jede Klausur und jedes einzelne Examen ist (theoretisch) einmalig, nicht reproduzierbar und in höchstem Maße komplex – und soll trotzdem erfolgreich sein.

Damit erinnert es an ein ein- bis anderthalbjähriges Projekt eines Wirtschaftsunternehmens. Auch wenn man sich etwa aus mangelnder Erfahrung oder falsch verstandener Coolness dagegen sträuben mag, spricht nichts dagegen, das Examen genauso anzugehen: Wie ein Projekt eben. Und Projekte, das hat sich bewährt, werden gemanagt. Der Begriff Projektmanagement sagt noch nichts aus, denn man kann ein Projekt auch vollkommen falsch oder unsinnig managen. Dieses Handbuch wird versuchen,

Kapitel 1: Das Projekt der erfolgreichen Examensvorbereitung

erfolgreiche Methoden des Projektmanagements auf Ihre Bedürfnisse herunterzubrechen und auf die Examensvorbereitung anzuwenden.

5 Das Geheimnis des Erfolges Ihres Projektes liegt in der sorgfältigen Planung und der frühzeitigen Beachtung der entscheidenden Determinanten.

Abbildung 1

Grundparameter für Ihr Projekt „9+x – meine erfolgreiche Examensvorbereitung"
■ Sie müssen für Ihr Projekt klare Ziele definieren (s. Rn. 7).
■ Ihr Projekt benötigt einen Zeitplan und besteht aus verschiedenen Phasen (s. Rn. 9 ff.).
■ Ihr Projekt hat eine nicht unerhebliche Vorlaufzeit, bis die eigentliche Stofferarbeitungsphase beginnt.
■ Sie müssen sich schon in der Vorlaufphase mit möglichen Risiken beschäftigen und diese weitgehend ausschalten.
■ Ihr Projekt benötigt – zumindest für die Grobstrukturen – Leitung und Führung (nicht zu verwechseln mit der oder dem im Idealfall ständig wechselnden AG-LeiterIn).
■ Ihr Projekt muss auf Erfolgskurs gehalten werden und deshalb einer ständigen Kontrolle bezüglich Terminplanung und Qualitätszielen unterzogen werden. Wie gut bin ich schon? Welche Noten erreiche ich im Augenblick im Examensklausurenkurs? Schaffe ich den Stoff zeitlich (s. Rn. 97 ff.)?

Der erste Schritt auf diesem Weg ist die Zielvorgabe.

1. Die magische Wirkung von Zielvorgaben

6 Egal, welche Form der Examensvorbereitung Sie wählen, Sie müssen sich organisieren. Im Endeffekt besteht zwischen dem Bau eines Flughafens, der Einführung eines neuen Automodells, dem Entwurf eines Gesetzes und Ihrer Examensvorbereitung kein Unterschied: Sie brauchen ein Ziel, haben einen zeitlich und per-

III. Das Examen als Projekt

sonell begrenzten Rahmen (das ist Ihre Leistungsfähigkeit) und müssen die Examensvorbereitung mit Ihren anderen Vorhaben (Freizeit, Lebenspartner, ...) in Einklang bringen. Arbeiten Sie in einer Arbeitsgemeinschaft, müssen Sie sich zudem mit den anderen Mitgliedern organisieren. Sie müssen dafür keinen Projektmanagementkurs belegen, sollten aber einige Grundprinzipien beachten. Wir wollen Ihr Projekt ab jetzt „**9 + x – meine erfolgreiche Examensvorbereitung**" nennen. Das Ziel einer Examensnote besser als neun Punkte sollten Sie bitte als Stellvertreter verstehen. Natürlich wissen wir, dass (leider) nur ca. 10 % eine derartige Note erreichen. Wir möchten aber, dass Sie sich ein Ziel setzen, das aus Ihrem Gesichtspunkt heraus ehrgeizig, aber realistisch erscheint. Nur wenn Sie sich ein solches Ziel setzen, haben Sie die Chance, es zu erreichen! Alles, was wir Ihnen mit diesem Buch erklären wollen, sind einzelne kleine Bausteine auf dem Weg zu Ihrem erfolgreichen Examen.

Dies ist kein übertriebener Formalismus, sondern eigentlich eine Selbstverständlichkeit, die aber leider viel zu selten oder zu spät beachtet wird. Die Examensvorbereitung wird in naher Zukunft Ihre Leistungsressourcen fast vollständig binden. Diese knappen Ressourcen müssen wirkungsvoll eingesetzt werden. Daran ist nicht zu rütteln; daran können Sie nichts ändern. Bitte lesen Sie den vorletzten Satz daher nochmal; sein Anforderungsgehalt sollte vollkommen verinnerlicht werden.

2. Die magische Wirkung der schriftlichen Zielfixierung

Haben Sie sich schon einmal Gedanken gemacht, wo Sie in fünf Jahren stehen wollen? Wissen Sie schon, welchen Stoff Sie wann im nächsten Jahr bearbeiten wollen? Haben Sie sich eine Liste für ihren Einkauf morgen früh geschrieben? Nein? Schade, denn es gibt gute Gründe, dies zu tun! Eine Studie unter Studierenden mit MBA-Abschluss der Harvard University (USA) hat ergeben, dass diejenigen drei Prozent der Studierenden, die ihre Ziele für die nächsten fünf Jahre schriftlich festgelegt haben, nach fünf Jahren so erfolgreich waren wie die anderen 97 Prozent zusammen. Warum ist das so? Das menschliche Gehirn eignet sich hervorragend zum Denken, entlasten Sie es in Bezug auf Merken und Planen. Nutzen Sie dafür Ihr Unterbewusstsein. Indem Sie Ihre Ziele und

Kapitel 1: Das Projekt der erfolgreichen Examensvorbereitung

Pläne schriftlich formulieren, wird Ihr Unterbewusstsein bereits auf deren Realisierung programmiert!

Wenn Sie ein klares Ziel vor Augen haben, wird es Ihnen außerdem wesentlich leichter fallen, sich zu motivieren und sich die Antwort zu geben auf eine Frage, die mit großer Wahrscheinlichkeit später irgendwann auftreten wird: „Warum mache ich das alles eigentlich?". Wer nur so vor sich hin lernt, „um das Examen zu bestehen", schützt sich zwar vorbeugend vor eventuellen bösen Überraschungen, gerät aber in die Gefahr, bei einem derart unpräzisen Ziel auch eine unpräzise Vorbereitung zu durchlaufen. Definieren Sie Ihr Ziel! Tun Sie dies schriftlich und seien Sie ehrgeizig! Wie lautet Ihr Ziel: 10 Punkte? Gut. Denken Sie ab jetzt immer an 10 Punkte, wenn Sie sich fragen oder von anderen gefragt werden, wo Sie hinwollen und warum Sie Aufwand dafür treiben. Mit diesem Ziel müssen Sie sich identifizieren können. Dazu gehört, dass Sie sich nicht dafür schämen und es auf gar keinen Fall je nach aktueller und schwankender Stimmungslage verändern oder anpassen. Es gibt nichts, an was sich Ihr Ziel anpassen müsste. Eventuell müssen Sie Ihre Vorbereitung bei ausbleibenden Erfolgen an Ihr Ziel anpassen, nie aber andersrum!

8 Ernennen Sie sich vorläufig zu Ihrem Projektmanager und fixieren Sie jetzt für sich und für Ihr Projekt ein folgendes erstes Ziel. Achten Sie bitte genau darauf, dass Sie Ihr Ziel SMART formulieren: **S**pezifisch, **m**essbar, **a**mbitioniert, **r**ealistisch und **t**erminiert (zeitlich festgelegt).

▶ **Übung:** Setzen Sie sich ein SMARTES Ziel basierend auf der Frage: Welche Note möchte ich erreichen? Fixieren Sie dies bitte schriftlich! ◀

3. Mein Examenstermin

9 Ausgangspunkt aller folgenden Überlegungen ist **Ihr Examenstermin**. Dieser Termin ist neben der Zielvorgabe der wichtigste Punkt des Projektes und die Überlegungen dazu werden deshalb allem vorangestellt. Voraussetzung für eine Planung ist, dass Sie wissen, **wann** das Examen bei Ihnen stattfindet und wann die Anmeldefristen dazu ablaufen. Weiterhin sollten Sie zu Beginn Ihrer Examensvorbereitung scheinfrei sein. Denn die Examensvorbereitung fordert Sie zu 100 %. Eine AG oder ein Repetitorium paral-

III. Das Examen als Projekt

lel zu den letzten Scheinen zu beginnen, halten wir für unmöglich und raten daher davon ab. Berücksichtigen Sie bei Ihren Überlegungen auch Ihre Strategie für den Umgang mit dem Schwerpunktbereich.(vgl. Rn. 15 ff.). Wichtig ist, dass Sie sich jetzt **entscheiden,** wann Sie Examen machen wollen. Dies darf kein offener Termin sein (entweder Frühjahr 20xx oder Herbst 20xx), sondern **ein** konkreter Termin, auf den Sie Ihr Projekt hin planen. Notfalls erfragen Sie die Prüfungstermine bei Ihrem Landesjustizprüfungsamt.

Wir haben in unseren Seminaren sehr viele Teilnehmende erlebt, die ihre Vorbereitung mit der Einstellung begonnen haben, sie würden erst einmal alles lernen und dann schauen, wann sie ins Examen gehen.

▶ Fixieren Sie Ihren Examenstermin! Der richtige Examenstermin ist eine Balance zwischen den Spannungspunkten „Stofffülle" und „Leistungsabfall". ◀

Wir halten dies aus zwei Gründen für gefährlich. Zum einen darf die Examensvorbereitung nicht zu lang sein, irgendwann geht Ihnen die Motivation verloren, die „Puste" aus. Zum anderen haben Sie eine so große Stofffülle zu bewältigen, dass Sie jeden Tag gegen das Vergessen kämpfen. Denn der anfangs gelernte Stoff rückt nicht nur über die Dauer der Zeitachse immer weiter in den Hintergrund, sondern er wird überdies auch thematisch von den neuen zu lernenden Inhalten überlagert. Je länger Sie alles hinauszögern, desto größer ist die Wahrscheinlichkeit, dass Sie sich nicht auf Ihrem Leistungszenit im Gesamten befinden, sondern anfangen, mehr Stoff zu vergessen, als Sie am gleichen Tag hinzulernen können (s. Rn. 153 ff.).

Kein Wirtschaftsunternehmen würde eine Produkteinführung nur „ungefähr" festlegen, kein Leistungssportler sich auf die Olympiade 2028 „oder" 2032 vorbereiten.

Wie lange sollte die Examensvorbereitung dauern? Sie müssen das Mittelmaß zwischen den zwei eben genannten Spannungspunkten Stofffülle und Leistungsabfall durch Vergessen finden. Als Faustregel lässt sich sagen, dass die **Vorbereitungsphase nicht kürzer als zehn Monate und nicht länger als 18 Monate dauern sollte.**

Kapitel 1: Das Projekt der erfolgreichen Examensvorbereitung

Dabei sind die verschiedenen Phasen der Examensvorbereitung zu beachten:

Die Vorlaufphase (ca. sechs Monate), die Erarbeitungs- und Wiederholungsphase (ca. neun bis zwölf Monate), die Wiederholungs- und Anwendungsphase (ca. drei bis sechs Monate) und die Regenerationsphase (ca. eine Woche).

a) Vorlaufphase (ca. sechs Monate)

10 Vor der eigentlichen Examensvorbereitung steht eine nicht minder wichtige Vorlaufphase, in der Sie wichtige Grundsatzentscheidungen treffen müssen. Diese Phase sollte ca. sechs Monate umfassen. Wenn Ihnen diese Zeitspanne zu lang erscheint, sollten Sie nicht vergessen, dass die Gründung einer Examens-AG (oder die Auswahl des für Sie richtigen Repetitoriums) nicht von heute auf morgen zu bewerkstelligen ist. Nehmen Sie sich diese Zeit. Ein gelungenes Examen hängt nicht zuletzt von einer guten „Vorbereitung der Vorbereitung" ab. Schon lange vor der eigentlichen Examensvorbereitung müssen Sie Ihre **Methodenentscheidung treffen**: Repetitor, EinzelkämpferIn oder Examens-AG. Innerhalb der Vorlaufphase sollte nach Möglichkeit eine Probe-AG durchgeführt werden. Wenn Sie dieses Buch erst kurze Zeit vor Beginn Ihrer eigentlichen Examensvorbereitung in die Hände bekommen haben, müssen Sie nicht verzweifeln. Die Länge von sechs Monaten soll Ihnen einen stressfreien Einstieg in die Vorbereitung ermöglichen. Natürlich geht es zur Not auch erheblich schneller.

b) Erarbeitungs- und Wiederholungsphase (neun bis zwölf Monate)

11 In dieser zweiten und längsten Phase finden die Wissensaufnahme und die Verankerung im Gedächtnis statt. Sie erarbeiten sich mit Ihrer privaten Arbeitsgemeinschaft oder mithilfe eines Repetitoriums (bzw. der Uni) den examensrelevanten Stoff. Wie Sie das genau machen, erfahren Sie in Kapitel 3 (Lernen und Wiederholen, Rn. 153 ff.). Vom ersten Lerntag an kämpfen Sie gegen das Vergessen. Wichtig ist deshalb, dass Sie dem Wiederholen des Stoffes den gleichen Stellenwert einräumen wie der Wissensaufnahme - und entsprechend frühzeitig mit der Wiederholung beginnen.

III. Das Examen als Projekt

c) Wiederholungs- und Anwendungsphase (drei bis sechs Monate)

Diese retardierende Phase, die sich an die Stoffvermittlung anschließt, halten wir für unverzichtbar. Sie haben den gesamten Examensstoff (und wahrscheinlich mehr) bis dahin mindestens einmal systematisiert, auswendig gelernt, erarbeitet, und – bis auf die allerletzte Stoffeinheit schon mindestens einmal - wiederholt. Es kommt jetzt nichts Neues mehr hinzu; das Wissen kann sich setzen und durch mehrfaches Wiederholen, Vertiefen und Anwenden gefestigt werden. In dieser Phase gewinnen Sie die für ein erfolgreiches Examen wichtige Sicherheit und lernen das Gefühl kennen, "alles zu wissen". Stofflich-thematisch kann Ihnen im Examen jetzt schon mal nichts mehr passieren; es ist ausgeschlossen, dass dort Fragen oder Fälle lauern, mit denen Sie nichts anfangen, die Sie nicht einordnen können.

Im Vordergrund steht spätestens ab jetzt die Anwendung. Sie müssen sich nun v.a. darauf konzentrieren, Klausuren zu schreiben, genau das und nichts anderes wird im Examen verlangt. Das Falltraining ist das A und O des erfolgreichen Examens. Wir sind immer wieder erstaunt, wie stark dies teilweise vernachlässigt wird und wie viel wichtiger es Studierenden erscheint, nochmal die theoretischen Grundlagen des Dreiecksbetrugs zu wiederholen. Anwendung heißt das Gebot der Stunde - "Stifte raus, Klassenarbeit!". Unser Praxistipp lautet, das Klausurenschreiben in den Lernplan einzubinden – und zwar gleich zu Anfang einer Woche oder Einheit. Legt man das Klausurenschreiben an das Ende einer Woche (was leider bei vielen universitären Klausurenkursen noch Usus ist), neigt man der Erfahrung nach dazu, den Samstag eher dazu zu nutzen, die aufgelaufenen Probleme der Lerneinheiten noch zu vervollständigen und die Klausur auf "später" zu verschieben. Das ist ein Irrweg; der Stoff lässt sich nicht vollständig erlernen! Die Erfahrung zeigt, dass die Stofflernpläne aufgrund der unendlich wirkenden Fülle dessen, was man noch so alles nachlesen kann, immer eine Art Bugwelle aufbauen, die niemals vollständig abgearbeitet sein wird. Das ist kein Problem! Sie erlernen eine Methode; der Klausurenstoff ist aufgrund seiner mangelnden Abgrenzbarkeit und Veränderungsanfälligkeit durch den Klausurensteller unendlich. Nur regelmäßiges Klausurentraining kann dem entgegenwirken und sollte Ihre klare Priorität

Kapitel 1: Das Projekt der erfolgreichen Examensvorbereitung

darstellen. Bitte hüten Sie sich aber vor dem blinden und ungezügelten Klausurenschreiben. Drei oder vier Klausuren innerhalb einer Woche „abzureißen" ist nicht unbedingt ratsam. Ernsthaftes Klausurenschreiben kostet Sie Zeit – viel Zeit: Fünf Stunden Schreiben, eineinhalb Stunden Besprechung und mindestens eine Stunde Nacharbeit. Das macht mit siebeneinhalb Stunden netto fast einen gesamten Arbeitstag aus! Auf die Nacharbeit dürfen Sie aber auf keinen Fall verzichten; sie ist genauso wichtig wie das Schreiben. Klausurenschreiben hat nur Sinn, wenn Sie Ihre Fehler später analysieren und aus Ihren Fehlern lernen. Unsere Empfehlung lautet daher: Fangen Sie schon sehr frühzeitig mit dem ernsthaften Besuch des Klausurenkurses an und schreiben Sie nicht mehr als eine Klausur in der Woche, diese aber richtig. Machen Sie sich nichts daraus, wenn Sie am Anfang häufiger durchfallen. Dies ist ganz normal, da es noch viele Themenbereiche gibt, in denen Sie wahrscheinlich keinerlei Kenntnisse besitzen. Schreiben Sie diese Klausuren trotzdem mit und geben Sie **immer** ab. Irgendeinen Teil der Klausur werden Sie lösen können. Und vergessen Sie nicht: Ein solcher Fall der völligen Unkenntnis kann Ihnen auch im Examen passieren. Trainieren Sie deshalb diese Situation und nutzen Sie die Zeit, indem Sie nur mit dem Gesetzestext arbeiten.

Zusätzlich zu dem Klausurenkurs sollten Sie mit Ihrer AG oder alleine eine weitere Klausur pro Woche stichwortartig lösen und besprechen. Auch wenn es wie eine Selbstverständlichkeit klingt: Beim Bearbeiten einer Klausur sollte man unbedingt dem Drang widerstehen, in die Lösungsskizze zu schauen – erst recht, wenn man mit der Aufgabenstellung so gar nichts anfangen kann. Gerade dann ist es wichtig, sich auf die Methodik zu besinnen und den gegebenen Sachverhalt einfach schematisch aufzubereiten und einzuordnen. Häufig kommt einem dann schon in den Sinn, was der Klausurensteller wohl bezweckt hat. Nach unserem Eindruck ist es deutlich schwerer, die Lösungsskizze zu ignorieren, wenn man viel mit Online-Materialien arbeitet. Offensichtlich ist der Mausklick intuitiver und müheloser als das manuelle Nachblättern. Nehmen Sie diesen Tipp daher um so ernster und beschäftigen Sie sich erst dann mit der Lösungsskizze, wenn Sie sich ernsthaft an einer eigenen Lösung versucht haben. Nur dann erzielen Sie einen sinnvollen Trainingseffekt – und zwar gleich doppelt, weil die Auseinandersetzung mit der Lösungsskizze dann bereits das zweite Mal ist, dass Sie den konkreten Stoff durchdringen.

d) Regenerationsphase: Die letzte Woche vor dem Examen

In der letzten Woche vor dem Examen gilt es auszuspannen. Vor allem bitte nichts mehr lernen. Wer es trotzdem tut, hat alle Lernpsychologen gegen sich: Es besteht die Gefahr der Überlagerung des Langzeit- durch das Kurzzeitgedächtnis mit anschließender Blockade des bereits im Langzeitgedächtnis gespeicherten Wissens. Organisieren Sie sich für die zwei Examenswochen (Proviant gebunkert? Stifte funktionsfähig? Glückspulli gebügelt?). Treiben Sie viel Sport, entspannen Sie sich und lenken Sie sich mental ab. Und verzichten Sie (spätestens jetzt) auf jeglichen Alkoholkonsum. Glauben Sie uns, es geht. Wer die Disziplin für eine AG und zum monatelangen Einüben des Examensstoffs aufgebracht hat, bringt alle Voraussetzungen mit, sich auch an diese letzten Regeln zu halten. Das Wichtigste ist nun, die positive Spannung zu halten, in guter körperlicher Verfassung zu sein und gesund zu bleiben. Übrigens: Keine Panik, wenn das nicht klappt und Sie sich trotzdem ein Bein brechen oder eine Erkältung einfangen. Ihre Leistungsfähigkeit im Examen schränkt das bei guter Vorbereitung nur graduell ein, häufig jedenfalls deutlich weniger als man meint. Eine Kopfschmerztablette fällt nicht unter Doping, fiebersenkende Mittel sind während der Klausur nicht verboten und man darf auch an Krücken in den Saal humpeln. Denken Sie immer daran: Sie sind so gut vorbereitet, dass Sie alles wort-wörtlich "im Schlaf" beherrschen. Ihr Gehirn ist ein unglaublich mächtiges Organ. Es muss also in körperlicher Hinsicht schon viel passieren, dass Sie nicht mehr in der Lage sind, das abzurufen. In der Regel lohnt es sich nicht, Klausurentermine wegen Krankheit zu verschieben. Faustregel: Wenn Sie mit dem Gedanken spielen, den Examenstermin wegen Krankheit zu verschieben, dann tun Sie es **nicht**. Denn wenn Sie so krank sind, dass Sie wirklich nicht in der Lage sind, eine Klausur zu schreiben, dass stellt sich Ihnen die Frage gar nicht erst.

▶ **Übung:** Ergänzen Sie also bitte Ihre Zielvereinbarung um den Punkt

Kapitel 1: Das Projekt der erfolgreichen Examensvorbereitung

„Ich möchte im Monat/20xx Examen machen". ◄

IV. Strategische Überlegungen zum Schwerpunktstudium

1. Allgemeines

15 Im Rahmen der Ausbildungsreformen wurde für das Erste Staatsexamen das frühere Wahlfach durch die Einführung des Schwerpunktbereichs (universitäre Schwerpunktbereichsprüfung) signifikant aufgewertet (vgl. zum Beispiel § 5d DRiG bzw. §§ 26 ff. Baden-Württembergische JAPrO). Durch den hohen Einfluss auf die Examensnote (30 % der Gesamtbewertung) wird der Schwerpunktbereich beinahe dem Zivilrecht gleichgestellt. Betrachten Sie es als Chance: Sie haben dadurch die Möglichkeit, durch eine gezielte frühzeitige Weichenstellung 30 % der Examensnote in einem Gebiet Ihrer Wahl abzusichern! Dies erfordert aber auch, dass Sie die Strategie für Ihre Examensvorbereitung bereits in frühen Semestern festlegen, um sich optimal auf die Prüfung vorbereiten zu können. Dies gilt um so mehr, da ansonsten Ihr Freiversuch („Freischuss") in Gefahr geraten kann.

▶ **„9+x":** Legen Sie sich bereits im 3. Semester auf Ihre Strategie im Umgang mit dem Schwerpunktbereich fest. ◄

16 Auch wenn Ihnen dies sehr früh erscheint (bzw. der Zeitpunkt evtl. schon verstrichen ist), müssen Sie sowohl die Dauer der Examensvorbereitung als auch die für das Schwerpunktstudium benötigten Semester (mindestens zwei) berücksichtigen. So begrüßenswert die Möglichkeit einer Spezialisierung und Abschichtung des Prüfungsstoffs im Jurastudium ist, so ist doch insgesamt festzustellen, dass durch die Einführung des Schwerpunktbereichs die Teilnahme am Freischuss und der Beginn des Referendariats nach dem 9. Semester in einigen Ländern erschwert wurde. Möglicherweise steht dem allerdings eine langsame Verbesserung des Ausbildungsniveaus an den Universitäten gegenüber, da die Hochschullehrkräfte jetzt eine direkte, eigene und messbare Verantwortung für 30 % der Examensnote haben. Statistisch haben sich die Examensergebnisse (zumindest in Bezug auf die teilweise dramatischen Durchfallraten) in den letzten drei Jahren leicht verbessert. Ein Zusammenhang mit der Universitätsprüfung wurde teilweise von Prüfungsämtern selbst dargestellt, s. z. B. Jahresbericht

des Bayerischen Landesjustizprüfungsamts 2023, dort S. 4 (https://www.justiz.bayern.de/media/pdf/ljpa/jahresberichte_mit_statistiken/bericht_2023.pdf):

▶ Die Ergebnisse der Juristischen Universitätsprüfung in den Schwerpunktfächern fallen nach wie vor deutlich besser aus als die der Ersten Juristischen Staatsprüfung. ◀

Darüber hinaus stellt die Universitätsprüfung eine hervorragende Möglichkeit für all die ambitionierten und motivierten Nachwuchslehrenden dar, die sich mit einem guten Lehrangebot einen Namen machen können. Erkundigen Sie sich ruhig vor der Wahl Ihres Schwerpunktfachs, welcher Lehrkörper das didaktische und inhaltliche Konzept erstellt hat, vollziehen Sie es anhand eigener Unterlagen nach und fragen Sie, wer die eigentliche Vorlesung leiten wird.

Bevor Sie sich für eine Vorbereitungsstrategie entscheiden, informieren Sie sich zuerst über die geltenden Bestimmungen des Schwerpunktbereichs an Ihrer Universität. In der Regel besteht dieser Teil der Ausbildung aus einer schriftlichen Studienarbeit (Hausarbeit), einer umfassenden Aufsichtsarbeit (Klausur) und ein bis vier vorlesungsabschließenden Prüfungen (mündlich/schriftlich). Teilweise wurde der Schwerpunkt aber auch wieder etwas entrümpelt, so dass an manchen Universitäten nunmehr nur noch zwei Prüfungsleistungen abgelegt werden müssen (vgl. z. B. § 11 der Schwerpunktbereichssatzung der Universität Heidelberg). Auch die Möglichkeiten, den Schwerpunktbereich nach dem Abschluss des Ersten Staatsexamens abzuschließen, variieren. Die Regelungen bezüglich der Dauer, des Zeitpunkts und des möglichen Beginns dieses Ausbildungsteiles sind daher sehr unterschiedlich, z. B. .

- in Freiburg: Möglicher Beginn nach der Zwischenprüfung (ab 4. Semester), minimale Dauer: zwei Semester, so dass man in Freiburg nach dem 5. Semester den Schwerpunktbereich abgeschlossen haben kann.
- in Hamburg: Anmeldung zu den Prüfungen des Schwerpunktbereichs erst nach dem 5. Semester gestattet; das Ablegen der

Kapitel 1: Das Projekt der erfolgreichen Examensvorbereitung

vollständigen Prüfungsleistung vor Ende des 6. Semesters ist daher eher unwahrscheinlich.
- in Halle: Ablegen der Schwerpunktprüfung nicht nach der Staatsprüfung.

Da der Schwerpunktbereich also von Universität zu Universität recht unterschiedlich ausgestaltet ist, lohnt es, sich über die jeweiligen Anforderungen einen Überblick auf den Internet-Seiten der Hochschulen zu verschaffen. Vielfach gibt es auch Informationsveranstaltungen oder Ansprechpersonen/Studienkoordinierende allein für das Schwerpunktstudium. Gute Orientierung bieten auch zahlreiche Internetseiten, auf denen die angebotenen Schwerpunktfächer Uni für Uni aufgelistet und mit Statistiken, teilweise über viele Jahre zurück, versehen sind. Die Lage ist allerdings unübersichtlich und schwer vergleichbar. In der LTO-Datenbank von Wolters Kluwer für das Jahr 2018 schneidet z. B. beim Notendurchschnitt im Gesamten die Universität Augsburg mit 11,10 Punkten am besten ab, dafür kann man nur aus neun überwiegend "klassischen" Fächern auswählen (Passau: 28, Mainz: 17, Köln und Regensburg: 15). An den Universitäten Berlin (Humboldt) und Erlangen-Nürnberg konnte man Angebote ausländischer Partneruniversitäten nutzen oder anrechnen lassen, für die der Einzelnotendurchschnitt teilweise noch deutlich besser ausfiel. An den Universitäten Bielefeld und Kiel wurden wiederum vergleichsweise "moderne" Schwerpunktbereiche angeboten (wie z. B. "Einwanderung und soziale Integration" oder "Gesundheitsrecht"), dafür konnte keiner der Teilnehmenden ein zweistelliges Ergebnis erzielen.

Für manch einen mag das Schwerpunktangebot und der Notendurchschnitt daher sogar den Ausschlag für oder gegen die eine oder andere Uni geben. Unsere Empfehlung ist jedoch, nach persönlicher Neigung vorzugehen. Dies birgt unserer Ansicht nach größere Aussicht auf ein erfolgreiches Abschneiden als ein historischer Durchschnitt. Manche Wahl fällt auch leicht: Wer seinen Schwerpunktbereich im Polnischen oder Schottischen Recht absolvieren möchte, darf auf eine gute Note hoffen, muss aber in Frankfurt (Oder) bzw. in Mainz eingeschrieben sein.

Die nachfolgend vorgeschlagenen Strategien sollen aufgrund der großen Unterschiede zwischen den Universitäten Ihre Überlegungen unterstützen. Die Entscheidung muss jedoch von den Regelungen Ihrer Universität, Ihrem Studienstil und Ihren persönlichen Zielen abhängen. Nicht berücksichtigt sind auch die Möglichkeiten der Beurlaubung und Anerkennung von im Ausland erbrachten Studienleistungen. Wenn Sie einen Auslandsaufenthalt planen, stellen Sie sicher, dass die „Erledigung" des Schwerpunktfachs bzw. von großen Teilen der Schwerpunktausbildung gut möglich ist.

2. Strategie 1: Abschluss des Schwerpunktbereichs vor Beginn der Examensvorbereitung

Bei dieser Strategie schließen Sie das Schwerpunktstudium vollständig ab, bevor Sie mit der Examensvorbereitung beginnen. Insgesamt scheint uns dies von allen die sinnvollste Strategie im Umgang mit dem Schwerpunktstudium zu sein, die wohl im Ergebnis auch zu den meisten „Lebenssituationen" und Studientypen passt:

Sie ermöglicht Ihnen die volle Konzentration auf die jeweiligen Prüfungsthemen. Sie nehmen sich angemessen und ohne unnötigen Druck die Zeit, um in den jeweiligen Themengebieten die optimalen Ergebnisse zu erzielen. Gleichzeitig bietet sich die Möglichkeit, in zweierlei Hinsicht bereits eine Basis für die Examensvorbereitung zu schaffen:

1. Sie setzen sich inhaltlich bereits auf Examensniveau mit prüfungsrelevanten Themen auseinander.
2. Sie können das Schwerpunktstudium als „Piloten"/Test für die eigentliche Examensvorbereitung nutzen, indem Sie dieses entsprechend der in diesem Buch vorgeschlagenen Techniken, z. B. als „Probe-AG" absolvieren.

Außerdem erhalten Sie (an einigen Universitäten) die Chance, bei dieser Strategie von Freischussregelungen zu profitieren. Wer z. B. in Jena oder Greifswald studiert und die Prüfungsleistungen spätestens bis zum Ende des 9. Semesters vollständig ablegt, kann die Schwerpunktprüfung nach gegenwärtigem Stand wiederholen. Dies gilt sogar für einzelne Teile der Schwerpunktprüfung und für Notenverbesserungen bei insgesamt bestandener Prüfung (s. z. B. § 31 Abs. 3 PrüfO der Universität Greifswald).

Kapitel 1: Das Projekt der erfolgreichen Examensvorbereitung

Nachteil dieser Strategie ist, dass Ihre Teilnahme am Freiversuch für die Staatsprüfung (nicht den Schwerpunktbereich) zeitlich schwierig werden kann und daher erfordert, dass Sie sich frühzeitig mit Ihren Vorstellungen zum Examen auseinandergesetzt haben. In unserer Theorie spielt jedoch der Freiversuch für die Staatsprüfung nur eine untergeordnete Rolle, da die darin liegende Chance auf Notenverbesserung von uns (zumindest bei klarer Zielsetzung und konzentriertem Umgang mit dieser Zielsetzung) für nicht erforderlich erachtet wird.

3. Strategie 2: Parallele Erarbeitung von Schwerpunktbereich und Examensstoff in vollem Umfang

19 Bei dieser Alternative führen Sie die Examensvorbereitung unabhängig von dem Schwerpunktstudium durch; dieses schließen Sie parallel ab. Vorteile dieser Strategie sind zum einen, dass Sie evtl. Synergien zwischen den Themengebieten nutzen können, und zum anderen die realistische Möglichkeit haben, am Freiversuch teilzunehmen. Deutlich nachteilig ist jedoch die enorm hohe Arbeitsbelastung, die Sie sich aufladen. Wie bereits oben erwähnt (Rn. 6), erfordern die in den schriftlichen Prüfungen abgefragten Themen des Ersten Staatsexamens Ihre volle Konzentration; dies ist Ihr Vollzeitjob für die Zeit der Vorbereitung. Zusätzlich noch die Themen des Schwerpunktbereichs zu erarbeiten (nicht zu vergessen 30 % der Examensnote!) ist unter der Prämisse eines Prädikatsexamens kaum zu schaffen. Sollten Sie sich für diesen Weg entscheiden, empfiehlt es sich, die schriftliche Studienarbeit vor dem Beginn der Examensvorbereitung zu beenden, in den ersten sechs Monaten des Lernplans den 2. Prüfungsabschnitt (z. B. die Vorlesungsabschlussklausuren) zu beenden und zwischen schriftlicher und mündlicher Examensprüfung (bzw. nach der Examensprüfung) den 3. Ausbildungsabschnitt (z. B. die Aufsichtsarbeit) zu absolvieren. Sie sollten auch in den ersten sechs Monaten die Einarbeitung in den examensrelevanten Stoff teilweise „nach hinten" schieben (z. B. in einer AG durch das Abhalten von nur zwei Sitzungen pro Woche). Insgesamt ist diese Strategie nur Hartgesottenen zu empfehlen, die Arbeit unter großem Druck nicht scheuen (oder solchen brauchen?) und insgesamt auch mit deutlich weniger Freizeit auskommen. Oder eben Studenten, die Ihre

IV. Strategische Überlegungen zum Schwerpunktstudium

Berufung zur Rechtswissenschaft erkannt haben und denen es einfach leichtfällt, sich mit dem Stoff auseinanderzusetzen.

4. Strategie 3: Parallele Erarbeitung von Schwerpunktbereich und reduziertem Examensstoff

Sie verwenden bei dieser Strategie die oben genannten zehn bis 18 Monate auf die Examensvorbereitung. Um bei einer 100 %igen Arbeitsbelastung aber noch das Schwerpunktstudium abschließen zu können, reduzieren Sie den Lernstoff für die Examensklausuren und fokussieren in Ihrer Vorbereitung diesbezüglich noch mehr auf Struktur und weniger auf Wissen, da ja der Abschluss des Schwerpunktbereichs 30 % der Examensnote zählt. Vorteile in diesem Fall sind die Möglichkeit der Teilnahme am Freiversuch, der mit einem möglichen Referendariatsbeginn nach dem 9. Semester einhergeht. Sie müssen sich aber des Risikos bewusst sein, dass Sie realistisch betrachtet „auf Lücke lernen". Die Ausbildungsordnungen haben durch die Einführung des Schwerpunktstudiums zwar die Wertigkeit der Examensklausuren reduziert, nicht aber die geforderte Stofffülle. Aus unserer Sicht ist diese Strategie nur etwas für Nervenstarke und Studenten mit großem Priorisierungsvermögen. Denn es kostet nicht nur Nerven, Stoff wegzulassen, sondern man muss auch ein Verständnis dafür haben, das Unwesentliche vom Wesentlichen und das Wesentliche vom Unerlässlichen zu trennen. Sollten diese Eigenschaften Ihnen eigen sein, kann diese Strategie mit einer guten Methodik sehr erfolgreich sein.

5. Übersicht über die Strategien zum Schwerpunktstudium

Abbildung 2

	Vorteile	Nachteile
Strategie 1: nacheinander	100%ige Konzentration auf das zu erarbeitende Studiengebiet; Testen der Examensvorbereitung („Probe-AG")	Teilnahme am Freiversuch unwahrscheinlich
Strategie 2: parallel, voller Stoffumfang	Freiversuch möglich; teilweise Synergien bei der Erarbeitung des Stoffs	extrem arbeitsintensiv
Strategie 3: parallel, reduzierter Stoffumfang	Freiversuch möglich; Erstellen schriftlicher Studienarbeit möglich	Risiko des Lernens auf Lücke

▶ „9+x": Wählen Sie den Schwerpunktbereich, der Ihren Interessen und Fähigkeiten am meisten entspricht und sichern Sie sich 30% Ihrer Examensnote, die Ihre spätere juristische Karriere maßgeblich mitbestimmt. Nur durch die optimale Auswahl von Schwerpunktbereich, Zeitplan und Weg zur Vorbereitung auf das Erste Staatsexamen werden Sie Ihre persönliche Bestleistung erreichen. ◀

Wir sind nicht so vermessen, zu glauben, dass jeder Leser bereits ein „Spezialgebiet" entwickelt hat. In der Tat hören wir immer wieder von Absolventen, die bis zur notwendigen Auswahl des Wahlfachs keinerlei Neigung für das eine oder andere Fach ausgeprägt haben. Dies ist beileibe kein Nachteil. Solchen Studenten raten wir, schlicht nach der Examensrelevanz auszuwählen. Hier bieten sich v.a. Schwerpunkte an wie Zivilrechtliche Rechtspflege, Handel und Wirtschaft oder Arbeit und Soziale Sicherung – alles Themen, die im Ersten Staatsexamen zumindest im Überblick gefordert werden und spätestens im Zweiten Staatsexamen in manchen Ländern zum materiellen Pflichtfach werden (z. B.

Familienrecht in Baden-Württemberg und Sachsen; Arbeitsrecht, Wirtschaftsrecht in Hessen etc).

Zusammenfassend bleibt festzustellen, dass aufgrund der hohen Wertigkeit in der Examensnote auch das Schwerpunktstudium höchste Priorität verdient. Nutzen Sie die Möglichkeit, sich eine gute Examensnote zu sichern, dadurch dass Sie

- von Ihrem Spezialgebiet profitieren bzw.
- ein Schwerpunktfach mit großem Synergiepotenzial belegen und
- die **für Sie** optimale Strategie für Schwerpunktstudium und Examensvorbereitung wählen und damit
- den für sich optimalen Spagat zwischen Studiendauer und Examensergebnis finden.

V. Die Wahl der richtigen Vorbereitungsart

Nachdem Ihre beiden Zielvorgaben stehen und Sie wissen, welchen Lernstil Sie bevorzugen, sollten Sie sich der Wahl der richtigen Vorbereitungsart zuwenden – und zwar tatsächlich erst jetzt.

Wir unterscheiden die folgenden Methoden nach dem Grad ihrer Aktivität, die Sie sowohl organisatorisch als auch inhaltlich und nicht zu vergessen psychologisch vor unterschiedlich hohe Belastungen stellen:

- Vorbereitung mithilfe des universitären Lehrangebots;
- Vorbereitung „ohne alles";
- Vorbereitung mithilfe eines kostenpflichtigen Repetitoriums (online oder als Präsenzveranstaltung);
- Vorbereitung in einer privaten Arbeitsgemeinschaft.

Von diesen Methoden wird es jede mögliche Art von Mischform geben. In ihrer Reinform kommt in etwa – natürlich typabhängig – jeweils folgender Aufwand auf Sie zu:

Kapitel 1: Das Projekt der erfolgreichen Examensvorbereitung

Abbildung 3

Vorbereitungsart	Aufwand			Nutzen
	organisatorisch	inhaltlich	psychologisch	
Universität	niedrig	hoch	mittel	mittel
ohne alles	hoch	hoch	hoch	mittel
Repetitor	niedrig	hoch	niedrig	mittel
Online Repetitor	mittel	hoch	hoch	niedrig
AG	hoch	hoch	mittel	hoch

Wir gehen davon aus, dass die inhaltliche Aktivität während der Examensvorbereitung, also der eigene Lernaufwand, im Idealfall immer gleich hoch ist. Während an der Uni und beim Repetitor bereits ein gewisser eingespielter und funktionierender organisatorischer Rahmen besteht, der den eigenen Aufwand gering erscheinen lässt, erfordern die Vorbereitungsmethoden „ohne alles" und mit einer privaten AG ein hohes Maß an eigener organisatorischer Arbeit. Das erscheint zunächst lästig. Dazu kommt, dass man sich „ohne alles" in der Regel sehr schnell verloren vorkommen wird und deshalb einen hohen psychologischen Aufwand treiben muss, um sich selbst immer wieder davon zu überzeugen, dass man auf dem richtigen Weg ist. An der Uni und in einer privaten AG befindet man sich immerhin in einem überschaubaren Rahmen einiger Mitstreiter. Nur beim Repetitor herrscht heimelige Nestwärme: Dort gehen alle hin, daran kann nichts Falsches sein. Psychologisch wird man hier bestens betreut.

Inzwischen existieren auch zahlreiche „Online-Repetitorien", die in ihrer Stofffülle nahe an das Niveau der „traditionellen" Repetitorien heranreichen. Als erfrischend anders sticht ein auf das Wesentliche konzentriertes Angebot eines freiberuflichen Repetitors heraus, der voll und ganz unserer Maxime zustimmt, dass Methodik und Klausurentraining mehr zählt als theoretisches Stoffwissen, und damit eine löbliche Ausnahme im Geschäft mit der Angst vor dem Unbekannten darstellt. Diese und andere Angebote kombinieren jedenfalls aufgezeichnete Vorträge mit digitalen Materialien und Lerninhalten. Dabei werden oftmals die zeitliche Flexibilität und die interaktiven Lernkontrollen als Vorteil gegenüber dem traditionellen Repetitorium hervorgehoben. Allerdings – und dies ist unserer Ansicht nach sämtlichen Angeboten gemein - geht mit dieser Flexibilität einer der Hauptvorteile eines kommerziellen Repetitoriums, die eigenständige Organisation der Vorbereitung, verloren. Zudem entfällt der psychologische Vorteil, der daraus entsteht, dass Sie sich zusammen mit anderen in einer Gruppe vorbereiten. Vor allem aber sind Sie vor dem Bildschirm während der Vorträge noch stärker zur Passivität verdammt; die direkte interaktive Kommunikation mit dem Repetitor (oder einem Kommilitonen) entfällt vollends. Auch die interaktiven Lernkontrollen vieler Online-Angebote sind nur scheinbar von Vorteil. Die umfangreichen digitalen Materialien laden dazu ein, auch die Nachbereitung nur mithilfe dieser Inhalte durchzuführen. Damit geht aus unserer Sicht aber auch der erhebliche Lerneffekt, der sich beim eigenständigen Aufbereiten des Wissens einstellt, verloren. Wir raten daher dazu, sich derart aufbereiteter Materialien nur ausgewählt und zurückhaltend zu bedienen und jedenfalls nicht als Ersatz für eine in jeder Beziehung selbstbestimmte Vorbereitung zu verstehen.

Nach dieser Aufwandsevaluation wird man vorschnell Folgendes sagen: Der (traditionelle) Repetitor bietet die meisten Vorteile bei dem geringsten Aufwand. Allerdings dürfen Sie neben dem Aufwand nicht den Nutzen vernachlässigen! Wir möchten Ihnen im Folgenden darlegen, warum die AG in der Regel trotz des höheren Aufwandes den anderen Formen der Vorbereitung überlegen ist.

1. Die Mängel der klassischen Examensvorbereitung

Das universitäre Jurastudium und das kommerzielle Repetitorium leiden an dem gleichen Mangel: Beide sind entweder von vornherein zu passiv ("Frontalunterricht") oder sie verführen zur Passivität. Es ist symptomatisch, dass die Vorlesung immer noch "Vorlesung" heißt, obwohl es zu jedem Fachgebiet mindestens drei gute Lehrbücher und zwei hervorragende Fallsammlungen gibt. Es ist nicht zu erklären, weshalb immer noch fast ausschließlich **vorgelesen** und zu wenig **geübt** bzw. **erarbeitet** wird. Durch ein verbessertes Angebot an Examensvorbereitungskursen nehmen sich 23

Kapitel 1: Das Projekt der erfolgreichen Examensvorbereitung

einige Universitäten mittlerweile dieses Problems an und bieten Kleingruppen-Tutorate an, die sich von den Massenveranstaltungen der „Wiederholungs- und Vertiefungskurse" durch eine stärkere Betonung der individuellen Stoffanwendung abheben sollen. Dennoch bleibt, genau wie beim Repetitor – Kleingruppe hin, Kleingruppe her –, eine Unterrichtsform bestehen, die in erster Linie frontal ausgerichtet ist und sich seit Jahrhunderten nicht bewährt, sondern vor allem überholt hat.

2. Die Mär vom auditiven Lerntyp

24 Dieses Buch ist nicht der Platz, das juristische Ausbildungssystem einer im Ergebnis wohl nicht sehr schmeichelhaften Bewertung zu unterziehen. Es ist auch nicht der Platz, kommerzielle Repetitorien dafür zu kritisieren, aus einem offensichtlichen Bestreben nach Passivität der Examenskandidaten Kapital zu schlagen. Sie müssen aber aus den bekannten Mängeln für den wichtigsten Abschnitt Ihres Studiums Konsequenzen ziehen:

▶ Lösen Sie sich aus der Passivität und machen Sie sich auf den Weg zu einer selbstbestimmten und aktiven Examensvorbereitung! ◀

Was heißt das konkret für Sie? Zuerst müssen Sie sich darüber klar werden, dass die eigentliche Vorbereitungsarbeit von Ihnen selbst bewerkstelligt werden muss und während dieser Zeit der überwiegende Teil Ihres Tages von Jura bestimmt sein **muss**. Kein noch so guter Repetitor, kein noch so didaktisch versierter Professor und kein noch so modernes Online-Training kann Ihnen die Inhalte so vermitteln, dass Sie selbst nichts mehr vor- bzw. nachbereiten müssen. Zudem sollten Sie sich von der Vorstellung lösen, dass Sie auf das Examen „lernen"!

Lernen als passives Rezipieren stellt zwar die Grundlage Ihrer Examensvorbereitung dar, erfolgreich werden Sie aber nur dann sein, wenn Sie den Stoff in einem zweiten Anlauf durcharbeiten und strukturieren. Bei der immensen Stofffülle hat das Auswendiglernen prinzipiell keinen Erfolg. Den Wettlauf mit dem Vergessen wird nur der gewinnen, der den Stoff strukturiert und systematisiert hat. Auch diese Tatsache ist ein Allgemeinplatz, wird aber häufig durch das Vorgaukeln von irgendwelchen „Methoden" verwischt. Letztlich müssen Sie herausfinden, welche

V. Die Wahl der richtigen Vorbereitungsart

Arbeitsform für Sie die beste ist. Der Typ „Frontalunterricht" schneidet ohne eine gehörige Portion Selbstdisziplin jedoch denkbar schlecht ab:

▶ Strukturen sind wichtiger als Einzelwissen –
Erfolg haben Sie nur, wenn Sie den Stoff nicht nur lernen, sondern Systematisieren und Strukturieren. ◀

Durch den Frontalunterricht - egal ob diese vor dem Computer oder vor dem Repetitor stattfindet - ist die Gefahr groß, in die Passivität abzurutschen und einfach nur zuzuhören. Wieso sollen Sie sich vorbereiten, wenn der Professor bzw. Repetitor alles noch mal erklärt? Dieses Vorgehen ist gefährlich: Wer hat schon die Abgrenzung einer Inhalts- und Schrankenbestimmung (Art. 14 Abs. 1 2 GG) von einer Enteignung (Art. 14 Abs. 3 GG) oder den Regresskreisel der Gesamtschuldnerschaft nach nur einer Vorlesung wirklich verstanden? Nach der Stunde ist die Gefahr groß, dass aus „Zeitmangel" die wichtige Nachbereitung (s. Rn. 96) ausfällt. Diese Gefahr ist umso größer, wenn ausführliche Skripten ausgeteilt werden. Diese werden abgeheftet und ordnerweise für den noch unbestimmten Zeitpunkt eingelagert, an dem „alles noch mal gründlich wiederholt wird". Das „Kaffeekränzchensyndrom" mit dem Nachbarn oder Ihre nur physische Anwesenheit wird Ihnen auch nicht ganz unbekannt vorkommen und mindert die Effektivität des Frontalunterrichts.

Abbildung 4

Aufnahmetyp	Bevorzugter Aufnahmekanalklein	Anteil der Bevölkerung
auditiv	„Hören"	ca. 15 %
visuell	„Sehen"	ca. 45 %
kinästhetisch	„Handeln"	ca. 40 %

Die moderne Lernforschung zeigt zudem, dass es entgegen der Selbsteinschätzung vieler Lernenden für die wenigsten der wichtige Aufnahmekanal das Hören ist. Abgesehen davon, dass die Theorie der Lerntypen sehr fraglich ist, da diese von einem Zu-

Kapitel 1: Das Projekt der erfolgreichen Examensvorbereitung

sammenhang zwischen Aufnahmekanal und Lernerfolg ausgeht, so kann man sicher feststellen, dass durch eine Wahl des Aufnahmekanals abhängig von Faktoren wie Vorkenntnisse, Zeitdruck, Motivation etc. die besten Lernergebnisse erreicht. Selbst wenn Sie daher zu der bemerkenswerten Minderheit gehören sollten, die durch Zuhören am besten Informationen aufnimmt (auditiver Lerntyp), ist eine Nachbereitung und Wiederholung des gelernten Stoffs unabdingbar, um ihn nicht wieder zu vergessen (vgl. auch Rn. 162). Der starke Fokus auf Frontalunterricht wie er beim Repetitor, an der Universität oder in Online-Kursen gelebt wird, kommt dieser Kombination aller Lernkanäle nicht entgegen.

Der Frontalunterricht berücksichtigt außerdem weder Ihre Vorkenntnisse noch Ihre Lerngeschwindigkeit. Möglicherweise besitzen Sie in einem Gebiet Vorkenntnisse, weil Sie über dieses Thema eine Seminararbeit, eine Hausarbeit oder die Abschlussarbeit im Schwerpunktfach geschrieben haben. Vielleicht verstehen Sie die Probleme der Kondiktion im Dreipersonenverhältnis auch einfach schneller als ihre Kommilitonen. In diesem Fall verlieren Sie wertvolle Zeit, die Sie besser am Schreibtisch oder sonstwo zugebracht hätten (Stichwort: Freizeit). Allenfalls Online-Kurse erlauben Ihnen hier, "vorzuspulen". Aber mal ehrlich, trauen Sie sich das, nachdem der ganze Kurs bezahlt wurde?

Der größte Nachteil einer Vorlesung besteht aber in der **fehlenden Anwendung** des Stoffes. Ob der Stoff „sitzt", erfahren Sie nicht in der Vorlesung, sondern erst, wenn Sie eine Klausur zu lösen haben und einen Antrag auf vorläufigen Rechtsschutz nach § 80 V VwGO nicht aufbauen können, obwohl Sie den Aufbau gelernt und mehrfach wiederholt haben. Es nützt auch nicht viel, wenn der Professor die Rechtsprobleme anhand eines Falles veranschaulicht. Denn dadurch haben Sie den Fall noch lange nicht selbst gelöst, sich die Erkenntnisse nicht „ins Gehirn gehandelt". Die Fallstudie des Professors ist lediglich ein anderes Darstellungsmittel. Für Sie als Konsumenten („Hörer") bleibt es passiv. Oder wissen Sie etwa genau, wo die Tücken beim Radwechsel liegen, wenn Sie dem Mechaniker nur zugeschaut haben? In diesem Sinne ist der Frontalunterricht Zeitverschwendung. Bleiben Sie zu Hause oder an Ihrem „Lieblingsarbeitsplatz" (s. Rn. 173 ff.), arbeiten Sie dort und gehen Sie nur aus dem Haus, um Ihr Wissen

V. Die Wahl der richtigen Vorbereitungsart

auf konkrete Fälle anzuwenden! Genau das wird im Examen verlangt: einen konkreten Sachverhalt einer nachvollziehbaren und vertretbaren Lösung zuzuführen. Das Gleiche gilt übrigens mit Abstrichen für die Falllösung in einer Großgruppe. Das ist zwar besser als eine Vorlesung, birgt aber ebenfalls die Gefahr, dass Sie sich zurücklehnen und anderen die Lösung überlassen. Ob Sie auf die entscheidende Idee im Examen gekommen wären, werden Sie so nicht herausfinden.

Obwohl alle diese Negativpunkte durch diszipliniertes Arbeiten vermeidbar wären, rutscht man – fragen Sie sich selbst nach Ihrem eigenen Verhalten im Studium – unvermeidbar in die eben beschriebene „Vorlesungs-Falle". Umso erstaunlicher ist die Diskrepanz zwischen der Abneigung der Studenten gegenüber dem universitären Ausbildungsprogramm und ihrer späteren Entscheidung für den Repetitor. Die überwiegende Mehrzahl der Studenten hält den Typus Vorlesung rückblickend für ineffektiv, wählt später mit dem Repetitor aber die gleiche Lernform wieder, nämlich die Vorlesung als Frontalunterricht innerhalb einer Großgruppe, die idR erheblich teureren Kleingruppenkurse einmal ausgenommen. Zwar rühmen sich die Repetitoren damit, ihren Unterricht interaktiv auszugestalten, ab einer Gruppengröße von über dreißig Personen kann man dies jedoch nicht mehr ernsthaft als interaktiven Unterricht bezeichnen. Wie Sie dennoch richtig mit dem Repetitor umgehen, erfahren Sie im Kapitel 2.7.2 (Rn. 120 ff.).

Die Universitätsprofessoren lehnen den privaten Repetitor überwiegend ab und versuchen in letzter Zeit, verlorenes Vertrauen durch universitäre Examensvorbereitungskurse zurückzugewinnen. Sie kritisieren die Unselbstständigkeit der Studenten und plädieren zusätzlich zu Ihren Examenskursen für eine Vorbereitung in Kleingruppen. Soweit diese Examenskurse sich in einer vorlesungsartigen Vermittlung des examensrelevanten Stoffs erschöpfen, begehen sie den gleichen Kardinalfehler: Sie fördern die Passivität der Studenten. Gleichwohl gibt es mittlerweile an vielen Universitäten löbliche Ausnahmen, bei denen engagierte Professoren anhand von großen Fällen mit den Studenten Strukturwissen trainieren möchten. Derartige Kurse sind idR sehr wertvoll und sollten auf jeden Fall aktiv besucht werden. Als alleinige Alterna-

Kapitel 1: Das Projekt der erfolgreichen Examensvorbereitung

tive zu einer Arbeitsgemeinschaft haben derartige Programme aus unserer Sicht noch drei strukturelle Fehler:

- Die Kurse müssen ein erhebliches Vorwissen voraussetzen, dh sie können den Stoff nicht vollständig abdecken. Von der Grundkonzeption derartiger Kurse ist das schlüssig. Nur so können Strukturen erkannt und trainiert werden. Dieses Vorwissen müssen Sie sich aber erst erarbeiten, weil Sie es idR beim Beginn der Examensvorbereitung nicht besitzen. Dies müssen Sie sich ganz unverblümt eingestehen. Gerade die theoretischen Grundlagen zu legen, ist Aufgabe einer Arbeitsgemeinschaft. Eine Arbeitsgemeinschaft **und** das universitäre Examensvorbereitungsprogramm gleichzeitig werden aber Ihre Kapazitäten übersteigen. Wir empfehlen Ihnen daher, nur ausgewählte Kurse neben einer Arbeitsgemeinschaft zu besuchen.
- Die Kurse finden oft nur im Semester statt. Das ist mehr als erstaunlich. Die Universität verlangt von den Studenten eine schnelle Examensvorbereitung, schafft es aber nicht, sich vom Semesterrhythmus zu lösen, und lässt Sie z. B. während der Sommersemesterferien fast drei Monate lang alleine!
- Fehlende Planbarkeit: Bis jetzt ist es leider die Ausnahme, nicht die Regel, dass für ein ganzes Jahr Stoffpläne vorliegen. Oft weiß die Universität nicht einmal, welche Kurse (wann und wo) im nächsten Semester angeboten werden. Wie soll so ein Programm mit Ihrem Lernplan abgestimmt werden?

27 Ihre Examensvorbereitung sollte sinnvollerweise planbar sein. Nur wenn Sie Ihre Examensvorbereitung selbst in die Hand nehmen, organisieren Sie sich auch selbst. Zurück zur Tabelle bedeutet dies: Der organisatorische Aufwand für Ihre Examensvorbereitung sollte hoch sein, damit Sie sich ein hohes Niveau an Eigenorganisation und Selbstdisziplin aneignen. Außerdem werden Sie feststellen: Es ist alles zu schaffen, angefangen bei den Rahmenbedingungen. Wer sich seine eigenen Rahmenbedingungen anhand des Vorhandenen zweckentsprechend einrichtet, wird auf lange Sicht erfolgreicher sein als derjenige, der sich darauf verlässt, dass andere für ihn mitdenken.

Mit der Schaffung einer eigenen Organisationsstruktur geht auch ein psychologischer Vorteil einher: Man weiß etwas genauer, was auf einen zukommen kann, welche Probleme auftreten können und was man dagegen im Notfall unternehmen kann. Man ist nicht nur besser vorbereitet, sondern **fühlt** sich auch so. Gleichzeitig schadet es nicht, wenn man nicht in erster Linie psychologische Bestätigung angeboten bekommt, sondern sich Teile davon selbst erarbeiten muss. Die psychologische Betreuung in Großgruppen durch ein gemeinsames Ziel, welches man mit gemeinsamen Mitteln verfolgt, ist oftmals trügerisch. Oder glauben Sie, dass jede Repetitor-Großgruppe mit der Rep-Methode gleichzeitig und gemeinsam ein „9 + x" zustande bringt? In der eigenen kleinen AG ist dies viel leichter zu akzeptieren. Der scheinbare Nachteil, in psychologischer Hinsicht weniger „betreut" zu werden, ist in Wahrheit ein Vorteil: Die AG fördert ein höheres Maß an Selbstsicherheit und Selbstdisziplin. Der mittelmäßig große Aufwand, den Sie durch regelmäßige Feedbacks, größere Sensibilität im Umgang mit Ihren Mitstreitern und aktive Mitarbeit an einem starken „Wir-Gefühl" dafür treiben müssen, ist sehr gut investiert und zahlt sich in Ruhe und Gelassenheit während der Examenswoche aus.

3. Die aktive Examensvorbereitung in einer privaten Arbeitsgemeinschaft

Sicher möchten Sie endlich erfahren, warum wir der Auffassung 28 sind, dass eine private Arbeitsgemeinschaft allen anderen Formen der Examensvorbereitung überlegen ist oder zumindest eine gleichwertige Alternative darstellt. Wir wollen nicht unterschlagen, dass häufig Bedenken gegen eine AG vorgebracht werden. Sie können nur dann die für Sie richtige Form der Examensvorbereitung wählen, wenn Sie die Vor- und Nachteile aller möglichen Formen kennen und abwägen können. Letztlich sind wir der Auffassung, dass ernsthafte Nachteile kaum existieren und die Vorteile einer Arbeitsgemeinschaft die verbleibenden Nachteile bei Weitem überwiegen. Uns fallen nur begrenzte Nachteile ein oder solche ohne großes Gewicht.

a) Die Nachteile einer privaten Arbeitsgemeinschaft

Nicht von der Hand zu weisen ist der auf den ersten Blick **größe-** 29 **re Zeitaufwand** einer privaten Arbeitsgemeinschaft. Im Gegensatz zu einem privaten oder universitären Repetitorium sind Sie selbst

Kapitel 1: Das Projekt der erfolgreichen Examensvorbereitung

für die Stoffauswahl, die Wahl des richtigen Lehrbuchs und vor allem für die Auswahl der zu besprechenden Fälle zuständig. Ein Skript mit den (angeblich) zwanzig examensträchtigsten Fällen zum Sachenrecht erscheint als Alternative sehr verlockend. Einfach nur durcharbeiten und Sachenrecht sitzt. Bitte vergessen Sie aber nicht, dass Sie sich zu einer aktiven Examensvorbereitung verpflichtet haben. Der höhere Anteil an **Eigenarbeit** und organisatorischem Aufwand zahlt sich schon wenig später aus: Wenn Sie nicht einfach das Skript zum Sachenrecht durcharbeiten, sondern sich bei der Fallauswahl selbst Gedanken machen müssen, **welche** examensrelevanten Probleme es beispielsweise zum gutgläubigen Erwerb gibt, sind Sie schon wesentlich weiter als Ihre „passiven" Kollegen und werden zum aktiven Lernen geradezu gezwungen. Schon beim Lernen systematisieren und strukturieren Sie den Stoff. Wann haben Sie sich zum letzten Mal ausführlich mit dem Inhaltsverzeichnis eines Lehrbuches beschäftigt, bevor Sie es durchgearbeitet haben? Noch nie? Wieso sollte es sich gerade jetzt ändern? Zwingen Sie sich doch mit sanftem Druck zu einer aktiven Arbeitsweise. Schrecken Sie nicht vor dem hohen Organisationsaufwand zurück, sondern nehmen Sie ihn als das, was er ist: Der erste Schritt zu Ihrer Examensnote (Zielbestimmung!) und ein handfester Vorteil gegenüber allen, die sich **erzählen lassen**, was die examensrelevanten Probleme sind.

30 Häufig ist die These zu hören, der Repetitor vermittelte **Sicherheit und „Nestwärme"**, die eine private Arbeitsgemeinschaft nicht bieten könne. Gemeint ist damit die Beschützerrolle des Dozenten, der die Gewissheit vermittelt, alle examensrelevanten Probleme vermittelt zu haben, und so die psychologischen Probleme gering hält, die sich durch Selbstzweifel nach und nach einstellen. Beim Repetitor ist angeblich sichergestellt, dass kein wichtiges Problem übersehen wird und insbesondere die letzte BGH-Entscheidung (z. B. zum „Widerrufs-Joker" und zur Berechnung von Vorfälligkeitsentschädigungen) kurz vor dem Examenstermin noch schnell als Handout ausgeteilt wird. Sie können deshalb ruhig schlafen und wachen nicht nachts von Albträumen schweißgebadet auf, weil in Ihren Träumen ein juristisches Problem Gegenstand einer Klausur war, das Sie nicht, Ihr Kollege aus dem Repetitorium aber gleichwohl wie von der Karteikarte

herunterschreiben konnte. Bitte verzeihen Sie uns diese etwas voreingenommene Sichtweise. Gerade dieses „Vorurteil" haben wir während unserer Workshops an den Universitäten aber am Häufigsten zu hören bekommen. Sie bekommen deshalb auch eine ganz klare Antwort von uns: **Es gibt kein Geheimwissen der Repetitoren.** Und außerdem **spielt ganz aktuelle Rechtsprechung im Examen keine Rolle.** Lösen Sie sich von der Vorstellung, im Examen würden die ausgefallensten und allerneuesten Probleme behandelt und auswendig gelerntes Einzelwissen abgefragt. Dies wird schon aus dem reinen Gesetzeswortlaut deutlich:

▶ „Die Erste Juristische Staatsprüfung ist vorwiegend **Verständnisprüfung**. Sie dient der Feststellung, ob die Bewerberinnen und Bewerber aufgrund eines Studiums der Rechtswissenschaft [...] die wissenschaftlichen **Arbeitsmethoden** beherrschen, die als Grundlage erforderlich sind, um den Anforderungen des juristischen Vorbereitungsdienstes zu entsprechen." (§ 6 des Hessischen Juristenausbildungsgesetzes [Hervorhebungen durch die Verfasser]) ◀

31

Als Beleg, dass dies auch von den Korrektoren ernst genommen wird, sei beispielhaft aus den Berichten des Bayerischen Landesjustizprüfungsamtes zitiert, das jedes Jahr die wichtigsten Themen der einzelnen Examensklausuren aufschlüsselt. S. zum Jahresbericht 2016 (https://www.justiz.bayern.de/landesjustizpruefungsamt/jahresberichte/), dort Anlage 1:

▶ „... Die Liste soll einen Überblick gewähren und verdeutlichen, dass Gegenstand der Ersten juristischen Staatsprüfung nicht möglichst schwierige, nur mit präsentem Detailwissen lösbare Probleme abgelegener (Teil-)Rechtsgebiete sind, sondern Fragen, die die Prüfungsteilnehmer mit an der Universität erworbenen Kenntnissen und methodischen Fähigkeiten zu einer vertretbaren Lösung führen können." ◀

Oder aus dem Jahresbericht 2016 des Bayerischen JPA, S. 7 (www.justiz.bayern.de/landesjustizpruefungsamt/jahresberichte/):

▶ „Die Aufgaben in den juristischen Staatsexamina ... sollen den Kandidaten Verständnis, systematisches Denken sowie eigenständiges, folgerichtiges Argumentieren und nicht auswendig erlernbares Detailwissen abverlangen." ◀

Welche Folgerungen sollten Sie daraus ziehen: Entgegen vielfacher Beteuerung sind die **Strukturen wichtiger als das Einzelwis-**

32

Kapitel 1: Das Projekt der erfolgreichen Examensvorbereitung

sen. Unsere Erfahrungen ist, dass nur selten ein „bekannter Fall" Gegenstand der Prüfung ist, sondern meist eine Konstellation, mit der Sie sich noch nie vorher beschäftigt haben. Die Suche nach einem bekannten Vorbild-Fall wird negativ ausfallen oder die Falllösung nicht weiterbringen. Im schlimmsten Fall ist der Erkenntniswert aus dem Urteilstext sogar kontraproduktiv, da er den Blick verstellt auf die Argumentation, die zur Entscheidung führt. Ein richtiges Ergebnis nützt Ihnen nichts, wenn es nicht schlüssig und rechtlich einwandfrei begründet ist.

Über die reinen Prinzipien hinaus, müssen Sie sich nicht mit den letzten Verästelungen des Eigentumsvorbehalts unter besonderer Berücksichtigung der jüngsten BGH-Rechtsprechung auseinandersetzen. Während Ihrer Vorbereitung werden Sie im Gegenteil eine ganz andere Erfahrung machen. Sie kennen zwar noch den „Jungbullen-" oder den „Schweinemästerfall", haben aber leider vergessen, welche Voraussetzungen eine Anscheinsvollmacht hat. Ermahnen Sie sich deshalb jeden Tag, vor allem die Grundstrukturen zu lernen und zu wiederholen. Das können Sie in der AG genauso gut wie im Repetitorium. Wirklich wichtige Urteile erfahren Sie im Übrigen auch durch gelegentliche Lektüre der Rechtsprechungsübersichten von JuS/Jura oder JA. Und noch eins: Auch Repetitoren können nicht „alles" behandeln und müssen eine Auswahl an wichtigen Grundfällen behandeln, es sei denn, das Skript des Repetitors nur zum Bereicherungsrecht hat dann fast zweihundert (!) Seiten. Nur dann kann mit dem Spruch geworben werden, alle wichtigen Probleme der Klausuren seien in den Skripten behandelt worden („Das Hauptproblem in der 3. Examensklausur war im Skript auf Seite 174 ausführlich behandelt."). Wie Sie das alles lernen sollen, sagt Ihnen leider niemand. Der Bericht des Prüfungsamtes räumt (s.o. auf S. 11) noch mit einem weiteren Vorurteil auf:

▶ „Rückschlüsse darauf, welche (Teil-)Rechtsgebiete, Rechtsinstitute oder Rechtsprobleme in einem bestimmten künftigen Termin Gegenstand der Ersten Juristischen Staatsprüfungen sein könnten, lässt die Aufstellung nicht zu; sie dient der Transparenz ... und nicht Spekulationen, vor denen die Studenten im eigenen Interesse gewarnt werden." ◀

Bitte geben Sie daher nichts auf Statistiken, die Ihnen vorgaukeln, ablesen zu können, welche Gebiete in Ihrer Prüfung drankom-

V. Die Wahl der richtigen Vorbereitungsart

men könnten („es war 12 Prüfungstermine lang kein Kaufrecht dran"...). Bereiten Sie sich einfach mit gutem Lehrmaterial wie ein besonnener Mensch auf die Prüfung vor.

Das einzige wirkliche Problem einer AG ist ihre **Abhängigkeit von den AG-Partnern.** Was passiert mit Ihrer AG, wenn ein Teilnehmer aussteigt, erkrankt, Sie sich nur noch streiten oder ein Teilnehmer dauernd schlecht vorbereitet ist? An dieser Stelle sei nur gesagt, dass diese Probleme durch eine gute Vorbereitung der Arbeitsgemeinschaft weitgehend in den Griff zu bekommen sind. Die einzelnen Probleme werden unten in Kapitel 2.5 (Rn. 97 ff.) behandelt.

b) Die Vorteile der privaten Arbeitsgemeinschaft

Diesen geringen Nachteilen stehen erhebliche Vorteile der privaten Arbeitsgemeinschaft gegenüber: 33

Aktives Lernen: Der angebliche Nachteil der AG ist ihr größter Vorteil: Nach unserer Konzeption muss der Stoff einer AG-Stunde **vorher** gelernt werden. Dies ist Voraussetzung dafür, die Fälle in der Stunde selbst lösen zu können. Im Idealfall ist die AG nur noch Wiederholung und Vertiefung des Stoffes. Auf jeden Fall werden Ihre Lücken sichtbar: Da Sie den Stoff in der AG selbst wiedergeben und praktisch anwenden müssen, merken Sie sofort, ob der Stoff „sitzt" oder nicht und vermeiden die „Vorlesungsfalle" (s. Rn. 26). Können Sie sich ein aktiveres Lernen und eine effektivere Kontrolle vorstellen, als vier Stunden mit Ihren AG-Partnern aktiv Fälle zu lösen? In der Nachbereitung können festgestellte Lücken geschlossen werden (s. Rn. 96). Zusammen mit Ihrem Wiederholungsplan (s. Rn. 172 ff.) wird Ihr Wissen immer weiter anschwellen und irgendwann werden richtige Lücken der Vergangenheit angehören.

Eigene Strukturierung schafft Überblick: Ein wichtiges Element unserer Methode besteht darin, dass Sie den Lernplan selbst erstellen müssen. Wir wollen Sie ausdrücklich dazu ermuntern, sich nicht auf vorgefertigte AG-Pläne zu verlassen, sondern **Ihren eigenen** AG-Plan zu erstellen (Rn. 62 ff.). Das schafft schon vor Beginn der Vorbereitung Überblick über den gesamten Stoff und gibt Ihnen die wichtige Gewissheit, dass der Prüfungsstoff in viele

Kapitel 1: Das Projekt der erfolgreichen Examensvorbereitung

kleine Lernportionen zerlegt werden kann und eben nicht unendlich ist.

Eine Arbeitsgemeinschaft schafft eine **unvergleichliche Gruppenmotivation**. Durch die kleine Teilnehmerzahl und das ständige aktive Lernen bzw. Wiederholen ist ein Abschalten oder Ausklinken unmöglich. Sie können nicht aus dem Fenster schauen, da Sie fast ständig dran sind. Unvorbereitet werden Sie genau einmal zur AG kommen. Beim nächsten Mal werden Sie die Nacht vor der AG lieber durcharbeiten, nur um die zu Recht enttäuschten Blicke Ihrer AG-Partner zu vermeiden. Sie glauben es nicht? Probieren Sie's. aus!

Eine AG ist eine kostenlose **Übung im mündlichen Argumentieren** und somit eine optimale Vorbereitung auf die mündliche Prüfung und das spätere Berufsleben. Sie werden gezwungen, komplizierte Sachverhalte zu erklären, einen gestellten Sachverhalt schnell zu erfassen und schließlich zu lösen. Wir behaupten: Mit einer AG gehört Angst vor der mündlichen Prüfung der Vergangenheit an.

Eine AG ist **preisgünstig**: Den vierstelligen Betrag, den ein Rep-Kurs schnell kosten kann, investieren Sie lieber in einen langen Urlaub nach dem erfolgreichen Examen. Das Examensergebnis ist nicht käuflich.

Ihr Biorhythmus entscheidet, nicht der Ihres Lehrers. Sie sind morgens nicht fit, lernen aber am liebsten um 20 Uhr? Warum nicht. Bis auf die frei vereinbarten AG- Termine sind Sie Ihr eigener Herr. Nutzen Sie diesen Vorteil und lernen Sie überwiegend in Ihren Hochphasen (Rn. 170).

34 Neben den fachlichen Vorteilen bringt Ihnen die AG auch für Ihr späteres Berufsleben eine ganze Menge. Zwar werden Sie einwenden, die Examensvorbereitung sei nicht der richtige Moment, sich neben fachlichen auch noch berufliche Fähigkeiten anzueignen. Wenn Sie diese aber noch gratis dazubekommen, sollte Sie dies endgültig von den Vorzügen der privaten Arbeitsgemeinschaft überzeugen. Viele Fähigkeiten, die im späteren Berufsleben gebraucht werden, werden im Jurastudium nicht gefördert. Vor allem mit Teamwork haben die Juristen unter allen Hochschulab-

solventen die größten Schwierigkeiten: Nutzen Sie deshalb die AG!

Eine AG **schult Ihre rhetorischen Fähigkeiten.** Der für das Zweite Examen und die Zeit in der Justiz oder Verwaltung wichtige Aktenvortrag wird früh trainiert. Das schriftliche und mündliche Ausdrucksvermögen ist Ihr professionelles Kapital. Schulen Sie es!

- Eine AG trainiert Ihre **Team-** und **Kommunikationsfähigkeit.**
- Sie erwerben **soziale Kompetenz** („Soft Skills").
- Sie trainieren Ihr **Durchsetzungsvermögen.**

Kurz und gut: Die **Dynamik der privaten Vorbereitung** ist nicht zu vergleichen mit der statischen Wissensvermittlung im Frontalunterricht. Der Erfolg einer AG lässt sich nicht nur in Punkten messen, sondern bestätigt sich später immer wieder neu: Die Examens-AG ist auch **Wegzehrung für „die Zeit danach".**

VI. Die erfolgreiche Behandlung der Examensangst

Haben Sie sich schon einmal mit Examensangst auseinandergesetzt?

Das juristische Staatsexamen gilt nicht umsonst als eine der schwersten Abschlussprüfungen. Durchfallquoten von bis zu 40 % ermahnen zu einer ernsthaften und wohlüberlegten Examensvorbereitung sowohl was den Weg Ihrer Vorbereitung betrifft als auch hinsichtlich Strategien zum Umgang mit dem erzeugten Druck.

In unserem Bekanntenkreis gibt es niemanden, der nicht wenigstens einen gewissen Grad an Anspannung vor der ersten Klausur des Staatsexamens verspürt hat. Studienkollegen, die das Examen mit (mindestens) vollbefriedigend abgeschlossen haben, waren teilweise schon kurz davor, ihr Projekt Prädikatsexamen abzubrechen, da der Druck sie so mitgenommen hat. Aus unserer Erfahrung basiert dies aber auf einer begrenzten und beherrschbaren Anzahl von Ursachen.

Kapitel 1: Das Projekt der erfolgreichen Examensvorbereitung

1. Rationale Betrachtung der Examensangst

36 Wie bereits oben erwähnt, ist eine spürbare Anspannung vor dem Examen absolut nachvollziehbar und bei nahezu jedem Kandidaten vorhanden: Die hohe Durchfallquote, die Stofffülle und die Bedeutung der Note für Ihre spätere Karriere sind legitime Auslöser dafür. Rational betrachtet sollte Sie aber genau dies zu einer persönlichen Höchstleistung motivieren. Vergessen Sie nicht, Sie haben alle Tools zur Beherrschung der Situation in Ihrer Hand!

Wichtigste Ursache für den Druck ist die persönliche Gewissheit, dass Sie den geforderten Stoff nicht vollständig kennen. Und damit haben Sie völlig Recht (und sitzen im selben Boot wie alle Ihre Examenskollegen auch). Sie können den Stoff nicht vollständig kennen, das ist einfach unmöglich! Aber glauben Sie, dass Sie im Berufsleben alle Fälle kennen werden, die auf Sie zukommen? Erwarten Sie etwa nur Fälle aus der Trierer Weinversteigerung und der heranrückenden Schweinemästerfarm in Ihrer Kanzlei bzw. auf Ihrem Richtertisch? Mitnichten. Ebenso wenig werden Sie jeden Ihrer späteren Fälle im „Palandt" nachschlagen können. Ihr Ziel muss daher sein – wie bereits mehrfach erwähnt – den Stoff zu **beherrschen**! Dies erfordert die Wahl der richtigen Vorbereitungsmethode und die effektive Organisation der Examensvorbereitung. Denn wenn diese gut durchdacht ist und inhaltlich mit den Erwartungen, die an Sie gestellt werden, abgestimmt ist, ist man vor bösen Überraschungen sicher.

Lassen Sie sich auch nicht beirren durch die gern geschürte Panik in Ihrem Umfeld. Schauen Sie hinter die Kulissen und realisieren Sie die dahinterstehenden Interessen:

- Für kommerzielle Repetitorien gibt es kaum ein besseres Verkaufsargument als die Angst vor dieser Prüfung.
- Absolventen lassen ihre Leistung in noch besserem Licht erscheinen, wenn sie die Prüfung als extrem schwierig darstellen.
- Andere Absolventen wiederum schieben die Verantwortung für ihr schlechtes Abschneiden gerne auf die Klausuren („war nicht zu schaffen") oder die Prüfer („unfaire Fragen; viel zu schwer"), um sich und anderen nicht eingestehen zu müssen, selbst zu wenig getan oder der falschen Vorbereitungsmethode vertraut zu haben.

VI. Die erfolgreiche Behandlung der Examensangst

- Sogar im Kreis Ihrer Kommilitonen besteht die realistische Gefahr der Ausgrenzung, wenn Sie mit einer pragmatischen und realistischen Einstellung in die Examensvorbereitung gehen. Das Examen als superschwer und nahezu unlösbar darzustellen, ist in vielen Kreisen einfach „cooler", wertet hinterher die eigene Leistung auf und bewahrt psychologisch gesehen vor Enttäuschungen.

Sehen Sie es doch aus der anderen Perspektive: Mithilfe einer ernsthaften und effektiven Examensvorbereitung haben schon Unzählige diese Prüfung mit Prädikat bestanden. Insbesondere die Tatsache, dass die Examensnote gemeinhin als wichtig gilt, sollte Sie um so mehr motivieren, sich ein ehrgeiziges Ziel zu setzen, sich mit den zur Verfügung stehenden Alternativen auseinanderzusetzen und gerade **nicht** einer Methode zu vertrauen, die bislang nicht bewiesen hat, dass alle Teilnehmer eine Traumnote inklusive ihres juristischen Traumjobs erreicht haben. Denken Sie daran: Niemand kann Sie zu einer bestimmten Note bringen. Dorthin müssen Sie sich selbst führen! Rational betrachtet gibt es daher keinen Anlass für Examensangst.

2. Emotionale Betrachtung der Examensangst

Aber es gibt auch eine grundsätzliche Angst vor der Prüfung, oft getrieben durch persönliche Versagensängste und verstärkt durch die oben beschriebene Panikmache aus Ihrem Umfeld. Sehen Sie es als Ihre Aufgabe, für sich den optimalen Weg zu finden, dass Sie sich sicher fühlen, Ihr angestrebtes Examensziel realisieren zu können. Erfahrungsgemäß bieten sich verschiedene Möglichkeiten, dieses ungute Gefühl loszuwerden und zu entspannen, z. B. autogenes Training oder entspannte Gespräche über Ihre Überlegungen mit einer Vertrauensperson (v. a. wenn diese bereits bestanden hat). Dass Sie in der Lage sind, mit so einem Druck umzugehen (und das können Sie genauso wie viele andere auch) ist eine weitere wertvolle Erfahrung des Jurastudiums. Letztlich dürfen Sie nicht vergessen, dass Sie sich bei der Wahl Ihres Studiums für diese Abschlussprüfung entschieden haben: Es ist Ihre persönliche Verpflichtung, jetzt die für Sie besten Tools zur Vorbereitung zu entdecken und zu verwenden, um das Programm bis zum erfolgreichen Abschluss des Examens abzuspulen.

Kapitel 1: Das Projekt der erfolgreichen Examensvorbereitung

▶ Unabhängig von Ihrer „Vorbildung" können Sie jede Form der Examensvorbereitung wählen! ◀

Wir wollen von realistischen Voraussetzungen ausgehen: Auch wenn Sie bisher nicht jede Vorlesung besucht haben, nicht jeden Hinweis der Professoren auf einen „wichtigen und lehrreichen Festschriftbeitrag" verfolgt haben, den „Medicus"« und den „Roxin" noch nicht mehrfach durchgearbeitet haben, Ihre Kenntnisse vielmehr aus einem Meer des Nichtwissens mit einigen Wissensinseln bestehen, **können Sie jede Form der Examensvorbereitung wählen. Alles andere ist Propaganda und schlicht und einfach falsch!** Diese Tatsache muss in aller Deutlichkeit gesagt werden, da Ihnen von allen Seiten immer wieder das Gegenteil eingehämmert wird: Von den Repetitorien, die ihre ständig wechselnden „Kunden" jedes Jahr von der eigenen Unentbehrlichkeit überzeugen müssen, und von einigen Professoren, die Repetitorien als Angriff auf ihre Ehre empfinden und eine Examensvorbereitung ohne kontinuierliches Mitarbeiten in Vorlesung und Übung für unmöglich halten. Wer während des Studiums schon kontinuierlich gelernt hat, hat es natürlich in der Examensvorbereitung leichter als derjenige, der von einer Umwandlung der Hypothek zur Eigentümergrundschuld noch nie etwas gehört hat oder EBV für eine Popgruppe aus den Siebzigern hält. Aber um es nochmals zu betonen: Die Ausgangspositionen sind für alle Varianten der Examensvorbereitung gleich gut bzw. gleich schlecht. Alles, was Sie jetzt brauchen, ist eine (hoffentlich durch dieses Buch bewirkte) Initialzündung, Standkraft, Durchhaltevermögen und eine gehörige Portion Selbstdisziplin. Eines können wir Ihnen nämlich nicht ersparen – eine anstrengende Examensvorbereitung. Sie werden nur dann erfolgreich sein, wenn ab heute ein wesentlicher Teil Ihres Arbeitstages durch Jura bestimmt wird. Keine Angst! Dieses Buch wird Ihnen helfen, sich zu organisieren. Wenn Sie effektiv und zielgerichtet arbeiten, bleibt auch noch genug (Frei-)Zeit für andere Dinge. Emotional betrachtet sollten Sie also versuchen, Ihre Angst in gesunde Anspannung umzudeuten und Ihr Unterbewusstsein auf Ihre ehrgeizige und realistische Zielvorgabe zu programmieren. Auch Willenskraft ist trainierbar, Nervosität beherrschbar. Wenn Sie Ihre Angst überhaupt nicht in den Griff bekommen, nehmen Sie zur Not fachkundige Hilfe in Anspruch. Sie wären nicht der Erste und es wäre auch keine Schande, sondern nur klug.

VII. Zusammenfassung

In diesem Kapitel haben Sie erfahren, wie Sie am zweckmäßigsten an Ihr Projekt „Examensvorbereitung" herangehen. Ihre erste Aufgabe ist es, Ihr Ziel im Examen zu definieren und es sich fest einzuprägen. Das Ziel sollte ehrgeizig sein, Sie sollten stets dazu stehen können und von jetzt an Ihr ganzes Handeln daran messen, ob es diesem Ziel dient. Danach sollten Sie einen festen Examenstermin ausmachen. Erst dann sollten Sie sich mit der Wahl der richtigen Vorbereitungsmethode beschäftigen. Dazu ermitteln Sie zunächst Ihren Lernstil.

Dann wägen Sie mithilfe unserer Analyse die Vor- und Nachteile der jeweiligen Vorbereitungsmethoden gegeneinander ab. Wir wollten erreichen, dass Sie zu diesem Zeitpunkt eine private Arbeitsgemeinschaft jedenfalls schon nicht mehr gänzlich ablehnen, sondern diese vielmehr als echte Alternative zum Repetitor wenigstens wahr- und ernstnehmen. Gerne dürfen Sie sich der im Anhang abgedruckten Checklisten und Literaturhinweise bedienen! Durch die Checklisten bekommen Sie die Sicherheit, nichts Wichtiges vergessen zu haben, und Ihre Vorbereitung bekommt schon von Anfang an Struktur.

VIII. Übung

Nehmen Sie ein Blatt Papier und schließen heute einen Vertrag mit sich selbst (ernsthaft!). Beachten Sie dabei folgende Punkte:
- Formulieren Sie Ihre eigenen Erwartungen an sich selbst bezüglich der Examensvorbereitung.
- Verpflichten Sie sich auf eine **aktive** Examensvorbereitung.
- Nennen Sie Möglichkeiten, wie Sie eine aktive Examensvorbereitung erreichen.
- Fragen Sie morgen in der Mensa drei Studenten anderer Fachrichtungen (insbesondere Mediziner und Theologen, die machen auch ein Staatsexamen), wie sie sich auf ihre Abschlussprüfungen vorbereiten und wieso sie dazu keinen kommerziellen Repetitor benötigen.

Kapitel 2: Die Arbeitsgemeinschaft

	Rn
I. Was Sie am Ende dieses Kapitels erreicht haben	40
II. Die Gründung der AG	41
1. Die AG-Typen	43
2. Die AG-Partner	49
3. Der AG-Vertrag	56
III. Der AG-Plan	59
1. Grundprinzipien	61
2. Erstellen des AG-Plans	67
a) 1. Schritt: Berechnung der zur Verfügung stehenden AG-Wochen	67
b) 2. Schritt: Berechnung der zur Verfügung stehenden AG-Sitzungen	69
c) 3. Schritt: Berechnung der pro Rechtsgebiet zur Verfügung stehenden AG-Sitzungen	70
IV. Die Durchführung der AG	78
1. Die Vorbereitung der AG-Sitzung als Teilnehmer	78
2. Die Vorbereitung der AG-Sitzung als Leiter	81
3. Der Ablauf der Sitzung	88
4. Die Nachbereitung der Sitzung	93
V. Problemprävention/Kontrolle	94
1. Grundlegendes	94
2. Risk-Management: AG-unabhängige Risiken	96
a) Motivation und Disziplin	96
b) Teilen und Einstecken lernen	97
c) Examensangst und Selbstvertrauen	101
d) Rollenverhalten hinterfragen	102
3. Risk-Management: AG-spezifische Risiken	103
a) Motivation und Disziplin	103
b) Der Umgang miteinander	109
c) Gegen den „Herdentrieb" kämpfen	110
d) Leistungsunterschiede, Krankheit und Urlaub	111
e) Notbremse	114
4. Feedbackregeln zur proaktiven Problemvermeidung	116
VI. Besonderheiten der AG im Studium	117
VII. Besonderheiten der repetitoriumsbegleitenden AG	122
1. Das Problem	122
2. Tipps und Tricks der Examensvorbereitung beim Repetitor	124

Kapitel 2: Die Arbeitsgemeinschaft

VIII. Besonderheiten der AG begleitend zum Referendariat	127
1. Warum eine AG während des Referendariats?	128
2. Die spezifischen Probleme der AG im Referendariat	130
3. Die Organisation	131
IX. Besonderheiten der AG zur mündlichen Prüfung	135
1. Allgemeines	135
2. Im Öffentlichen Recht	140
3. Im Strafrecht	142
4. Im Zivilrecht	144
X. Zusammenfassung	149

I. Was Sie am Ende dieses Kapitels erreicht haben

40
- Sie wissen, was Sie bei der Gründung einer AG alles beachten müssen, und Sie sind mit dem konstruktiven Ablauf einer erfolgreichen AG vertraut.
- Sie sind in der Lage, den gesamten Lernstoff zu strukturieren (das sind Sie jetzt schon!) und einen Lernplan zu erstellen, und fahren nebenbei den ersten Lernerfolg ein.
- Sie verlieren die Scheu vor der selbstbestimmten Examensvorbereitung in der AG.
- Sie kennen die Konflikte, die innerhalb einer Lerngruppe auftreten und wissen sie zu vermeiden, mit ihnen umzugehen und sogar positiven Nutzen für Ihre berufliche Zukunft daraus zu ziehen.

Abbildung 5

Der Projektablauf in Ihrer Examens-AG

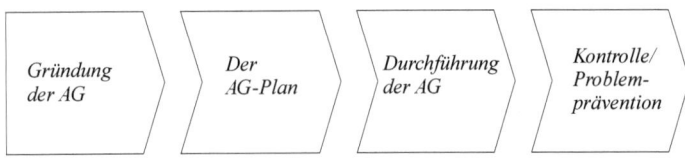

II. Die Gründung der AG

41 Es wurde bereits an anderer Stelle darauf hingewiesen, dass wir die private Arbeitsgemeinschaft für das mit großem Abstand ef-

II. Die Gründung der AG

fektivste und nachhaltigste Mittel der Stofferarbeitung halten. Effizient ist es ohnehin. Gerade für die Examensvorbereitung eignet sich die AG hervorragend. Die nachstehenden Hinweise gelten aber entsprechend auch für eine AG zur Erarbeitung des Stoffes der kleinen/großen Scheine, eines gemeinsamen Seminar- oder Schwerpunktthemas oder eines „Probelaufs" (z. B. Strafrecht BT 1). Im Folgenden wird nicht nur beschrieben, was bei der AG alles falsch laufen kann, sondern vor allem, wie die private AG für den bestimmten Zweck so eingesetzt wird, dass es das unschlagbare Instrument der erfolgreichen Examensvorbereitung wird.

> *Arbeitsgemeinschaft = gemeinsam + Arbeit*

Der Begriff „Arbeitsgemeinschaft" ist schillernd, vielfältig und trotz seines klaren Wortsinns leider erklärungsbedürftig. Vom Wortsinn her bedeutet Arbeitsgemeinschaft, dass zum einen „gearbeitet" wird. Diese Selbstverständlichkeit sollten Sie sich auf der Zunge zergehen lassen. Es kommt häufig vor, dass unter „AG" ein gemeinsamer Fernsehabend oder ein politischer Frühschoppen verstanden wird. Dem ist nicht so. „Arbeiten" bedeutet schweißtreibende Ertüchtigung, die Konzentration und Vorbereitung erfordert. Alle Treffen, bei denen Kaffee und Kuchen, Fußball oder die Trennung von der Freundin im Vordergrund stehen, sind keine AG-Treffen! Sie haben sich ja schon weiter oben mit dem Gedanken abfinden müssen, dass ihr Tagesablauf von nun an fast ausschließlich von der Examensvorbereitung bestimmt wird.

Zum anderen bedeutet das Element der „Gemeinschaft", dass etwas **gemeinsam** erarbeitet wird. Es hat also weder Sinn, den Kollegen weiterführende Argumente vorzuenthalten, noch die inhaltliche Auseinandersetzung mit Argumenten der Kollegen zu meiden oder sich gedanklich (auch nur zeitweise) zurückzulehnen. Wer sich hinter diesen beiden Grundbegriffen nur „verstecken" und sie zur Beruhigung des schlechten Gewissens ausnutzen möchte, hat nichts gewonnen.

Kapitel 2: Die Arbeitsgemeinschaft

Das Wichtigste an der AG ist, sie als das zu begreifen, was sie dem jeweiligen Zweck entsprechend sein und leisten soll, und sie als das auch ernst zu nehmen. Diese selbstverständlichen Hinweise können gar nicht oft genug wiederholt werden. Der Entschluss, eine AG zu gründen oder einer beizutreten, sollte schon mit der gedanklichen Vorüberlegung verbunden sein, ob Sie tatsächlich bereit sind, **gemeinsam** zu **arbeiten**. Diese vorhergehende Selbstreflexion ist der erste Schritt zum „ja, ich will". Und nur, wer es wirklich will, kann die AG hundertprozentig für seine Zwecke nutzen – und zwar so, dass es nichts zu bereuen gibt.

42 **Abbildung 6**

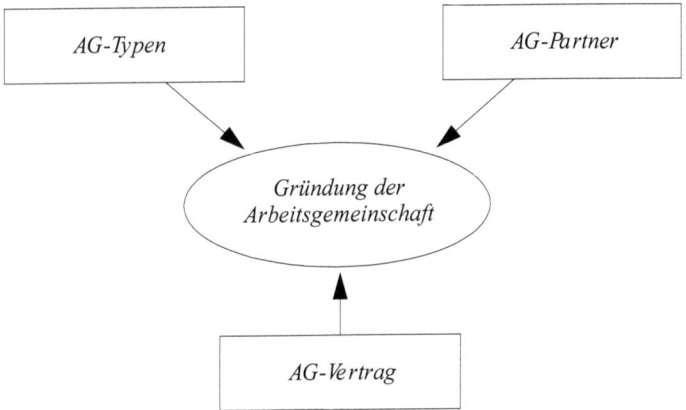

1. Die AG-Typen

43 Es ist nicht leicht, eine AG zu gründen. Schließlich gilt es, die abstrakten Begriffe „arbeiten" und „gemeinsam" mit konkreten Inhalten zu füllen. Dafür ist es erforderlich, dass Sie sich darüber klar werden, **auf welche Weise** Sie miteinander arbeiten möchten und **mit wem** Sie sich dies vorstellen könnten. Am Anfang der „Geburt" einer AG steht also die Entscheidung über das „Wie".

Grundsätzlich können zwei verschiedene AG-Typen unterschieden werden. Hier werden sie im Folgenden mit dem „erlernen-

II. Die Gründung der AG

den" und dem „anwendenden" Typus bezeichnet. Beides sind legitime Methoden der Stofferfassung und Lernkontrolle.

Der erlernende Typus hat zum Ziel, den Stoff gemeinsam zu erfassen und in das Gedächtnis aufzunehmen. Man könnte es als eine Art gemeinsamen Lernens bezeichnen. Der Schwerpunkt dieses Typs liegt eindeutig auf der Aneignung theoretischen Wissens.

Die anwendende AG läuft im Sinne einer Simulation des Examens ab. Es geht fast nur darum, bereits vorhandenes (und selbstständig erlerntes) Wissen auf einen oder mehrere konkrete Fälle anzuwenden.

▶ **Übung:** Überlegen Sie sich bitte zu beiden AG-Typen relevante Vorteile sowie Nachteile und entdecken Sie für sich, dass es sich bereits lohnt, einmal über alternative Vorbereitungsmethoden **nachzudenken**. ◀ 44

	Erarbeitende AG	Anwendende AG
Vorteile		
Nachteile		

Die **Vorteile** der erarbeitenden AG liegen in der gezielten Ergänzung des eigenen Wissensstandes durch das Verständnis der anderen. Problematische Sachverhalte können gegenseitig erläutert und ergänzt werden. Das Prinzip „acht Augen sehen mehr als zwei" funktioniert erst recht, wenn sich jeder Teilnehmer eine andere Quelle (Lehrbuch, Mitschrift aus der Vorlesung, Skript) vornimmt und den anderen erläutert, wie er das betreffende Problem nach seinen Unterlagen verstanden hat. Das schafft gewisse Zeitvorteile beim Lernen und minimiert das Risiko und 45 die häufig unbegründete Angst, etwas zu übersehen. Außerdem macht gemeinsames Lernen mehr Spaß.

46 Wie Sie (hoffentlich) festgestellt haben, sind die **Nachteile** einer solchen AG leider erheblich. Um mit dem Zeitvorteil zu beginnen: Diese Zeitersparnis beim Lernen ist wieder dahin, wenn man sich klarmacht, dass das gemeinsame Erlernen von Stoffeinheiten mit demselben Tempo schlechterdings nicht möglich ist. Zu unterschiedlich ist in der Regel das Arbeitstempo. Auf diese Weise wird man sich bei jedem Stoffgebiet an das Tempo des Langsamsten anpassen müssen. Um Missverständnissen vorzubeugen: Das ist im Grunde nicht schlimm. Im Ergebnis ist jedoch keine Zeit gewonnen. Dazu besteht die Gefahr, ein wenig den Überblick zu verlieren. Wenn Sie gemeinsam lernen, können Sie sich pro Sitzung nur sehr kleine Stoffeinheiten vornehmen, so dass der Gesamtkontext vielleicht etwas verloren geht.

Außerdem müsste man sich mindestens jeden Tag einmal treffen, da in der Examensvorbereitung jeden Tag gelernt werden sollte. Wir sehen daher die Gefahr des zu intensiven Kontakts der Teilnehmer. Unter hohem Druck täglich gemeinsam zu lernen, erfordert eine fast roboterhafte Sozialdisziplin.

Das stärkste Argument, welches **gegen** die erlernende AG spricht, ist jedoch die große Entfernung zum Anforderungsprofil des Staatsexamens. Dort geht es schließlich keinesfalls um die Wiedergabe erlernten Wissens. Das theoretische Wissen ist lediglich Grundlage für eine selbstständige Erarbeitung des in der Regel völlig unbekannten Falles und die methodische Annäherung an eine praktisch wie dogmatisch vertretbare Lösung. Die AG kann ihre Stärken daher wesentlich besser ausspielen, wenn bereits dieses Anforderungsprofil, welches stärker auf der Methodik als auf der Theorie liegt, trainiert wird.

Da juristische Methodik nicht nur die Grundlage für ein erfolgreiches Examen, sondern auch für ein Bestehen im Beruf (ob das nun ein juristischer ist oder nicht) bedeutet, empfehlen wir nachdrücklich den zweiten Typus, den anwendenden. Dieser besteht aus einem **reinen Falltraining**. Das schließt nicht aus, dass der AG-Leiter hin und wieder vertiefende Fragen zum theoretischen und dogmatischen Hintergrund einfließen lassen kann und soll.

II. Die Gründung der AG

Im Grunde sollten die Ausgangsvoraussetzungen jedoch möglichst nahe an die Examenssituation heranreichen. Das bedeutet, Sie werden zu einem konkreten Fall Stellung nehmen müssen, ob Sie den nun kennen oder nicht.

Zudem werden Sie feststellen – wir können nicht oft genug darauf hinweisen –, dass Sie selten in der Klausur einen bekannten Fall zu lösen haben werden. Gerade wenn der Fall unbekannt ist, bietet dies Gelegenheit – wie im richtigen Examen auch – Argumentationstechnik und Methodik zu trainieren. Erfolgreich ist im Examen nur, wer es schafft, sein fundiert erlerntes Wissen überzeugend auf einen ihm unbekannten Fall anzuwenden.

Der zusätzliche **unschätzbare Vorteil** liegt darin, dass die Stoffanwendung auf den AG-Fall bereits die **erste Wiederholung** des Erlernten darstellt. Das liegt daran, dass der Stoff in der Vorbereitung bereits wesentlich früher gelernt wurde und schon im Gedächtnis gespeichert sein sollte.

Außerdem wird das eigene Wissen auf einer gemeinsamen Plattform gezielt vertieft. Im Idealfall (und daran sollte man sich immer orientieren), kennt jeder Teilnehmer die gesamten theoretischen Hintergründe des Fallproblems, so dass jeder den Fall (im Geiste) mit lösen kann.

Vor diesem Hintergrund erscheint uns der einzige erhebliche **Nachteil** dieses Typs vernachlässigenswert. Dieser Nachteil besteht zugegebenermaßen darin, dass all die interessanten theoretischen und dogmatischen Probleme und die üblicherweise in die Seminare verbannten brennenden Probleme unserer Disziplin, die diese erst zu einer echten Wissenschaft machen, etwas zu kurz kommen. Andererseits: Das Staatsexamen verlangt (leider) nicht nach Wissenschaftlern, sondern nach Praktikern. Im Examen ist kein Philosoph gefragt, sondern ein Handwerker. Ein Handwerker besteht die Meisterprüfung aber nur, wenn er mit seinen Werkzeugen umgehen kann.

Bei aller Präferenz, die wir der anwendenden AG einräumen, sollte eines nicht vergessen werden: Die Wahl des richtigen AG-Typs ist stark lernstilabhängig. Wer entgegen aller statistischen Aussagen tatsächlich ein auditiver Lernstil ist, sollte, wenn überhaupt, vielleicht eher den erlernenden Typus wählen. Im Ergebnis wird sich wahrscheinlich ein Mischtyp als die beste Lösung herausstellen. Wie so eine AG ablaufen könnte und zweckmäßigerweise ablaufen sollte, wird im Kapitel 2 IV. (Rn. 91) beschrieben.

Abbildung 7

	Anwendende AG	Erarbeitende AG
Vorteile	■ examensnah; ■ Stoffanwendung dient erster Wiederholung des Erlernten; ■ Vertiefung auf gemeinsamer Wissensplattform.	■ Gemeinsames Lernen macht mehr Spaß. ■ Viele Augen sehen mehr als zwei. ■ Zeitvorteile durch gegenseitiges Erläutern von problematischen Sachverhalten.
Nachteile	■ Theoretische Hintergründe kommen zu kurz.	■ nicht sehr examensnah; ■ unterschiedliches Arbeitstempo; ■ Gefahr des Verlustes des Gesamtzusammenhangs; ■ u.U. zu intensiver Kontakt.

2. Die AG-Partner

Auch der Auswahl der AG-Partner widmen wir hier ein eigenes Kapitel. Es hat sich als genauso wichtig erwiesen, in der Wahl der Partner sorgfältig auf vorherige Absprache Wert zu legen wie bei der Art und Weise des AG-Typus.

▶ **Übung:** Schreiben Sie bitte alle Hindernisse und Probleme auf, die Ihnen zum Thema AG-Partnersuche einfallen. ◀

II. Die Gründung der AG

Drei entscheidende Fragen sollten Sie bei der Gründung Ihres Teams klären:
1. Wer ist der richtige Partner/die richtige Partnerin für mich?
2. Wie viele sollten wir sein?
3. Wo finde ich sie/ihn?

Bei der Auswahl der AG-Partner kommt es wesentlich weniger auf die Charaktere und Persönlichkeiten der Kollegen an, als man meinen möchte. Es erweist sich zwar als Vorteil, wenn alle dieselbe Persönlichkeitsstruktur aufweisen. Dies wird man in der Praxis jedoch nicht realisieren können (genauso wenig wie übrigens im Arbeitsleben). Wichtig ist zunächst nur, dass Motivation und Zielsetzung bei allen identisch sind.

Mit Motivation ist gemeint, dass allen klar sein sollte, was auf sie zukommt. Jeder Teilnehmer sollte sich gründlich überlegt haben, ob er mit den anderen arbeiten möchte, ob er dabeibleibt und ob er bereit ist, andere mitzuziehen. Die Anforderungen, die jeder an sich selbst stellt, sollten den anderen als Beurteilungsgrundlage vorher mitgeteilt werden. Jemand, der die AG „so zum Spaß" oder „zur Probe" mitmachen möchte, verfolgt ein durchaus legitimes Interesse, passt aber nicht zu einer AG, die sofort die gemeinsame Examensvorbereitung aufnehmen möchte. Genauso wenig passt jemand, der morgens nicht aus dem Bett kommt, zu einer Frühaufstehertruppe, die schon um halb neun die erste Pause einlegt.

Unter Motivation ist nicht nur die Frage zu verstehen, wie viel Motivation der Betreffende für die Arbeit in der Gruppe mitbringt, sondern auch, wie viel Motivation er für die Vorbereitung auf das Examen aufzubringen bereit ist. Es mag sein, dass jemand durchaus gerne und viel mit seinen Kollegen lernt, aber das Examen seinem aktuellen Job bei der örtlichen Zeitarbeitsfirma völlig unterordnet. Jemand, der als nächstes Ziel auf den Iron-Man auf Hawaii trainiert, passt auch bei guter Motivationslage vielleicht nicht ganz so gut ins „Team der Jura-Besessenen". Man sollte sich stets offen und ehrlich mitteilen, welche Priorität die AG für den Einzelnen hat. Dies ist nicht nur fair gegenüber den anderen, sondern hilft auch Konflikte zu vermeiden, die später lästig werden können.

Kapitel 2: Die Arbeitsgemeinschaft

Unter gemeinsamer Zielsetzung sind zunächst Dinge wie der äußere Rahmen zu verstehen: Ein gemeinsamer Examenszeitpunkt hat sich ebenso bewährt wie ein gemeinsamer Zielkorridor im Hinblick auf die Note. Eine AG, die sich das berühmte gemeinsame Ziel von „9 + x" (vollbefriedigend) setzt, wird anders an die Sache herangehen als die drei Berufssportler, die nur bestehen wollen, um „was in der Hand zu haben", oder diejenigen, die von sich glauben, „ums Überleben zu kämpfen". Damit ist nicht gesagt, dass es nicht legitim wäre, auch eine „Überlebenskampfgruppe" aufzumachen. Diese Gruppe wird es allerdings schwer haben, einen ehrgeizigen Bundesrichter in spe für sich zu gewinnen. Notwendig ist natürlich auch, sich auf den gleichen AG-Typ festzulegen.

Unter gemeinsamer Zielsetzung ist aber auch zu verstehen, dass man derselben Vorbereitungsmethode zu vertrauen bereit ist. Dazu gehört später, dem anderen, erst recht dem jeweiligen AG-Leiter, zu vertrauen und dessen Kompetenz anzuerkennen. Zuverlässigkeit und Kritikfähigkeit spielen in diesem Kontext eine große Rolle. Als nicht entscheidend hat sich die Frage der Vorkenntnisse erwiesen. Insbesondere die Scheinnoten sind keineswegs aussagekräftig und auch enorme Abweichungen sollten kein Hinderungsgrund für eine gemeinsame AG sein. Zum einen kommt es der Einschätzung der Fachkompetenz der Teilnehmer nicht entgegen, dass das juristische Ausbildungssystem streng genommen nicht die geringste Vergleichbarkeit zulässt. Zum anderen werden die Karten zu Beginn der Examensvorbereitung ohnehin neu gemischt. Jeder startet bei Null oder nahezu bei Null. Für das Staatsexamen hat ein 15-Punkte-Strafrechtsschein erfahrungsgemäß (leider) keinen messbaren Vorteil. Sie werden erstaunt sein, wie sich die Noten in den Examensklausurenkursen angleichen werden, wenn die Klausur einen Themenbereich behandelt, den die AG bereits „abgehakt" hat. Die vielbemühte Kritik, was denn passiere, wenn sich „nur Schlechte" zusammentun, ist eine in unseren Augen vollkommen unbegründete Besorgnis. Es geht hier für alle um das Besserwerden. Wenn sich nach der Analyse aller Vorbereitungsmethoden ergibt, dass die AG anderen Vorbereitungsformen überlegen ist, gilt das auch für „die Schlechten".

II. Die Gründung der AG

Es ist alles andere als erwiesen, dass „schlechte" Kandidaten bei einem Repetitor besser aufgehoben sind.

Was die Anzahl der Teilnehmer angeht, hat sich eine Gruppe von mindestens drei und höchstens fünf Personen als ideal erwiesen. Das müssen nicht unbedingt gute Freunde sein. Man sollte sich darüber im Klaren sein, dass eine AG zwar eine Menge Zusammengehörigkeitsgefühl und dadurch ein großartiges Gefühl der Stärke und Gemeinsamkeit entstehen lässt. Gleichzeitig kann der intensive Kontakt, den man miteinander hat, aber auch belastend sein. Ein guter Rat scheint es uns daher zu sein, die AG nicht unbedingt mit dem gegenwärtigen Lebenspartner in Angriff zu nehmen. Kritikfähigkeit, Teamgeist und eine sachliche Arbeitsatmosphäre setzen eben auch ein gewisses Maß an Distanz voraus. Nur wer sich dem gewachsen fühlt, sollte seine Beziehung auf eine derartige Probe stellen. Uns liegen aber andererseits auch noch keine Erkenntnisse darüber vor, dass an einer AG tatsächlich Beziehungen gescheitert sind. Und letztlich sind **gegenseitige Achtung und Wertschätzung** doch immer wichtiger als sachliche Distanz. Wie immer entscheidet wahrscheinlich ein gesundes Mittelmaß über die Geeignetheit der Teilnehmer.

Eine Herausforderung, auf die wir in unseren Workshops immer wieder hingewiesen wurden, ist die Schwierigkeit, überhaupt einen AG-Partner zu finden. Dies ist unserer Meinung nach ein Scheinproblem. Häufig wird es nur als Vorwand verwendet, sich über eine Examensvorbereitung mittels einer AG keine Gedanken machen zu müssen. Motto: „Ich würde ja gerne, finde aber sowieso niemanden." Zumindest ist es doch erstaunlich, wie viele Kollegen, die denselben Repetitor gebucht haben, hinterher zu einer Rep begleitenden AG zusammenfinden.

Wir möchten aber auch auf diese Bedenken eine Antwort geben: Die gezielte Ansprache eines Kommilitonen, den Sie im Studium bereits kennen gelernt haben, wirkt häufig Wunder. Notfalls überzeugen Sie ihn, geben ihm dieses Buch mit und machen ihm die Vorteile einer gemeinsamen Vorbereitung klar. Vielleicht kennt Ihr Kollege auch noch einen Dritten, der seinerseits jemanden kennt. Sprechen Sie bereits in der großen Übung Kommilitonen an. Gehen Sie auf jeden zu, mit dem Sie meinen arbeiten zu können.

Zu einem gemeinsamen „Informations- und Schnupperabend" bei einer Flasche Rotwein wird auch der Skeptiker erscheinen, wenn er sich für einen einigermaßen offenen Menschen hält. Nutzen Sie ein solches Treffen, zu dem **Sie** einladen, um andere zu überzeugen. Wenn Sie ein solches Treffen gut vorbereiten und ausreichend Bedenkzeit einräumen, wird sich mit Sicherheit jemand finden, der der nachvollziehbar besseren Vorbereitungsmethode ebenso **wie Sie** und **mit Ihnen** zu vertrauen bereit ist.

Verstecken Sie sich nicht vor der vermeintlichen Schwierigkeit, AG-Partner zu finden. Notfalls sprechen Sie Fremde in einer Informationsveranstaltung zur Examensvorbereitung an.

Auch die Fachschaften vermitteln im Idealfall AG-Partner. Zur Not müssen Sie selbst am schwarzen Brett auf sich aufmerksam machen. Geben Sie zumindest so lange nicht auf, wie Sie nicht alles versucht haben. Es wäre schade, wenn Ihre AG nur deshalb scheitert, weil Sie niemanden gefunden haben, der mit Ihnen zusammenarbeiten möchte.

▶ Nehmen Sie daher den Zettel mit Hindernissen, ärgern Sie sich, dass Sie so viel Zeit auf die Zusammenstellung verwendet haben und fangen Sie an zu suchen. Auch später im Beruf sind Sie gefordert Probleme zu lösen, nicht Sie zu sammeln! ◀

3. Der AG-Vertrag

Wenn sich eine Gruppe von Personen zu dem anspruchsvollen Ziel der gemeinsamen Examensvorbereitung zusammenfindet, dann sollte diese Zielsetzung eine gewisse Grundlage haben, die als Spielregel sowohl den gesamten äußeren Ablauf der AG als auch die innere Richtung beschreibt und festlegt. Wie immer man diesen „Common Sense" bezeichnen möchte, wir haben uns für den Begriff „AG-Vertrag" entschieden. Dies ist zwar kein Vertrag im rechtlichen Sinne. Er markiert aber die Bedeutung der gemeinsamen Zielsetzung und sorgt auch terminologisch dafür, dass sich alle Teilnehmer über die Bedeutung im Klaren sind. Es geht um wichtige verbindliche Abreden, wenn auch nicht im rechtlichen Sinne. An den Buchstaben des AG-Vertrags kann man sich festhalten in Tagen des Zweifels und der nachlassenden Motivation. Der AG-Vertrag dient auch dazu, ein gewisses Maß an

II. Die Gründung der AG

Verantwortung zu wecken und zu unterstreichen, dass man z. B. nicht einfach „aussteigen" und die anderen sich selbst überlassen kann.

Mit dem AG-Vertrag kann von Anfang an festgestellt werden, ob in wichtigen Punkten Übereinstimmung besteht. Wenn während des Verlaufs der AG Schwierigkeiten auftreten, erleichtert ein AG-Vertrag ein sachliches Gespräch, da die entscheidenden Punkte und die eventuellen Sanktionen **vorher** verabredet wurden. Eine gut vorbereitete AG lässt dann Streit und größere Probleme gar nicht erst entstehen und sollte daher die folgenden Punkte vorher verabreden:

Checkliste AG-Vertrag

Abbildung 8

1. Möchten alle Teilnehmer die AG als alleiniges und ernsthaftes Mittel zur Examensvorbereitung nutzen?
   ☐ ja ☐ nein
2. Wie viele Teilnehmer soll die AG haben?
   ☐ drei ☐ vier ☐ fünf
3. Wer sind die Teilnehmer?
4. Wie viele AG-Sitzungen pro Woche?
   ☐ eine ☐ zwei ☐ drei ☐ Semesterwoche: zwei; Semesterferien: drei
5. Wie lange soll eine Sitzung netto (= ohne Pausen) dauern?
   ☐ zwei Std. ☐ drei Std. ☐ vier Std. ☐ fünf Std.
6. Welcher AG-Typus wird gewählt?
   ☐ erarbeitende AG ☐ anwendende AG
7. Wo soll die AG stattfinden?
   ☐ beim Leiter zu Hause ☐ in der Uni ☐ bei Teilnehmer x ☐ im Wechsel bei einem der Teilnehmer ☐ an wechselnden Orten ☐ Sonstiges:_____
8. Welche gemeinsamen Ziele haben wir?
9. Wie viel Vorbereitungsaufwand sollte jeder einplanen?
10. Welche Folgen hat wiederholt schlechte Vorbereitung eines Teilnehmers?

Kapitel 2: Die Arbeitsgemeinschaft

11. Werden ausgefallene Stunden nachgeholt?
12. Wie wird mit Erkrankung umgegangen?
13. Welche Konsequenzen hat der Ausstieg eines Teilnehmers?
14. Wer übernimmt wann die Leitung der AG? Welche Rechte und Pflichten hat der AG-Leiter?
15. Wie geht die AG mit Kritik um? Wie häufig erteilt man sich Feedback?

Zumindest nach Beantwortung dieser Fragen sind Kommunikation und Umgang miteinander hinreichend klar geregelt. Das größte Problem für Spannungen und Probleme ist entschärft, wenn sich alle an die Regeln halten. Zu Konflikten und der Notwendigkeit des Feedbacks, siehe unten Kapitel 2 V. 4. (Rn. 119).

Sie sollten den Vertrag auch dazu nutzen, sich in regelmäßigen Abständen strukturiertes Feedback zu geben. Gehen Sie anfangs alle acht Wochen die Regeln Ihres Vertrags durch. Jedes Teammitglied bewertet die Einhaltung der Regeln auf einer Schulnoten-Skala von 1–6. Sammeln Sie anschließend die Ergebnisse und vereinbaren Sie gegebenenfalls Verbesserungsmöglichkeiten.

III. Der AG-Plan

Der AG-Plan ist einem Stundenplan vergleichbar. Er begleitet die Teilnehmer bis zum Examen und regelt das Juraleben tagesaktuell und so konkret wie möglich. Nur vier Schritte benötigen Sie, um den für Sie passenden AG-Plan zu erstellen.

Abbildung 9

1. Grundprinzipien

Entscheiden Sie, inwieweit Sie dem Prinzip der Vollständigkeit und dem Prinzip der Falllösung folgen.

2. Erstellen des AG-Plans

a) Planung

Planen Sie die Anzahl der AG-Sitzungen pro Rechtsgebiet.

b) Strukturierung

Teilen Sie den Stoff ein und strukturieren Sie ihn.

c) Organisation

Organisieren Sie den Zeitplan und die äußeren Rahmenbedingungen Ihrer AG-Sitzung.

1. Grundprinzipien

Die Examensvorbereitung wird von zwei wichtigen Prinzipien beherrscht, die von den Juristenausbildungsgesetzen der Länder vorgegeben sind und in der einen oder anderen Ausprägung auch das Konzept der Repetitorien bestimmen. Diese Prinzipien lauten „Falllösung" und „Vollständigkeit".

Das Prinzip der Falllösung ergibt sich meist direkt aus den Ausbildungsbestimmungen, in denen es häufig heißt, dass der Jurist im Referendarexamen in der Lage sein soll, einen Sachverhalt durch Beantwortung von Rechtsfragen einer vertretbaren Lösung zuzuführen. Ganz selten und nur wenige Prüfungsordnungen (z.

Kapitel 2: Die Arbeitsgemeinschaft

B. Hamburg) sehen wissenschaftliche Prüfungsaufgaben vor oder solche, in denen auch philosophische und geschichtliche (also eher theoretische) Kenntnisse mit abgefragt werden können (z. B. Schleswig-Holstein).

▶ **9 + x:** Unsere Empfehlung lautet: Durchaus alles behandeln, aber die richtigen Schwerpunkte setzen. Dass Spiel und Wette im Zivilrecht, Umweltdelikte im Strafrecht und Beamtenrecht im Öffentlichen Recht wesentlich weniger wichtig sind als Unmöglichkeit, Betrug und Baurecht, versteht sich von selbst. Was kann es aber schaden, wenigstens einmal einen kurzen Fall zur Wette bearbeitet zu haben? Das verleiht enorme Sicherheit. Sie sind dann wirklich auf alles vorbereitet, so dass Überraschungen ob eines völlig unbekannten Rechtsinstituts im Examen ausbleiben. Wer sich fünf Minuten mit den exotischen Randgebieten der Rechtswissenschaft beschäftigt, hat damit mehr gewonnen als er erspart, wenn er diese Gebiete auslässt. Es dürfte klar sein, dass das Erste Staatsexamen nicht den materiellen Schwerpunkt einer BGB-Klausur im prozessualen Drittwiderspruchsverfahren setzt. Derjenige, der dieses Verfahren einmal durchgesprochen hat, findet aber viel leichter den Einstieg. Darunter darf natürlich nicht der wichtige Stoff der ersten drei Bücher des BGB leiden. ◀

63 Die Veränderungen der Prüfungsordnungen durch die Ausbildungsreformen haben keine grundsätzlichen Auswirkungen auf Ihre AG. Das für das Erste Staatsexamen eingeführte universitäre Schwerpunktfach mit einer eigenen universitären Schwerpunktprüfung (vgl. § 5d DRiG bzw. §§ 26 ff. Baden-Württembergische JAPrO) lässt sich gut in die AG integrieren, s. Rn. 15 ff. Findet die Schwerpunktfachprüfung vor den schriftlichen Prüfungen statt, kann das Fach mit einer eigenen Schwerpunktfach-AG abgedeckt werden. Ist das Schwerpunktfach Teil der Abschlussklausuren, kann der Schwerpunkt in die Examens-AG einbezogen werden. In diesem Fall ist es vorteilhaft, dass die AG-Teilnehmer den gleichen Schwerpunkt gewählt haben. Die verstärkte Anwaltsorientierung der Referendarzeit wird kurzfristig nur den Trend verstärken, anwaltliche Fragestellungen in den Klausuren abzufragen. Bücher mit derartigen Klausuren finden Sie schon jetzt im Anhang 3 (Rn. 235 ff.). Der Prüfungsstoff selbst wird sich auf absehbare Zeit dadurch nicht verändern; dem veränderten Fokus sollte aber Rechnung getragen werden. Nicht zur War-

III. Der AG-Plan

nung, sondern zur Veranschaulichung soll wiederum aus dem Jahresbericht 2010 des Bayerischen Landesjustizprüfungsamtes (www.justiz.bayern.de/pruefungsamt/jahresbericht, S.: 8f.) zitiert werden:

▶ „Sowohl in der Ersten als auch in der Zweiten Juristischen Staatsprüfung spielen dabei zunehmend Formen der gestaltenden und beratenden Rechtsanwendung, wie sie vornehmlich die Tätigkeit des Rechtsanwalts oder Notars prägen, eine Rolle. So waren etwa Gegenstand der schriftlichen Aufgaben der Ersten Juristischen Staatsprüfung wiederholt Gutachten zur vorausschauenden Beratung des Mandanten im Hinblick auf das weitere Vorgehen. In der Zweiten Juristischen Staatsprüfung betreffen die Aufgaben nicht nur Fragestellungen aus der Sicht des Richters, Staatsanwalts oder Verwaltungsbeamten; von den hier in den letzten 31 Terminen gestellten Klausuren beinhalteten durchschnittlich ca. 45 % Fragestellungen aus der Sicht des Rechtsanwalts bzw. Notars. Neben den abgeschlossenen Fall treten auch hier verstärkt Fragen aus dem Gebiet der Rechtsgestaltung." ◀

Das Prinzip der Vollständigkeit ergibt sich auch aus den Ausbildungsordnungen, wenngleich in eher versteckter Form: Wenn der Prüfungsstoff z. B. mit „die ersten drei Bücher des BGB" beschrieben wird, so ist darin das Stiftungsrecht oder die Novation vom Anforderungsinhalt zunächst nicht ausgenommen. Wenn es heißt „Grundsätze der Zivilprozessordnung im Überblick" wird man lange darüber streiten können, was die Prüfungsordnung unter „Grundsätze" und „Überblick" versteht. Jedenfalls ergibt sich daraus mehr oder weniger deutlich ein Bedürfnis nach umfassender und vollständiger Vorbereitung. Gleichwohl stellt sich die Systemfrage: Wird in der AG alles behandelt oder Unrealistisches ausgelassen? An dieser Stelle ist in der Tat einmal die klischeehafte Frage nach der „Examensrelevanz" angebracht.

Deutlich warnen möchten wir davor, sich auf die sogenannten Ausnahmen in den Prüfungsordnungen zu verlassen. Dazu ein Beispiel: Bei genauem Studium des Pflichtfächerkatalogs in § 8 der Baden-Württembergischen JaPrO sind unter „Familienrecht" insbesondere 19 Paragrafen aufgeführt, mit deren Inhalt man sich auseinandergesetzt haben sollte. Fahrlässig handelt, wer hier das Wörtchen „insbesondere" in einen ausschließlichen Katalog an Rechtsvorschriften umdeutet. Gerade z. B. das Abstammungs-

Kapitel 2: Die Arbeitsgemeinschaft

recht bzw. das (vermeintliche) Recht des Kindes auf Informationen über seinen Vater, kann in Verbindung mit anderen Ansprüchen des Kindes gegen seine Mutter durchaus die in § 8 geforderten „Bezüge zum bürgerlichen Vermögensrecht" betreffen (oder – in Bezug auf die eingeschränkten Beweismöglichkeiten des rechtlichen Vaters – gar Gegenstand einer öffentlich-rechtlichen Klausur werden, s. das dazu ergangene Urteil des Bundesverfassungsgerichts). Hier helfen entweder eine wörtlich genommene Auslegung des Vollständigkeitsprinzips oder eine Durchsicht der Examensklausuren der letzten Jahrzehnte (Letztere ist im Übrigen auch ansonsten sinnvoll!).

▶ Ausgearbeitete Vorschläge für einen AG-Plan haben wir in den Anhängen 1 und 2 (Rn. 229 ff.) beigefügt. Achtung: Diese Pläne beziehen sich auf das Erste bzw. Zweite Staatsexamen in Baden-Württemberg. Die Pläne sollen nur eine musterhafte Hilfestellung sein, die als Ausgangsposition für einen eigenen AG-Plan dienen können. ◀

65 Damit wären wir beim Prinzip der Falllösung. Es gibt verschiedene Herangehensweisen der AG an die Examensvorbereitung. Wir haben schon davon gesprochen, dass eine anwendende AG eher zu empfehlen ist als die erlernende. Daher stellt sich nun vorab die Frage, **wie** denn nun angewandt wird. Dabei sollte klar sein, dass Fälle gelöst werden. Dies kann auf verschiedene Weise geschehen. Kleine oder große Fälle, mündlich oder schriftlich gelöst, vorgetragen oder im Dialog bearbeitet. Dazu hat sich Folgendes bewährt:

Zunächst ist die komplette mündliche Falllösung die bessere Vorbereitung. Erstens kann der AG-Leiter schnell unterbrechen und bei abwegigen oder klar zu Tage liegenden Problemen schnell auf den Kern der Sache führen. So wird unnötiger Zeitverlust verhindert.

Zum anderen gilt: Was man mündlich lösen kann, kann man in der Regel auch in der Klausursituation niederschreiben. Umgekehrt gilt dies längst nicht immer. Die mündliche AG ist außerdem die optimale Vorbereitung auf die mündliche Prüfung, die an dieser Stelle natürlich noch wenig wichtig ist, aber später erfahrungsgemäß eben doch wieder Schwierigkeiten bereitet. Den AG-Genossen eine Streitposition zu erklären, die nicht uneinge-

III. Der AG-Plan

schränkt geteilt wird, ist in der Regel anstrengender und unerbittlicher als die Befragung durch den Amtsrichter in der mündlichen Prüfung.

Der ausschlaggebende Grund, für eine mündliche Stoffdarstellung und Falllösung einzutreten, liegt aber in der Konzeption der AG: Die AG ist reine Wiederholung. Mitschreiben ist also deshalb nicht nötig, da der Stoff bereits beherrscht wird. Wie oben dargestellt, liegt die theoretische Aneignung des Stoffes bereits zurück. In der AG soll nur die Anwendung trainiert werden. Mitschriften wiederum sind eher konservativ. Aus seiner Mitschrift lernt man nicht so viel, wie man aus der mündlichen Besprechung mit nach Hause nimmt. Es ist natürlich legitim, sich zu den Fällen Stichworte zu machen, damit bei der nächsten Wiederholung eine Selbstkontrolle überhaupt stattfinden kann.

Zuletzt sollte der Fall im Dialog gelöst werden und nicht vom AG-Leiter vorgetragen werden. Dabei kann es durchaus so sein, dass jeder einen eigenen Fall zu Ende löst oder aber vom nächsten abgelöst wird. Darauf wird im Kapitel 2 IV. (Rn. 81 ff.) zurückzukommen sein.

Der erste Schritt, ein scheinbar unlösbares großes Problem anzugehen, besteht in seiner Zerkleinerung in portionierbare Stücke. Der Stoff des Ersten Staatsexamens muss strukturiert und eingeteilt werden. Das Ergebnis dieses Teilungsvorgangs ist eine mathematisch genaue Zeitangabe, die sich auf ein inhaltliches Thema des Stoffumfangs bezieht. Am Ende dieses Abschnitts wissen Sie, wie viele AG-Sitzungen Sie z. B. für Zivilrecht zur Verfügung haben. Folgen Sie dem Schema auf der nächsten Seite! 66

▶ Der erste Schritt, ein scheinbar unlösbares großes Problem anzugehen, besteht in seiner Zerkleinerung in portionierbare Stücke. ◀

2. Erstellen des AG-Plans

a) 1. Schritt: Berechnung der zur Verfügung stehenden AG-Wochen

Am Anfang stellt sich die wichtigste aller Fragen: Wie viele Wochen habe ich Zeit bis zum Examenstermin? 67

Nehmen Sie dazu ihren Kalender. Sie wissen, wann sie starten wollen und wann sie sich den Examenstermin gesetzt haben.

Kapitel 2: Die Arbeitsgemeinschaft

Wenn Sie also beispielsweise am 1.5. mit der Vorbereitung beginnen wollen und Ende September des darauffolgenden Jahres die schriftliche Prüfung in Angriff nehmen wollen, dann stehen Ihnen insgesamt 72 Kalenderwochen zur Verfügung.

Natürlich werden Sie nicht 72 Wochen lang für das Examen lernen. Erholung und Wiederholung sind mindestens ebenso wichtig wie Lernen und Fälle lösen (siehe Kapitel 3, Rn. 153 ff.). Sie stellen sich also die Frage: Wie viele Wochen muss ich abziehen, um mich sinnvoll zu erholen und sinnvoll zu wiederholen?

68 Abbildung 10

Anzahl der AG-Stunden

1. Schritt	Zeit bis zum Examenstermin	⬚	Wochen
	−		
	Geplante Wiederholungsphase	⬚	Wochen
	−		
	Geplante Ferienzeit	⬚	Wochen
	=		
	Anzahl der AG-Wochen	⬚	**Wochen**
2. Schritt		x	
	Geplante AG-Sitzungen pro Woche	⬚	Sitzungen
	=		
	Anzahl der AG-Sitzungen	⬚	**Sitzungen**
3. Schritt	Gewichtung der einzelnen Rechtsgebiete (ZivilR : StrafR : ÖffR)	2:1:1 3:2:2	
	Anzahl der AG-Sitzungen pro Rechtsgebiet	⬚ ⬚ ⬚	**ZivilR StrafR ÖffR**

III. Der AG-Plan

Erfahrungsgemäß ist spätestens alle sechs bis acht Wochen eine größere Erholungsphase von mindestens einer Woche erforderlich. Dies um so mehr, als Sie nicht nur Ihre eigene Konzentration ständig auf hohem Niveau halten müssen, sondern auch intensiv mit anderen Personen und Persönlichkeiten zusammenarbeiten. Diese Zusammenarbeit kann – auch ohne dass Sie es sofort spüren – belastend sein.

Wenn gegen Ende der AG-Zeit noch eine Wiederholungsphase zur selbstständigen Vorbereitung angeschlossen werden soll, sind diese Wochen ebenfalls einzuplanen.

Wie Sie gleich feststellen werden, kommt bei eineinhalb Jahren Vorbereitungszeit leicht ein „Netto" von nur knapp einem Jahr heraus. Wie kommen wir dazu? Sie gehen zum zweiten Schritt:

▶ „9+x": Es hat sich sehr bewährt, alle sechs Wochen für eine komplette Woche zu unterbrechen. Wenn Sie dies zugrunde legen, kommen Sie auf insgesamt zwölf Wochen Erholungsurlaub. Ihnen bleiben dann nur noch 72 - 12 = 60 Wochen zur Vorbereitung.
Sie sollten nicht bis einen Tag vor dem Examen AG-Sitzungen abhalten. Planen Sie für die eigene Wiederholungsphase direkt vor dem Examen noch einmal acht bis zwölf Wochen ein, die Sie jetzt in der Planung bereits abziehen sollten. Es bleiben also nur noch 60 - 8 = 52 Wochen übrig, in denen ohne weitere Ausnahme gelernt und gearbeitet wird. ◀

b) 2. Schritt: Berechnung der zur Verfügung stehenden AG-Sitzungen

Wie viele AG-Sitzungen möchten Sie veranstalten? Um diese Frage kommen Sie auch nicht herum, wenn Sie sich für eine andere Vorbereitungsmethode entscheiden. Auch bei der Auswahl des Repetitors müssen Sie wählen, ob Sie einmal, zweimal oder dreimal zur Veranstaltung gehen möchten oder sogar jeden Tag (z. B. „Crash-Kurs").

Bedenken Sie dabei, dass ein AG-Tag mindestens vier Zeitstunden in Anspruch nimmt. Inklusive „An- und Abreise" ist ein kompletter Vor- oder Nachmittag für andere Aktivitäten (Freizeit oder Lernen) dahin. Außerdem können Sie damit rechnen, nach der AG rechtschaffen „k. o." zu sein, so dass Sie den Tag nicht wie sonst verplanen können. Berücksichtigung muss natürlich auch

Kapitel 2: Die Arbeitsgemeinschaft

finden, wenn Sie – wovon wir eigentlich abraten – neben der Examensvorbereitung noch mit dem Schwerpunktfach beschäftigt sind.

▶ „9+x": Wir empfehlen, während des Semesters nicht mehr als zwei und in der vorlesungsfreien Zeit nicht mehr als drei Sitzungen abzuhalten. Während des Semesters ist generell mehr los; neben lohnenswerten Vorlesungsveranstaltungen (z. B. spezielle Kurse zur Examensvorbereitung, Klausurenkurse) bieten sich auch überproportional viele Freizeitaktivitäten an. Vernünftige Planung verhindert da ein Eremitendasein in der Vorbereitungszeit. ◀

Indem Sie die AG-Sitzungen abgezählt haben, zu denen Sie sich treffen möchten (z. B. in den 52 Wochen in insgesamt 34 Semesterwochen zu 68 Sitzungen und in insgesamt 18 Semesterferienwochen zu 54 Sitzungen), haben Sie die **Gesamtzahl** der AG-Sitzungen ermittelt, die Ihnen bis zum Examen zur Verfügung stehen (im Beispiel: 122). Es folgt der

c) 3. Schritt: Berechnung der pro Rechtsgebiet zur Verfügung stehenden AG-Sitzungen

Im letzten Schritt finden Sie die pro Rechtsgebiet zur Verfügung stehende Anzahl der AG-Sitzungen heraus. Diese prägt Ihre Examensvorbereitung maßgeblich. Legen Sie ihr daher zwei Aspekte zu Grunde:

Zum einen sollten Sie die Anzahl der pro Rechtsgebiet zu schreibenden Klausuren berücksichtigen. In der Regel liegt der Schwerpunkt auf dem Zivilrecht, im Strafrecht werden meist die wenigsten Klausuren geschrieben. Durch die Einführung der Schwerpunktprüfung wird z. B. in Baden-Württemberg oder Hessen nur noch eine Strafrechtsklausur geschrieben. Für den einen oder anderen mag Strafrecht deshalb kaum Bedeutung haben, das Öffentliche Recht aufgrund des selbst gewählten Wahlfachs (Beispiel: Berlin oder Rheinland-Pfalz) oder einer gewichtigen Examenshausarbeit (Beispiel: Hessen) aber um so mehr, vielleicht sogar mehr als Zivilrecht (Beispiel: Berlin). Schauen Sie doch einfach in Ihrer Prüfungsordnung nach – dort sind die „Spielregeln" Ihres Bundeslandes genau beschrieben.

III. Der AG-Plan

Zum anderen müssen Sie sich entscheiden, wie umfangreich Sie den Stoff bearbeiten wollen. Möchten Sie alle Gebiete abdecken, möchten Sie sich auf die Hauptgebiete (z. B. BGB Buch 1–3) beschränken oder möchten Sie gar nur zu ausgewählten Gebieten eine AG abhalten (z. B. BauR, PolR und KommR)? Diese Systementscheidung kann Ihnen keiner abnehmen, wir empfehlen aber eine vollständige Behandlung des Stoffes.

▶ „9+x": Nach dieser Analyse bieten sich nur zwei sinnvolle Gewichtungen an. BGB:StrR:ÖffR im Verhältnis 2:1:1 oder 3:2:2. Wer eine andere Analyse (z. B., weil er Strafrecht untergewichten möchte, 3:1:2 oÄ) vornimmt, gelangt selbstverständlich zu anderen Ergebnissen.
Wenn Sie also 122 AG-Sitzungen im Verhältnis 2 (Zivilrecht) : 1 (Strafrecht) : 1 (Öffentliches Recht) gewichten, dann kommen Sie auf etwa 61 Sitzungen Zivilrecht, 30 Sitzungen Strafrecht und 31 Sitzungen Öffentliches Recht. Entsprechend gelangen Sie zu ungefähr 54 Sitzungen Zivilrecht, 34 Sitzungen Strafrecht und 34 Sitzungen Öffentliches Recht, wenn Sie im Verhältnis 3:2:2 gewichten. **Hinweis:** Die deutliche Zurückstufung des Strafrechts könnte dazu verleiten, das Strafrecht weniger stark zu gewichten. Allerdings halten wir es für schwierig, das Strafrecht deutlich unter ein Pensum von 25 Stunden zu drücken. Dazu ist der Stoff zu umfangreich. Zudem liegt der große Schein im Strafrecht zu Beginn der Examensvorbereitung in der Regel am Längsten zurück. Falls Sie dennoch das Strafrecht „untergewichten" wollen, bleibt Ihnen unserer Auffassung nach nichts anderes übrig, als im Strafrecht Schwerpunkte zu bilden und Teilbereiche völlig auszulassen. ◀

Ergebnis: Sie wissen nun mathematisch genau, wie viele AG-Sitzungen Sie für die drei großen Rechtsgebiete zur Verfügung haben.

Die Strukturierung des Stoffes übernimmt bei fast jeder anderen Vorbereitungsmethode ein Fremder, ein Repetitor etwa oder der Tutor im Examenskurs für Sie. Das erscheint zwar auf den ersten Blick bequem, ist jedoch sehr schade – denn diese Feineinteilung hat einen unschätzbaren Lehrwert, der vielfach leider verloren geht. Wir werden Ihnen zeigen, wie man bereits vor der ersten Bibliotheksstunde ohne weiteren Aufwand allein aus der Stoffstrukturierung Kapital schlägt.

So umfangreich der Stoff auch sein mag, man kann ihn ganz einfach in drei Ebenen der Detailtiefe einteilen:

Kapitel 2: Die Arbeitsgemeinschaft

Ebenen der Vorbereitung

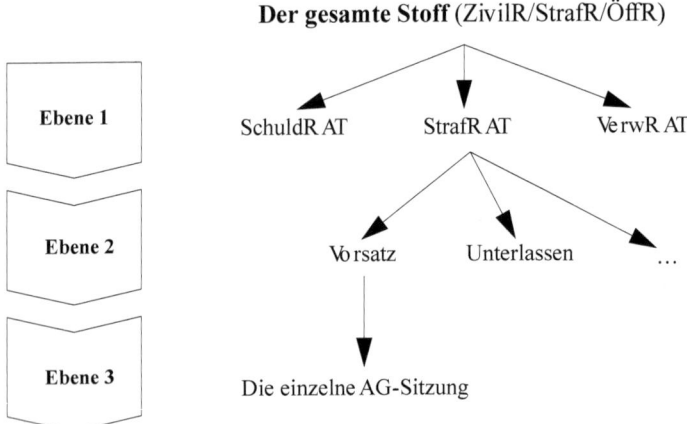

Ebene 1

Haben Sie auch das Gefühl, dass der Stoff endlos ist? Unüberschaubar und übermächtig in seiner Masse? Dann sind Sie weder allein noch verloren. Allein sind Sie deshalb nicht, weil unter dem „Berg Examensstoff" mindestens jeder zweite Ihrer Kommilitonen leidet. Verloren sind Sie deshalb nicht, weil **allein Sie** das Rüstzeug dazu haben, den Berg in passierbare Tagestouren einzuteilen. Der Repetitor führt Sie immer nur bis zur nächsten Biegung; er zeigt Ihnen manche Gletscherspalte und manche Abkürzung, aber in der Regel vermittelt er nie das Gefühl, dass **Sie** diesen Berg im Griff haben. Seien Sie Ihr eigener Sherpa und probieren Sie jetzt und hier Folgendes aus:

▶ **Übung:** Nehmen Sie sich die Zeit und teilen Sie den Examensstoff aus dem Kopf in gängige Unterabschnitte. Achten Sie dabei auf Vollständigkeit, indem Sie dann (und zwar **erst jetzt**) mehrere Lehrbücher zu den drei großen Rechtsgebieten zur Hand nehmen. Komplettieren Sie Ihre Liste, falls erforderlich! ◀

III. Der AG-Plan

Zivilrecht	Strafrecht	Öffentliches Recht
_____	_____	_____
_____	_____	_____
_____	_____	_____
_____	_____	_____
_____	_____	_____
_____	_____	_____
_____	_____	_____
_____	_____	_____

(Auflösung: Plan für das Erste Staatsexamen, Rn. 229 ff.)

Sehen Sie, Sie schütteln diese Einteilung aus dem Ärmel. Für viele Leser ist es das erste Mal überhaupt ist, den gesamten Examensstoff im Zusammenhang niederzuschreiben. Wer sich über diese Einteilung aber nur diffus im Klaren ist, wird die Angst, etwas zu vergessen oder den Überblick zu verlieren, niemals los. Bevor der Überblick verloren geht, muss er doch logischerweise zunächst einmal **gewonnen** werden. Das haben Sie jetzt auf einer noch relativ groben Ebene getan.

Diese Einteilung, die wir Ebene 1 nennen, folgt logischen Kriterien: In der Regel sind diese Unterabschnitte in sich abgeschlossen und werden von sämtlichen maßgeblichen Lehrbüchern oder Skripten im Zusammenhang bearbeitet. Es ist daher zweckmäßig, sich an diese Einteilung zu halten.

Sie werden feststellen: Der Stoff ist auch auf der Ebene 1 endlich und überschaubar! Seine Einteilung folgt Kriterien, die nachvollzichbar sind.

Solange Sie Schwierigkeiten haben, alle Rechtsgebiete aus dem Kopf niederzuschreiben, dürfen Sie gerne und umfangreich Lehrbücher konsultieren. So gründlich haben Sie sich unter Umständen noch nie mit dem Inhalt von Lehrbüchern beschäftigt.

Kapitel 2: Die Arbeitsgemeinschaft

Ebene 2

76 Nehmen Sie sich nun ein Teilrechtsgebiet heraus. Versuchen Sie z. B. das gesamte Schuldrecht-AT allein anhand eines von Ihnen zu wählenden (vorhandenen) Lehrbuchs aufzuteilen! Sie werden schnell erkennen, dass auch hier wieder eine Struktur und damit eine gewisse Gewichtung vorgegeben ist.

Wenn Ihnen der Stoff inhaltlich nichts sagt, können Sie sich sogar an den Seitenzahlen orientieren, die der Autor dem Kapitel widmet. Schauen Sie gleich einmal nach, wie das Verhältnis von „Novation" zu „Unmöglichkeit" bei *Medicus/Lorenz*, Schuldrecht, aussieht! Setzen Sie sich auseinander mit der gewählten Aufteilung. Warum unterteilt *Medicus/Lorenz* in die Begründung, den Inhalt und die Beendigung von Schuldverhältnissen? Und was spricht dagegen, es genauso zu machen? Nichts, denn *Medicus/Lorenz* folgt damit weitgehend dem Aufbau des BGB! Im Gegenteil: Man gewinnt einen gewaltigen **Überblick** über den zu beherrschenden Stoff. Sie alleine strukturieren mithilfe von Lehrmaterialien den Stoff. Schon anhand des Inhaltsverzeichnisses können Sie erkennen, dass z. B. die Aufrechnung ein Erfüllungssurrogat ist.

Diese Strukturierung ist bereits zu diesem Zeitpunkt von unschätzbarem Wert. Nur Strukturwissen hilft im Examen. Wenn man sich den Stoff also selbst einteilt, ist die erste große Hürde schon einmal genommen, der erste unbedingte Vorteil gewonnen. Eine nette Begleiterscheinung ist das Gefühl, dass der Stoff eben nicht unendlich und unbegrenzt ist, sondern dass er sich als endlich und begrenzt darstellen lässt. Das beruhigt und ist schon der erste Schritt zur erfolgreichen Vorbereitung.

Auf dieser Ebene findet auch die Gewichtung der Teilrechtsgebiete anhand Ihrer AG-Sitzungen statt: Sie müssen nun Ihre in unserem Fall zur Verfügung stehenden 61 Zivilrechtssitzungen auf die Teilrechtsgebiete aufteilen. Dabei sollte klar sein (Prüfungsordnung!), dass Familien- und Erbrecht zusammen nicht halb so wichtig sind wie z. B. das Schuldrecht BT. Für das gesamte Schuldrecht-AT z. B. benötigen Sie nicht mehr als zehn Sitzungen. Arbeitsrecht z. B. ist unter mindestens zwei Sitzungen nicht zu erledigen. Eine Übersicht über eine ausgewogene Gewichtung fin-

III. Der AG-Plan

den Sie in Anhang 1 (Unser Muster-AG-Plan für das Erste Staatsexamen, Rn. 229 ff.). Versuchen Sie es jedoch zunächst selbst! Vielleicht benötigen Sie in Ihrem Bundesland gar kein IPR oder kein Strafprozessrecht.

Ebene 3

Auf einer dritten Ebene entsteht der eigentliche AG-Stundenplan. Benennen Sie das jeweilige Thema der einzelnen Sitzung, etwa „Entstehung von Schuldverhältnissen" und nehmen Sie detailliert in den Plan auf, was in dieser Sitzung dazu behandelt werden muss. Hinein gehören z. B. die Abgrenzungslehren zum Gefälligkeitsverhältnis, die Fallgruppen des Kontrahierungszwangs und das Recht der allgemeinen Geschäftsbedingungen.

Erscheint Ihnen ein Thema so groß, dass es zwei oder mehr Sitzungen erfordert (z. B. Kaufrecht), so ist dies entsprechend zu vermerken.

Dies ist die feinste Abstimmung, die Sie von vornherein wählen können. Mehr können Sie vorher nicht leisten. Es ergibt sich während der Vorbereitungszeit genügend Spielraum, AG-Sitzungen zusammenzulegen oder eine weitere Einheit zu einem Thema aufzunehmen. Wichtig ist für den Moment vor allem das Gerüst. Wichtig ist auch, dass **Sie** sich **selbst** einmal mit der Stoffeinteilung und -struktur auseinandergesetzt haben. Sie dürfen sich den Plan danach ruhig über den Schreibtisch hängen. Es ist beruhigend, wie endlich der Stoff auf einmal aussieht, wenn er nur genügend handlich portioniert wurde. Und: Sie können Woche für Woche etwas „abhaken", Ihren wachsenden Kenntnisstand „visualisieren". So ein AG-Plan ist rundum eine tolle Sache.

Bevor dazu übergegangen werden kann, die einzelne AG-Sitzung zu durchdenken, sind noch weitere banale Dinge festzulegen: Wichtig ist die Dauer der einzelnen Sitzung. Erfahrungsgemäß lässt die Konzentration nach spätestens eineinhalb bis zwei Stunden erheblich nach. Ebenso deutlich zeigt die Erfahrung, dass sich nach nur eineinhalb bis zwei AG-Stunden noch nicht das befriedigende Gefühl einstellt, etwas geschafft zu haben. Naheliegend ist es daher, eine Sitzung auf drei bis dreieinhalb Stunden anzusetzen. Das entspricht einem kompletten Nachmittag oder

Kapitel 2: Die Arbeitsgemeinschaft

Vormittag. Trotz einer 15 – 30 minütigen Pause ist dann der Tag noch nicht „kaputt". Ob man sich vormittags oder nachmittags trifft, ist eine reine Frage des Geschmacks und der Termin-Logistik.

Die einzelne AG-Sitzung sollte in ihrem Ablauf vorher festgelegt sein. Von allen Teilnehmern sollte derjenige der Leiter sein, der die Fälle heraussucht, also das „Herrschaftswissen" hat und die Falllösungen kennt, während sich die anderen „nur" theoretisch vorbereiten. Der Job des AG-Leiters wechselt natürlich im Turnus. Bezüglich des Veranstaltungsorts hat sich bewährt, die AG dort stattfinden zu lassen, wo der Leiter wohnt (der hat dann auch für Kaffee und Kekse zu sorgen). Wenn das aus räumlichen Gründen nicht möglich sein sollte, findet sich bestimmt auch in der Uni ein Plätzchen, womöglich mithilfe und Unterstützung der Fachschaft oder von Professoren. Wichtig ist, dass die AG an einem Ort stattfindet, wo jeder Teilnehmer sich wohl fühlt, wo die Ablenkung niedrig ist und konzentriertes Arbeiten auch im Hinblick auf ein gewisses Platzangebot möglich ist.

Wenn man so weit ist, kann es eigentlich losgehen.

IV. Die Durchführung der AG

1. Die Vorbereitung der AG-Sitzung als Teilnehmer

78 Es gibt keine Sonderregeln, wie man sich als Teilnehmer auf eine AG-Sitzung vorbereitet. Das Allerwichtigste ist natürlich, sich **überhaupt** vorzubereiten. Wenn Sie erkennen, mit dem Stoff bis zur AG nicht durchzukommen, sollten Sie rechtzeitig bei den anderen nachfragen. Denen wird es nämlich in der Regel auch so gehen, so dass unter Umständen Korrekturen am AG-Plan fällig sind.

Im Grunde liegt es aber zumeist an einem selbst, ob man mit der Vorbereitung fertig wird. Dies ist letztlich einzig und allein eine Prioritätenfrage. Wer bis 10 Uhr ausgeschlafen hat und mittags noch ein Stündchen Sport getrieben hat, der muss eben abends um so länger am Schreibtisch sitzen. Eigentlich sollte es in der Examensvorbereitung ohnehin heißen: **Jura, Jura und nochmals Jura.** Das ist bitter, für ein gutes Examen aber unvermeidbar.

IV. Die Durchführung der AG

Zur zeitlichen Abfolge ist zu sagen, dass es natürlich wesentlich weniger effektiv ist, wenn der in der AG zu behandelnde Stoff erst wenige Tage vor der Sitzung gelernt wurde oder gar erst am Vorabend. Im Idealfall beginnt die theoretische Vorbereitung bis zu vier Wochen vor der ersten Sitzung(!). So können Sie die Vorbereitung der AG-Einheiten abschließen, lange bevor die dazugehörige Sitzung stattfindet. Wir empfehlen den Abschluss der Vorbereitung der Lerneinheit mindestens drei Wochen vor dem geplanten AG Termin. Auf ein konkretes Thema bezogen, liegt Erlernen und Anwenden also zeitlich stark versetzt. Nur so setzt sich der Stoff ab. Während der AG-Stunde merken Sie dann, ob der Stoff „sitzt". Lernen Sie den Stoff einen Tag vor dem zugehörigen AG-Termin, sind die Informationen noch im Kurzzeitgedächtnis und wahrscheinlich noch abrufbar. Die Kontrollwirkung der AG-Stunde entfällt! Sie werden erst während der Examensklausur merken, dass Sie den Stoff eben nicht richtig gelernt haben.

Vergessen Sie nicht: Auch der Repetitor entbindet Sie grundsätzlich nicht von der eigenen Lern- und Vorarbeit, unsere Erfahrung ist aber, dass man nicht motiviert genug ist, dies auch zu leben. Wir garantieren Ihnen aber, dass die AG Sie ausreichend anspornt. Zum einen werden Sie ihre AG-Kameraden nicht im Stich lassen wollen, zum anderen können Sie in einer AG nicht wie beim Repetitor mit Ihrem Unwissen untertauchen – dazu kommen Sie viel zu häufig mit der Falllösung dran. Diese zusätzliche Motivation ist eine der Stärken der AG: Dadurch wird die AG **erstes Anwendungstraining** und **erste echte Wiederholung**.

▶ Frühzeitige Vorbereitung des Stoffes ermöglicht, die AG-Sitzung als Anwendungstraining und erste echte Wiederholung zu nutzen – ein unschlagbarer Vorteil gegenüber dem Repetitorium. ◀

Ein weiterer Hinweis sollte beherzigt werden. Es dauert nicht lange, da kennt man seine Kollegen und weiß, aus welchen Büchern/Skripten oder Online-Sammlungen diese ihre Fälle zu kopieren pflegen. Es ist natürlich nicht Sinn der Sache, sich vorher genau diese Fälle anzuschauen und dann in der AG-Sitzung die Lösung auswendig zu kennen. Zum einen merken die anderen (vor allem der Leiter) es sofort, zum anderen ist die AG nicht das richtige Vorbereitungsmittel zum Selbstbetrug. Eine theoretische

Kapitel 2: Die Arbeitsgemeinschaft

Vorbildung ist absolut ausreichend. Statt die Fälle schon in der Vorbereitung auf die AG heranzuziehen, sollte man lieber in der Sitzung konzentriert mitarbeiten. Dann gelingt es einem viel eher, sich selbst einzuschätzen. Außerdem können Lücken dann besser und effektiver durch Nacharbeit geschlossen werden.

Ein Wort zu den immer besser werdenden technischen Möglichkeiten, sich auch online zu treffen: Im Falle einer Verhinderung sollte es heutzutage ohne weiteres möglich sein, sich virtuell zu einer Sitzung zu verabreden. Vielen unserer Lesenden sollte dieses Format sogar noch aus der Schulzeit bekannt sein. Aus unserer Sicht spricht nichts dagegen, sich virtuell zu treffen. Wir sehen allerdings auch keine Vorteile darin. Es ist reichlich unwahrscheinlich, dass die AG sich über Studierende verschiedener Städte bzw. Unis zusammenfindet. Ebenfalls unwahrscheinlich ist eine örtliche Verhinderung, die aber die zeitliche Teilnahme per Video erlaubt. Gleichwohl, für den unwahrscheinlichen Fall, dass auf ein Online-Format zurückgegriffen werden muss, bieten die verschiedenen Videokonferenz-Anbieter etablierte Lösungen, mit all ihren bekannten Vor- und Nachteilen.

2. Die Vorbereitung der AG-Sitzung als Leiter

81 Der AG-Leiter ist verantwortlich für einen geregelten Ablauf der AG. Er ist nicht etwa besser vorbereitet als die anderen Teilnehmer (schlechter allerdings schon gar nicht), sondern hat lediglich die verantwortungsvolle Aufgabe, das Material zusammenzutragen, also im Wesentlichen die zu lösenden Fälle. Vorbereiten heißt, dass es einen Verantwortlichen gibt, der die Fälle auswählt, kopiert und verstanden hat; jemanden mit Lösungsskizze, der sich mit den Fällen auseinandergesetzt hat.

Wenn wir hier von einem Verantwortlichen sprechen, so ist damit natürlich nicht gemeint, dass dieser auch dafür verantwortlich ist, das Thema an den Mann zu bringen. Dies wäre ein grundsätzlich anderer AG-Typ, bei dem man gewissermaßen jede Sitzung einen neuen Privat-Repetitor einstellt. Unsere AG geht davon aus, dass das Thema von allen gleich gut vorbereitet wurde.

Dabei steht der AG-Leiter allerdings in der Pflicht, nichts zu vergessen und richtig zu gewichten. Diese Hauptaufgabe klingt

IV. Die Durchführung der AG

auf den ersten Blick abschreckend und überfordernd. Woher soll der AG-Leiter wissen, welche Fälle sich eignen? Woher soll er wissen, ob er etwas vergessen hat? Nun, zur Verantwortung, die der AG-Leiter verspüren sollte, nur soviel: Ein wenig Verantwortung stärkt das Selbstbewusstsein, macht den Leiter zu einem mündigen Studenten statt zu einem geduldigen Konsumenten und ist leichter zu schultern, als man zunächst denkt.

Die Gefahr, etwas zu vergessen, ist derart minimal, dass man sie getrost vernachlässigen kann. Zum einen haben sich die anderen Teilnehmer auch vorbereitet und kennen den Stoff zumindest theoretisch. Zum anderen ist es gar nicht erforderlich, jede erdenkliche Fallgestaltung zu einem Problem durchgesprochen zu haben. In der AG wird das überlebenswichtige Strukturwissen trainiert, nicht aber versucht, eine Vielzahl möglicher Fallgestaltungen abzudecken und auswendig wiederzugeben.

Allerdings ist die Aufgabe des AG-Leiters zeitaufwändig. Zunächst muss er seine eigene theoretische Vorbereitung abschließen. Dann benötigt er in der Regel noch ein bis zwei Tage Zeit, sich Fälle zusammenzusuchen. Diese Fälle findet man in Skripten, Lehrbüchern, spezieller Ausbildungsliteratur, Zeitschriften, und mittlerweile v.a. in Online-Sammlungen. Eine Zusammenstellung guter Fallsammlungen finden Sie im Anhang 3 (Rn. 235 ff.). Es ist mittlerweile auch erheblich einfacher geworden, sich über die zahlreichen Internetangebote (auch von Rechtsanwaltskanzleien o. Ä.) Originalfälle zu besorgen. Das Angebot an Urteilsdatenbanken und Fallsammlungen, Wikis etc. ist über die letzten Jahre stark (bis an die Grenze der Unübersichtlichkeit) angewachsen und wird immer öfter verschlagwortet und ansprechend aufbereitet und dargestellt. Hier wird es mittlerweile auch ordentliche Lösungsskizzen. Aber Achtung: Bei Online-Sammlungen, insbesondere sog. Wikis findet manchmal keine erkennbare Qualitätskontrolle statt. Daher raten wir dazu, sich die Urheber und Quellen der Online-Sammlungen genau anzuschauen. Wer sich z. B. auf Hefendehls Jurcoach (strafrecht-online.org) oder bei der Fachschaft Jura der Uni München bedient, befindet sich erkennbar auf der sicheren Seite.

82

Die Fälle müssen gesichtet und im Idealfall kurz durchgelöst werden, unter Umständen unter Zuhilfenahme der Lösungsskiz-

Kapitel 2: Die Arbeitsgemeinschaft

ze. Bei einem Überangebot hat der AG-Leiter eine Auswahl zu treffen. Fälle, die sich in wirklich jeder Veröffentlichung zu dem betreffenden Thema finden, müssen aufgenommen werden, Abseitiges kann weggelassen oder verkürzt werden.

Kann der AG-Leiter abschätzen, dass kein Fall wirklich weggelassen werden darf, muss er die entsprechende Sitzung in Absprache mit den anderen unter Umständen aufteilen bzw. abspecken. Allerdings kommt es vor, dass man nur sehr wenig geeignete Fälle findet. Im Verwaltungsprozessrecht oder Staatsorganisationsrecht ist dies zum Beispiel sehr schwierig. In solchen Fällen empfiehlt es sich, das Thema im AG-Plan weiter nach hinten zu verschieben. Gelangt man dann am Ende zum Verwaltungsprozessrecht, kann man Fälle nehmen, die materielle Probleme und **auch** prozessrechtliche Fragen zum Inhalt haben. Den materiellen Teil kann man dann elegant als Wiederholung mit abhaken. Zur Staatsorganisation könnte man sich z. B. damit behelfen, ausnahmsweise auch einmal einige theoretische Fragen aufzunehmen und durchzusprechen.

83 Um den zusätzlichen Aufwand gleichmäßig zu verteilen, sollte die Rolle des AG-Leiters für jede Sitzung turnusmäßig wechseln. Manchmal ist natürlich eine Blockbildung sinnvoll, um Überschneidungen zu vermeiden. Wenn also z. B. die Einheit „Täterschaft und Teilnahme" auf zwei Strafrechtssitzungen verteilt ist, diese Sitzungen aber eine oder zwei Wochen auseinanderliegen, so ist es sinnvoll, den gesamten Block einem Leiter zu überantworten. Unter Umständen kann auch auf Vorlieben der Teilnehmer Rücksicht genommen werden, wobei der Lerneffekt natürlich höher ist, wenn man sich nicht immer nur mit seinem Lieblingsthema beschäftigt (soweit es das überhaupt gibt).

84 Zur Gewichtung: Es hat sich bewährt, zum „Aufwärmen" zunächst mit einigen kleineren Fällen (z. B. aus der Reihe „Prüfe dein Wissen") zu beginnen und dann zum mittelgroßen Fall überzugehen, der einen ganzen Themenkomplex zum Schwerpunkt hat. Vier oder fünf der mittelgroßen Fälle sollten in Bezug auf Länge und Schwierigkeitsgrad insgesamt eine Examensklausur abdecken.

85 ▶ „9+x":Thema Examensfälle
Neben dem zwingend notwendigen Besuch des Examensklausurenkurses müssen Sie nach einigen Monaten auch Originalexamensfälle in der AG behandeln. Ein solcher Fall sollte aber aufgrund des ungleich größe-

IV. Die Durchführung der AG

ren Vorbereitungs- und Lösungsaufwands (immerhin im Ernstfall ca. fünf Stunden!) eine AG-Sitzung vorher ausgegeben werden, so dass jeder Teilnehmer eine grobe Gliederung anfertigen kann. Nur so kann eine konstruktive Fallbesprechung sichergestellt werden. Der Vorbereitungsaufwand sollte jedoch eine Stunde nicht überschreiten. Ziel dieser Übung ist nicht das Ausformulieren oder das Zeitmanagement während der fünf Stunden; dies ist Aufgabe des Examensklausurenkurses. Durch die selbsterstellte Lösungsskizze lernen Sie aber, den Aufbau und die Struktur einer Examensklausur zu erkennen, und merken, ob Sie den erlernten Stoff auch in dem komplexen Umfeld einer großen Klausur anwenden können. So erhalten Sie in Ihrer AG den richtigen Mix aus kleinen, mittleren und großen Fällen. ◀

Der AG-Leiter sollte vor seiner Vorbereitungsaufgabe keine Angst haben. Sie ist im Grunde bereits ein erheblicher Zugewinn an Erfahrung. Unbewusst lernt man, den Stoff richtig zu erfassen und zu gewichten. Auch dies ist bereits ein Gewinn an Wissen und Methode. Ist dem AG-Leiter trotz vorhandener Lösungsskizze der Fall unklar, so wird er überdies dazu gezwungen, sich dennoch intensiv mit dem Fall zu beschäftigen, notfalls mithilfe eines Professors. Keinesfalls kann sich der AG-Leiter darauf zurückziehen, die Lösung müsse richtig sein, „weil sie so in der Lösungsskizze steht". Der Leiter sollte auf unangenehme und bohrende Fragen der Teilnehmer genauso vorbereitet sein wie die Teilnehmer selbst. Dadurch lernt auch der AG-Leiter eine Menge schon bei der Vorbereitung der Sitzung. Sie werden merken, nach wenigen Malen geht ihnen die AG-Vorbereitung locker von der Hand. Sie werden problemlos die richtigen Fälle in der richtigen Anzahl vorbereiten.

Trotz moderner Datenverarbeitung und dem überwiegend anzutreffenden sicheren Beherrschen einer Vielzahl von elektronischen Präsentationsprogrammen zählt der Inhalt, nicht die optische Form der Fragestellung und Fall-Lösung. Es ist daher keine Schande, sich als AG-Leiter die Fälle herauszukopieren und unformatiert in den zu bearbeitenden Fallbogen einzufügen. Alles, was Zeit kostet und nur gut aussieht, darf vernachlässigt werden. Wir haben noch mit Klebstoff und Schere gearbeitet - heute immer noch keine Schande, aber wohl nicht mehr vorstellbar.

Kapitel 2: Die Arbeitsgemeinschaft

Aus einem einfachen Grund raten wir dazu, den Teilnehmern die Fälle ausgedruckt zu präsentieren: Genau so werden Sie sie im Examen vorfinden, auf klassischem elementar chlorfrei gebleichtem Niedervolumenpapier. Da kann man sich während des Trainings schon mal dran gewöhnen, bei aller Sympathie für Tablets und andere digitale Geräte. Sollte einer der wenigen Ausnahmefälle einer AG-Sitzung als Videokonferenz eintreten, ist der AG-Leiter für den Versand der Einwahldaten und die Moderation verantwortlich.

Wichtig für die Nacharbeit ist, für die ausgewählten Fälle jeweils die Fundstelle zu notieren, damit man bei Interesse die Lösung nachschauen kann.

Der AG-Leiter hat während der Sitzung weitere Aufgaben, die im nächsten Abschnitt beschrieben werden.

Checkliste: Die Vorbereitung der AG als Leiter:

Abbildung 11

1. Vorbereiten des Lernstoffes (vgl. Teilnehmer);
2. Auswählen der Fälle;
3. Kopieren der Fälle für die AG-Teilnehmer.

Eine Übersicht über die Aufgaben des AG-Leiters finden Sie am Ende dieses Abschnitts.

3. Der Ablauf der Sitzung

Während der Sitzung, die absolut pünktlich begonnen werden sollte, geht es in der Regel sofort los mit der ersten Falllösung. Der Reihe nach lässt der AG-Leiter die Teilnehmer die Fälle bearbeiten. Ihm kommt dabei die Aufgabe der Moderation zu. Er hat durch die Lösung zu führen, indem er schnell eingreift, sobald jemand auf der falschen Spur ist – und zwar unter der Erklärung, **warum** die Spur abwegig ist. Zum anderen hat er die Teilnehmer in Ruhe die Lösung finden zu lassen.

Der AG-Leiter darf ruhig ständig „warum?" fragen. Er hat auf einen sauberen Aufbau der Falllösung zu achten, stets richtig zu stellen, wenn unsauber subsumiert wird oder zu ungenau bzw.

IV. Die Durchführung der AG

überflüssigerweise definiert wird. Der AG-Leiter richtet sein Augenmerk auch auf folgende Fragen: An welcher Stelle werden die einzelnen Punkte geprüft? Wie lauten die Tatbestandsvoraussetzungen? Bereits anhand des Aufbaus hat der AG-Leiter dafür zu sorgen, dass sich der typische Gutachtenstil auch bei einfachen Fallgestaltungen einprägt und in Fleisch und Blut übergeht.

Dies zu kontrollieren und zu fördern, ist die Aufgabe des AG-Leiters, der ruhig sehr kritisch sein soll. Er müsste einen solchen unfruchtbaren Dialog viel früher in die richtige Bahn lenken, etwa:

AG-Leiter: „Der T schubst den O vom fahrenden Moped, so dass der sich alle Knochen bricht. Strafbar?"

Teilnehmer 1: „Äh, Körperverletzung: plus ..."

AG-Leiter: „OK, Sekunde, mit welchem Delikt startest du genau? Kannst du mir Norm, Obersatz und die entsprechenden Definitionen sagen?"

Teilnehmer 1: „Ach so, ja. Der T könnte sich wegen Körperverletzung strafbar gemacht haben, § 223 StGB. Dazu müsste er ..."

AG-Leiter: „Ist das hier wirklich problematisch?"

Teilnehmer 2: „Nein, man kann gleich mit der gefährlichen KV beginnen, da die KV als solche unproblematisch ist."

AG-Leiter: „Genau, nur so verhindert man, dass der Korrektor sich beim Lesen langweilt – und dafür gibt es keine Punkte. Wie würde man dann beginnen?"

Teilnehmer 1: „Der T könnte sich wegen gefährlicher KV gem. §§ 223, 224 StGB strafbar gemacht haben. Dazu müsste ..."

Ganz wichtig ist es, bei unklaren oder oberflächlichen Äußerungen nachzufragen. In der AG gilt vor allem die schlüssige Argumentation. Der AG-Leiter hat die anderen dazu anzuhalten, juristisch zu **argumentieren**. Dabei kann ruhig ein Streitgespräch entstehen. Sobald dies indes unproduktiv wird und für die Fallbearbeitung nichts Argumentatives mehr bringt, hat der AG-Leiter abzubrechen und das Gespräch wieder auf den Fall zu lenken. Wichtig ist auch, dass alle Teilnehmer gleichmäßig an die Reihe kommen und dass ein gewisses Leistungsgefälle nicht auch noch

Kapitel 2: Die Arbeitsgemeinschaft

unterstützt wird, indem „der Beste" immer „die schwersten" Fälle bekommt.

Während einer der Teilnehmer einen Fall löst, sollten die anderen konzentriert zuhören und sich unter Umständen unter Beachtung der Höflichkeitsregeln einschalten, sobald sie anderer Auffassung sind oder eine Argumentation nicht nachvollziehen können.

91 Vergessen Sie nicht, sich bereits jetzt die Nachbereitung des Stoffes zu erleichtern. Kontrollieren Sie, ob Sie am Ende der Sitzung in der Lage sind, die Fälle noch einmal durchzugehen und (zumindest gedanklich) zu wissen, „das kann ich" bzw. „das kann ich noch nicht". Machen Sie sich einen kleinen Vermerk bei den Fällen, die Sie selbst nach eigenem Verständnis wohl nicht richtig oder vollständig haben lösen können – dann müssen Sie nicht alle Fälle nachbereiten.

Vergessen Sie die Pause nicht! Längstens nach zwei Stunden hat sich eine kurze Pause bewährt, in der man das Gespräch tatsächlich auf andere Dinge lenken, sich zerstreuen und vielleicht an die frische Luft treten sollte. Ein Wort zur "Social-Media-Pause": Wir werden nicht die einzigen sein, die beobachten, dass jede noch so kleine Pause (ganz gleich übrigens, ob im Fitness-Studio, im Theater oder während der Vorlesungsblöcke) ganz überwiegend für die neuesten Katzenvideos genutzt wird. Das kann man machen und sicher zerstreut es. Man muss aber in der Lage sein, von kurzfristigen und überflutenden Reizen sehr schnell wieder erfrischt und ausgeruht auf volle Konzentration für detaillierte Jura-Fälle umzuschalten. Wer das schafft, verdient Respekt. Wer damit – und vielleicht mit seiner Aufmerksamkeitsspanne im Allgemeinen – Schwierigkeiten hat, der möge bitte das Handy steckenlassen und die Pause zum bewussten Durchatmen oder einer kurzen Dehnung nutzen. Wer das schafft, hat unsere Hochachtung.

Ab und zu ist am Ende der AG-Sitzung ein Feedback-Gespräch abzuhalten, vor allem dann, wenn der AG-Leiter das Gefühl hat, die Sitzung sei nicht zufriedenstellend gelaufen. Alle sollten die AG mit einem befriedigenden Gefühl verlassen können.

IV. Die Durchführung der AG

Checkliste: Der AG-Leiter

Abbildung 12

- ist für die Vorbereitung und Fallauswahl verantwortlich,
- sorgt für pünktlichen Beginn/Einhalten der Pausen,
- ist durch bessere Vorbereitung in der Lage, das Fachgespräch zu lenken,
- schlichtet Konflikte,
- stellt Verständnis-/Wiederholungsfragen,
- führt Feedback durch, wenn nötig,
- fördert und fordert alle AG-Teilnehmer gleichermaßen,
- bricht unsinnige Detaildiskussionen ab.

4. Die Nachbereitung der Sitzung

Die Nachbereitung der AG-Sitzung ist ebenso wichtig wie die Sitzung selbst. Zum einen sollte direkt im Anschluss festgehalten werden, welche Fälle noch Probleme bereiten. Diese Fälle sind dann aufzuarbeiten: Wer schlechtestenfalls auch in der Sitzung nicht verstanden hat, wie der Fall gelöst werden muss bzw. wer danach immer noch glaubt, ein eigener Lösungsansatz sei zu Unrecht nicht in der Lösungsskizze berücksichtigt, sollte den Fall in der Originalversion nachlesen. Dazu dient der Quellennachweis des AG-Leiters. Wer dann auch mit der Originalfundstelle nicht weiter kommt, kann auch einen Professor aufsuchen und sich erläutern lassen, aus welchem Grunde er/sie so falsch liegt. Dieser Fall dürfte allerdings äußerst selten auftreten.

Zum anderen dient die Nachbereitung der Vorbereitung des „Wiederholens". Sinnvoll wiederholt werden kann nicht alles, sondern nur selektiv. Das heißt, die Nachbereitung der Sitzung sollte eine kurze Rekapitulation des wichtigsten Stoffes aus der AG-Sitzung enthalten. Dabei brauchen Selbstverständlichkeiten oder Definitionen, die man in- und auswendig beherrscht, nicht berücksichtigt zu werden. Die Fälle, mit deren Lösung man allerdings Probleme – wenn auch nur leichter Art – hatte, gehören in jedem Fall zum Wiederholungsumfang, müssen ausgesondert und markiert werden.

Kapitel 2: Die Arbeitsgemeinschaft

Die Nachbereitungsphase sollte nicht zu lange dauern, aber in jedem Fall spätestens jetzt das Gefühl vermitteln: „Jetzt habe ich dieses Thema wirklich verstanden. Da kann mir nichts mehr passieren." Erst nach diesem Schritt kann man sich dem Kampf gegen das Vergessen widmen.

V. Problemprävention/Kontrolle

1. Grundlegendes

94 In jeder Gruppe und auch alleine (also sich selbst gegenüber) treten mehr oder weniger stark ausgeprägte Probleme auf. Das ist ein ganz normaler Vorgang, der nicht beunruhigen sollte. Das menschliche Freiheitsstreben hat seine natürliche Grenze immer in der Freiheit des jeweils anderen. Das ist der Grund dafür, warum es auch im Familienleben, in der Partnerschaft, unter Freunden und im Berufsleben ständig zu Spannungen, mitunter sogar zum offenen Streit kommt. Ein Leben lang muss sich der Mensch, der in der Gruppe und vor sich selbst als „soziales Wesen" bestehen will, ständig neu positionieren, die Grenzen zur Unfreiheit des anderen ständig neu erkennen und seine eigenen Grenzen verschieben und definieren. Dieser Vorgang ist nur dann schädlich, wenn er nicht von für alle geltenden Regeln begleitet wird. Auch eine AG sollte daher eine **Streitkultur** entwickeln. Das folgende Kapitel setzt sich zum Ziel, alle Probleme, die während der selbstbestimmten Examensvorbereitung auftreten können, zu sammeln und zu entschärfen.

Dabei wird es natürlich nicht möglich sein, **sämtlichen** Konfliktstoff komplett zu beseitigen. Es hilft aber, sich über bestimmten Zündstoff bewusst zu werden und Konflikte aktiv zu kanalisieren. Dieses Kapitel sollte in der Tat sehr **aktiv** gelesen werden, da bereits das Reflektieren möglicher Konflikte einen nicht zu unterschätzenden Lerneffekt hat.

95 ▶ **Übung:** Tragen Sie in zwei Spalten sämtliche Probleme ein, die Ihnen im Zusammenhang mit der Examensvorbereitung in einer AG einfallen. Teilen Sie diese ein in die zwei Kategorien „Probleme mit mir" und „Probleme mit der Gruppe". ◀

V. Problemprävention/Kontrolle

Probleme mit **mir**   Probleme mit der **Gruppe**

_____   _____

_____   _____

_____   _____

_____   _____

_____   _____

_____   _____

_____   _____

Sie sehen, auch die Problemlagen sind – ähnlich wie der Lernstoff – endlich! Die Gründung einer AG stellt Sie also nicht vor unzählbar viele Schwierigkeiten. Außerdem dürfen Sie nicht vergessen, dass die erste Gruppe der „Probleme mit mir" natürlich nichts damit zu tun hat, auf welche Weise man sich vorbereitet (mit oder ohne Repetitorium, in der AG oder ohne alles). Nur die zweite Gruppe ist AG-spezifisch. Kein Grund also, die Vorteile einer AG aufzugeben. Sie haben die richtigen AG-Partner, einen festen AG-Vertrag, kennen die Methoden des Teambuilding und nutzen die Tipps, die wir Ihnen auf den folgenden Seiten vorstellen. Damit werden „Probleme in der Gruppe" zur Herausforderung, aber nicht zum unüberwindlichen Hindernis!

2. Risk-Management: AG-unabhängige Risiken

a) Motivation und Disziplin

Zu den am häufigsten genannten Problemen zählen die Motivation **zum** und die Disziplin **beim** Lernen. Dazu ist zu sagen, dass es keine Patentrezepte zur Motivation gibt. Das Jahr der Examensvorbereitung ist hart und anstrengend. Es ist ein Vollzeitjob, der noch nicht einmal bezahlt wird. Nicht zielführend halten wir auch das "Purpose"-Gerede und die Lehre von der intrinsischen Motivation. Natürlich wollen Sie das Examen (möglichst gut) bestehen. Natürlich haben Sie sich aus eigenem Antrieb dafür

Kapitel 2: Die Arbeitsgemeinschaft

entschieden (hoffen wir zumindest). Und natürlich ist ein Jura-Abschluss mit Werten und Sinn aufgeladen. Aber es kann leider in der Praxis kaum die Rede davon sein, dass nun ausgerechnet die Examensvorbereitung etwas ist, was einen sinnhaft von innen heraus antreibt. In der Praxis bleibt es dabei, dass es eine Menge Stoff zu verinnerlichen, eine Menge Definitionen auswendig zu lernen und jede Menge Fälle zu lösen gilt. Am ehesten sollte man die Vorbereitung daher als Job verstehe, der (erst) am Ende (reich) belohnt wird. Genauso sollte man sich lösen von der Vorstellung mönchsartiger Enklave, in welcher Examenskandidaten mit sich selbst in Klausur gehen und nur zu den Mahlzeiten wenige Minuten Tageslicht auf ihre blassen Gesichter scheinen lassen.

Wenn Sie es richtig anstellen, können (und sollen!) Sie Freunde und Angehörige weiterhin sehen, Sport treiben, auf Partys gehen und alles tun, was Spaß macht. Sie müssen sich lediglich den eisernen Grundsatz der Trennung von Lern- und Freizeit zur absoluten Regel machen. Der Stoff ist einzuteilen, damit Sie wissen, was **genau** heute bzw. morgen oder am Mittwoch zu lernen ist. **Wie** Sie am besten lernen, ist in Kapitel 3 (Rn. 153 ff.) nachzulesen, dort sind die wichtigsten Grundsätze beschrieben, die Ihnen ermöglichen, weiterhin Ihre Freizeit zu genießen.

Wenn Sie wissen, was im Laufe des Tages bewältigt werden muss, dann können Sie so vorgehen: Wer beispielsweise eine Stunde Motorradfahren gehen oder Katzenvideos anschauen möchte, der darf sich damit belohnen, **wenn der Lehrstoff erledigt** ist. Auf diese Weise motivieren Sie sich zum Arbeiten. Wer es schafft, dies **vor** dem Lernen zu erledigen und den Lernstoff hinterher noch bewältigt, hat ohnehin kein Motivationsproblem. Für alle, die sich motivieren müssen, gilt aber der uralte Grundsatz: Erst die Arbeit, dann das Vergnügen. Nur so gewährleisten Sie, dass tatsächlich die Examensvorbereitung Priorität genießt.

Nochmal kurz zu Fluch und Segen der "always on"-Welt. Es ist keine Frage, dass die immer umfassenderen und dauerhaften Vernetzungsmöglichkeiten der heutigen Generationen unglaubliche Vorteile bieten und schlicht eine gesellschaftliche Realität darstellen. Aus unserer langjährigen Praxis nehmen wir aber auch eine Erkenntnis mit, die wir Ihnen – ohne belehrend erscheinen zu wollen – mitgeben möchten: Es gibt eine Vielzahl von Berufs-

V. Problemprävention/Kontrolle

anfängern, die es de facto nicht schaffen, einer 45-minütigen Präsentation oder einem halbstündigen Meeting zu folgen, ohne dabei (meistens mehrfach) auf ihr Mobiltelefon zu schauen. Und dies, obwohl deutlich auf eine "no mobile policy" hingewiesen wurde. Die Ablenkung durch Apps, soziale Medien und andere aufmerksamkeitsabsorbierende Anwendungen ist so groß geworden, dass dem viele nicht widerstehen können. So tief hat sich das permanente Checken, was gerade anderswo läuft, in unser Unterbewusstsein gegraben, dass es unsere Verhaltensweisen und Wissensaufnahme verändert. Der Griff zum Handy ist so selbstverständlich und unbewusst geworden wie mit den Füßen zu wackeln, sich die Augen zu reiben oder am Kopf zu kratzen. Als besonders schwierig empfinden wir dabei, dass sich viele über die Tatsache, wieviel inhaltliche und zeitliche Ablenkung dies wirklich bedeutet, nicht im Mindesten im Klaren sind. Wir raten daher dazu, beim Lernen und erst recht beim Fällelösen das Handy rigoros auszuschalten und wegzulegen – weit weg. Der Rat ist simpel, die Umsetzung scheint uns manchmal einem Entzug zu gleichen. Probieren Sie es heute noch aus, schalten Sie Ihr Handy aus, legen es so weit wie möglich weg (oder schließen es ein) und beschäftigen Sie sich 1,5 Stunden (sic!) mit einem fachlichen Thema. Wiederholen Sie dies, bis sich einschleicht, dass Lernen und soziale Medien nicht zusammengehören. Sie verzichten dabei auch auf Vorteile, ganz klar. Es gibt viele mobile Anwendungen, die empfehlenswerte Alternativen zu Lehrbüchern darstellen (s. u. VII). Wenn Sie Ihr Handy zum Lernen einsetzen wollen, schauen Sie sich unsere Tipps und Tricks im Kapital VII an, aber erwarten Sie keine Zauberlösung; es liegt an Ihnen und Ihrer Disziplin wie Sie damit umgehen. Der sicherste Weg zum konzentrierten Lernen ist der ohne Handy. Machen Sie sich klar: Dies entspricht auch der Situation in den Examensklausuren.

Verzichtet werden sollte natürlich nicht auf alles. Ausgleich zum Lernen ist äußerst wichtig und das erste Gossensche Gesetz vom abnehmenden Grenznutzen gilt auch hier. Die (nicht nur gewerkschaftliche) Faustregel besagt, dass nach maximal 7 Stunden voller Konzentration der Nutzen weiterer Beschäftigung mit dem Lernthema abnimmt. Nun mag sich jede(r) ausrechnen wieviel Zeit man für diesen Wert tatsächlich einzurechnen hat, aber

Kapitel 2: Die Arbeitsgemeinschaft

irgendwann muss Schluss sein. Ob dieser Ausgleich aus Sport, Social Media oder Zeit mit anderen besteht, ist egal. Sie werden sehen, dass sich beides in ein nahezu ideales Verhältnis bringen lässt, solange Sie das Ziel Examen als übergeordnetes Ziel nicht aus den Augen verlieren. Vielleicht ein Tipp am Rande: Sie haben schon den ganzen Tag am Schreibtisch zugebracht und dem Körper seine naturgemäß dringend benötigte Bewegung vorenthalten. Entschließen Sie sich zu bewusster Bewegung, also Sport treiben statt schauen, Tanzen gehen statt Serien streamen, Aufstehen statt Sitzen.

Vergessen Sie dabei nie: Sie **wollen** dieses Examen bestehen und zwar möglichst gut. Es ist Ihr großes **Ziel**. Diese Sache haben Sie sich selbst ausgesucht, sich bewusst dafür entschieden. Das dürfen Sie sich ruhig ab und zu einmal vorhalten. Ebenso dürfen Sie sich öfter sagen, dass es sich bei dem Ersten Staatsexamen um die wahrscheinlich wichtigste Prüfung in Ihrem Leben handelt und Sie – zugegeben – vorher nun einmal alle Zeit der Welt hatten, sich einem beachtlichen Freizeitprogramm zu widmen.

▶ „9+x": Unserer Erfahrung nach können Sie ihre Lernmotivation aufrechterhalten, wenn sie an zwei Grundsätzen festhalten:
Immer zuerst eine Lerneinheit abschließen, bevor ein Ausgleichs- und Freizeitteil eingeschoben wird. Dabei teilen Sie sich den Stoff bitte so ein, dass mindestens eine Stunde am Tag für Freizeit bleibt, die dann auch streng als Freizeit verbracht wird. Pausen müssen gemacht werden – und zwar bewusst. Das bedeutet auch, dass Sie sich am Wochenende (oder an einem anderen Tag in der Woche) für mindestens einen ganzen Tag eine echte Pause gönnen sollten. Körper und Geist brauchen diesen Tag, damit Sie danach wieder bei 100 Prozent weiter machen können. Laden Sie den sprichwörtlichen Akku auf!
Zum anderen: Wenn gelernt wird, dann wird gelernt – und nichts anderes nebenher erledigt. Nur so trennen Sie vernünftig und motivierend zwischen Arbeit, Spaß und anderen „sozialen Verpflichtungen". ◀

Sollte Ihnen das noch nicht Ansporn genug sein, dann empfehlen wir ihnen die Gründung einer AG. Wir haben uns gegenseitig in der Gruppe motiviert und zu ungeahnten Leistungen angetrieben.

V. Problemprävention/Kontrolle

b) Teilen und Einstecken lernen

Eine der wichtigsten Kompetenzen auf sozialem Gebiet besteht im Erlernen von Teilen und dessen Spiegelbild, dem Einstecken. Teamwork bedeutet, dass die Summe aus vier Einzelleistungen fünf wird. Sie arbeiten **gemeinsam** an einer großen Sache – der Examensvorbereitung. Gemeinsamkeit bedeutet wiederum, dass Sie den/die anderen auf dem Laufenden halten über Entwicklungen, Erkenntnisse und auch über das eigene Vorgehen. Nur wenn Sie sich den ständigen gegenseitigen „Pendelblick" hinüber zum Mitstreiter bewahren, wird aus dem gemeinsamen Ziel auch ein gemeinsamer Weg.

▶ Teamwork bedeutet, dass die Summe aus vier Einzelleistungen nicht vier, sondern fünf wird! ◀

Das bedeutet: Teilen Sie Ihre Erkenntnisse! Wer etwas besser verstanden hat als die anderen, muss es den anderen erklären (können). Der Lerneffekt für **beide** Seiten liegt auf der Hand. Wem eine besonders griffige Formulierung oder Eselsbrücke eingefallen ist, der teile sie den anderen bitte ebenfalls mit! Im Examen kämpfen Sie nicht gegeneinander. Niemand ist deshalb besser, weil die anderen diese geschickte Eselsbrücke nicht kennen. Es gibt, und damit sei mit einem weiteren Vorurteil aufgeräumt, keine relative Wertung und erst recht keine von diesen berüchtigten „Quoten", die man vielleicht aus anderen Fächern kennt. Warum also Material geheim halten? „Do ut des." Wer teilt, erhält im Gegenzug auch Informationen ausgeteilt. Überlegen Sie sich einmal, wie reichhaltig dadurch Ihr Informationsreservoir wird.

Wer teilen gelernt hat, wird im Berufsleben immer positiv auffallen, da dies die Basis für das Funktionieren von leistungsfähigen Teams ist. Deshalb: Teilen lernen!

Die Kehrseite eines guten Teamworkers ist das Erlernen von Nehmerqualitäten. Wie überzeugt man auch immer von einer Idee sein mag: Wenn sie andere nicht überzeugt, ist sie verloren. Daher: Sie müssen lernen, mit konstruktiver und sachlicher Kritik umzugehen. Dies ist eine solche Selbstverständlichkeit, dass sich Ausführungen dazu eigentlich erübrigen sollten. Dennoch empfehlen wir, die folgenden Hinweise nicht zu überspringen.

Kapitel 2: Die Arbeitsgemeinschaft

98 Immer wieder haben wir in unseren Workshops mit Teilnehmern die Erfahrung gemacht, dass relativ freimütig eingeräumt wird, wie sehr man mit Kritik vom Gegenüber ein Problem hat. Das liegt zum einen an der **Art und Weise**, in welcher die Kritik vorgebracht wird.

Zum anderen erfahren Juristen in ihrer gesamten Ausbildung kaum jemals Kritik an ihrer Arbeit von Kollegen, dh von „gleichgeordneten Mitarbeitenden". Mit welch einer Selbstverständlichkeit aber im Berufsleben von gleichrangigen Mitarbeitenden, ja sogar Untergebenen, Kritik an der eigenen Arbeitsleistung geübt wird, ist wohl jedem klar. Mentale Blockade, destruktives Beleidigtsein und letztlich (Mit-)Arbeitsverweigerung sind die Folge, wenn man mit Kritik nicht umgehen kann. Gewöhnen Sie sich daher frühzeitig an, Feedback in sachlicher, aber klarer Form zu erteilen, und lernen Sie, auf den anderen gerade dann einzugehen, wenn dessen Kritik für nicht nachvollziehbar gehalten wird.

Bei berechtigter Kritik ergeben sich eigentlich keine Probleme. Die meisten werden mittlerweile in der Lage sein, auch einmal trotz Voreingenommenheit objektiv (sachlich) auf die Problemlage zu schauen und Fehlverhalten einzusehen. Dabei ist es übrigens keine Schande, wenn Sie das auch den anderen gegenüber eingestehen. Was schadet es, einmal laut zu sagen: „Ja, das stimmt, da hast du Recht. Da muss ich aber wirklich ... [...]."? Dadurch erspart man sich und den anderen die übliche Rechtfertigung, die letztlich immer nur **erklärt**, warum das Fehlverhalten aufgetreten ist, das Beharrungsvermögen in eigentlich unstreitigen Fällen und den anschließenden Gesichtsverlust, der um so stärker eintritt, je länger man sich nicht selbst von der Kritik überzeugt zeigt. Jeder macht Fehler. Je schneller man sie zugibt, um so zügiger kann es weitergehen. Verschwenden Sie keine Kraft mehr, sich gegen etwas zu wehren, was **objektiv** in dieser Weise ohnehin keinen Bestand haben kann!

▶ Bereiten Sie sich auf Ihr Berufsleben vor und trainieren Sie den richtigen Umgang mit Kritik. ◀

99 Wesentlich schwieriger ist es, mit Kritik umzugehen, die man für unberechtigt hält. Liegen die Ursachen im objektiv Feststellbaren, so könnte man sie selbstverständlich zurückweisen. Das wird je-

V. Problemprävention/Kontrolle

doch in den seltensten Fällen so sein. Häufiger sind doch die Fälle, in denen es um Subjektives geht, wie die Art, in der einer den anderen belehrt (und wenn er noch so recht hat), die Art, in der der eine den anderen behandelt (und sei seine Absicht noch so gut) und die anderen überflüssigen Angewohnheiten, Eitelkeiten und Empfindlichkeiten. Es ist nämlich ganz interessant, was Sie in einer AG alles über sich lernen und ehrlicherweise selbst schon lange über sich wussten. Ergreifen Sie die Chance, sich Ihrem Gegenüber anzupassen, sich zurückzunehmen und zu korrigieren. Wie wichtig dies auch im Berufsleben ist, braucht nicht erneut betont zu werden. Nur wer sich selbst korrigieren kann, bleibt flexibel genug, um heutigen Anforderungen an soziales Miteinander genügen zu können. Wie immer die Absichten auch sein mögen: Nur von den anderen lernen Sie, wie Sie auf andere wirken – und was Sie dort erreichen. Und das ist natürlich ebenso wichtig wie die Inhalte, die Sie transportieren wollen.

Wenn sich jemand von Ihrem Verhalten gestört fühlt, dann überlegen Sie bitte als erstes, ob Sie dieses Verhalten zu dessen Gunsten vielleicht ändern können, und zwar unabhängig davon, wie sehr Sie sich im Recht fühlen. Vielleicht kostet es ja weniger Mühe, kleinliches Verhalten abzustellen, als es den anderen Mühe kosten würde, das kritisierte Verhalten zu ertragen. Ein anderer, der sich durch eine bestimmte Art und Weise, ihn anzusprechen, gestört und herabgesetzt fühlt, den wird man mit objektiven Argumenten, warum gerade **diese Art** die bessere ist, nicht mehr überzeugen. In einer idealen AG hat sich das Gegenüber diesen Argumenten innerlich auch schon gestellt. Nun gilt es, wieder zu einem fruchtbaren Miteinander zu finden. Also bedarf es des sprichwörtlichen „Sprungs über den eigenen Schatten". Nur so werden großartige Teamworker aus Ihnen. Außerdem werden Sie feststellen: Einstecken lernen kann mitunter befriedigender sein als Recht zu haben und zu behalten.

Richtiges gemeinsames Arbeiten in der AG ist also erst dann fruchtbar, wenn die Wissensquellen und das Material geteilt werden und wenn man lernt, mit sachlicher Kritik umzugehen. Das sollte also kein echtes Problem darstellen, bringt Sie selbst aber in ihrer persönlichen Entwicklung entscheidend nach vorne und bietet ihnen eine Schlüsselqualifikation für das spätere Berufsleben.

Kapitel 2: Die Arbeitsgemeinschaft

c) Examensangst und Selbstvertrauen

101 Okay, Examensangst hat jeder. Sie haben aber bereits weiter vorne gesehen, dass der Stoff endlich ist, die Fälle lösbar sind und die Probleme häufig den gleichen Strukturprinzipien folgen. Wir wissen, dass gerade bei der juristischen Examensvorbereitung eine Menge Geld mit der Angst der Kandidaten verdient wird, indem eine (natürlich nicht einklagbare) „Statistik-Garantie" regelrecht „verkauft" wird.

Indes besteht gar kein Grund zur Angst. Wenn Sie sich selbst vorbereiten, ist schon sehr viel damit gewonnen, dass Sie sich bereits damit auseinandergesetzt haben, was verlangt wird. In diesem Stadium sind Sie schon nicht mehr abhängig von Lehrern, die den Stoff portionieren. Respekt ja, aber für Angst gibt es dann keinen Grund mehr, weil Sie sich auch positiv darin bestärken können, Stoff bereits „erledigt" zu haben. Dazu ist es ganz wichtig, Stoffeinheiten abzuschließen, auch optisch. Wer mit einer Einheit durch ist, lege sie zur Seite und hake sie im Lernplan ab. Irgendwann wissen Sie z. B. alles über das Bereicherungsrecht. Vor einem bereicherungsrechtlichen Fall brauchen Sie also überhaupt keine Angst mehr zu haben; alles Wichtige dazu (zumindest aber wesentlich mehr als die anderen) haben Sie schon im Kopf. Sie werden sehen, dass Sie auf diese Weise mit dem Gefühl ins Examen gehen „es kann mir nichts mehr passieren".

Das eigene Lernen vermittelt Sicherheit. Und: Sie wissen, was verlangt wird, nichts bleibt im Unklaren, nichts bleibt abhängig von der Meinung des Repetitoriums, der Ihnen den Stoff vorsetzt. Die Abhängigkeit vom Repetitorium und dessen Wertungen und Gewichtungen ist viel gefährlicher als von sich selbst, weil man nur dann dazu neigt, sich wirklich gründlich mit dem Stoff zu beschäftigen, wenn es auch nur auf einen selbst ankommt. Wie häufig glaubt man dem Repetitorium einfach, dass dies und jenes wichtig, anderes aber unwichtig ist? Vor allem wer sich **selbst** davon überzeugt hat, kann angstfrei ins Examen gehen.

Vergessen Sie nicht, der Staat nimmt die Prüfung ab, und der geht davon aus, dass die Vorbereitung von jedem alleine zu bewältigen ist (sic!). Die Angst tief in unserem Inneren, die legt sich erst, wenn wir selbst davon überzeugt sind, dass wir den Stoff können.

Dies ist Ihre eigene Aufgabe, der Repetitor kann Ihnen dabei nicht helfen. Die AG allerdings fördert die intensive, vertrauenschaffende Auseinandersetzung mit dem Lernstoff. Sie werden allen anderen einen riesigen Trainingsvorteil voraushaben. Nicht zuletzt dürft auch die Schwerpunktprüfung, soweit sie vor dem Examen in Angriff genommen wurde, einen Teil dazu beitragen, dass Sie angstfreier auftreten könne, denn 30 % haben Sie bereits sicher in der Tasche – mit einer festen und unbestechlichen Punktzahl.

d) Rollenverhalten hinterfragen

Dieser Punkt betrifft nicht mehr nur Problemlagen, die jeder mit sich selbst ausmachen muss, sondern zu einem gewissen Teil auch das Arbeiten in der Gruppe. Das Thema „Rollenverhalten" ist daher „zwischen den Kapiteln" angesiedelt und so zu lesen, als ob es bereits zu einem erheblichen Teil zur Problemlösung in der Gruppe gehört.

Jeder, der sich einer Gruppe stellt, sieht sich in einer bestimmten Rolle, die durch die Kenntnis über die eigenen Stärken (erheblich weniger übrigens über die Schwächen ...), die eigenen Ziele und das mitgebrachte Selbstbewusstsein definiert wird. Allein die subjektive Selbsteinschätzung trägt schon dazu bei, sich auf einen bestimmten Typ festzulegen, den man unterbewusst verkörpern möchte. Das ist an sich nicht falsch und kann auch gar nicht mehr abgestellt werden: Zu lange schon ist man in dieser Weise geprägt worden, sind einem Stärken und Schwächen eingeflüstert worden, zu lange reflektiert man seine eigene Außenwahrnehmung schon durch andere, zu intensiv verharrt man in Angewohnheiten, die auf lebenslanger Erfahrung beruhen. Aber: Es besteht keine Notwendigkeit, mit diesen Erfahrungswerten in einen direkten Wettbewerb zu anderen zu treten. Wer sich für kenntnisreich und selbstsicherer als andere hält, wird in der Regel sehr überrascht sein, in der AG auf jemanden zu treffen, der sich für ebenso kenntnisreich und selbstsicher hält. Woher eigentlich diese Überraschung? Wer glaubt, er sei schüchtern, wird sehr überrascht sein, sich unter Umständen in der AG ständig als Wortführer wiederzufinden. Warum eigentlich? Es kann passieren, dass der Frauenheld in der AG zu seiner eigenen Über-

Kapitel 2: Die Arbeitsgemeinschaft

raschung auf das sprichwörtliche Überweib trifft, während der konservative „Hardliner" sich in der Gruppe im Vergleich als Liberaler wiederfindet.

Was wollen wir damit sagen? Zunächst wollen wir **nicht** darauf hinaus, die eigene Rolle, an die Sie ein Leben lang geglaubt haben (wenn auch vielleicht nur unterbewusst), in Frage zu stellen. Wir wollen aber erreichen, dass die Festlegung darauf ein wenig gelockert wird, dass Sie anderen die Chance geben, sich in der gleichen Weise zu präsentieren, womit viele erhebliche Schwierigkeiten haben. Es ist durchaus bereichernd zu lernen, dass man mit seinen Eigenschaften unter Umständen nicht alleine dasteht. Genauso wie es für einen selbst bereichernd ist, festzustellen, dass die eigene Rolle eben doch nicht so ausgeprägt ist, wie Sie immer gedacht haben, dass Sie vielleicht rhetorisch doch nicht so überzeugend sind wie gedacht, dass Sie im Verwaltungsrecht trotz eines Seminars bei *Schoch* doch nicht „die Weisheit mit Löffeln gefressen" haben oder dass Sie mit Frauen auch zusammen **arbeiten** und nicht nur flirten können.

Dieser Effekt ist deshalb positiv, weil die Verengung der Selbstwahrnehmung mit zunehmendem Alter in einen erheblichen Verlust von Energie und Flexibilität mündet. Je eher Sie erkennen, dass Sie sich immer noch – auch noch nach 25 Jahren – verändern, anpassen, neu bestimmen und in anderer Weise verwirklichen können, als Sie immer geglaubt haben, desto interessanter werden Perspektiven auf dem Arbeitsmarkt erscheinen und desto weniger Angst werden Sie vor neuen, unbekannten Herausforderungen (das Examen) haben, die leider nicht immer vorher auf den individuellen Charakter zugeschnitten sind. Wer sich selbst schon sicher ist: „Gesellschaftsrecht kann ich nicht", der wird nie eine gute Gesellschaftsrechtsklausur schreiben, wenn er mit dieser Rollen**festlegung** schon abgeschlossen hat.

▶ Je flexibler und aktiver Sie auf unbekannte Herausforderungen reagieren können, um so leichter fällt das Arbeiten in der Gruppe und der Umgang mit dem Examensdruck. ◀

Wer diese Festlegung hingegen bewusst durchbricht, der kann mehr Punkte erzielen als der „Wahlfachgesellschaftsrechtler", der sich auf seine Rolle verlassen und Gesellschaftsrecht in der Vorbereitung vernachlässigt hat.

Dabei heißt es nicht, Neigungen und Charaktereigenschaften in Frage zu stellen. Vielmehr gilt es, auch in Bezug auf seine eigene Rolle Festlegungen zu lockern und so die Grundlage und den positiven Boden dafür zu schaffen, wirklich ein Leben lang zu lernen und an sich zu arbeiten. Sie sollten in **jeder** AG-Sitzung versuchen, in Bezug auf Charaktereigenschaften und Wissen der anderen völlig unvoreingenommen zu sein. Dies ist schwierig, aber hilfreich. Der Gegenwert einer solchen Einstellung ist schwer messbar – erst recht in Punkten. Aber es wird sich auf eine hervorragende und sehr professionelle Arbeitsatmosphäre niederschlagen, von der jeder profitiert – nicht nur in Bezug auf das Examen.

3. Risk-Management: AG-spezifische Risiken

a) Motivation und Disziplin

Motivations- und Disziplinprobleme treten auch als gruppenspezifisches Phänomen auf. Die Ursache ist zumeist ein persönliches „Tief", ein ureigenes Motivationsproblem, von dem jedoch alle Teilnehmer mehr oder weniger gleichzeitig erfasst werden. Aus subjektiver Sicht gelingt es der Gruppe nicht, ein positives Signal zu setzen und sich gegenseitig mitzuziehen. Aus objektiver Sicht geschieht sogar das Gegenteil: Die Teilnehmer verunsichern sich gegenseitig, lassen das Gemeinschaftsgefühl schleifen, beginnen unpünktlich, hören früher auf und zweifeln an der Stärke der AG.

Zur Vermeidung dieser Risiken muss weiter ausgeholt werden: Jeder verfügt über eine individuelle Motivationskurve. Grafisch dargestellt, beginnt diese mit einer positiven Entscheidung auf relativ hohem Niveau. So geht der Entschluss, eine AG einzugehen und den Lehrplan zu erstellen, stets mit einer gewissen Grundmotivation einher. Danach steigt diese Kurve in der Regel sogar noch an und zwar um so stärker, je größer das positive Feedback aus der Gruppe ausfällt. Die ersten Erfolge stellen sich schnell ein, die ersten Themen, die bearbeitet werden, stellen sich als halb so schlimm heraus, wenn konsequent gelernt wird. Dann passiert

Kapitel 2: Die Arbeitsgemeinschaft

irgendwann das Unvermeidliche: Die ersten Rückschläge müssen verkraftet werden: Ein „Durchfaller" im Examensklausurenkurs, ein völlig undankbares Thema (Bereicherungsrecht in Dreipersonenbeziehungen), ein Bruch mit dem Handynutzungsverbot oder einfach eine heftige Herbstgrippe. Schon stellen sich Zweifel ein, Zweifel an der eigenen Stärke, Zweifel an der Kompetenz des AG-Leiters, Zweifel am eigenen Durchhaltevermögen.

Nun, diese Motivationskurve ist immer die gleiche, ob Sie sich in der Gruppe vorbereitet haben oder alleine. Der Repetitor hilft Ihnen dabei auch nicht. Das Motivationsproblem **in der Gruppe** ist also eigentlich nicht AG-typisch.

Im Gegenteil, eine AG hilft ihnen dabei, Ihre Lernmotivation konstant auf hohem Niveau zu halten.

Die AG bietet den überragenden Vorteil, dass sich eigentlich immer mindestens ein Teilnehmer noch oder schon wieder in einer Hochmotivationsphase befindet. Ohne es zu merken, wird dieser die anderen mitziehen. Wer sich hängen lässt, wird aufgeweckt, wer an sich zweifelt, kann dies in den regelmäßigen Feedbackrunden äußern und wird sich wundern, wie schnell und wie einleuchtend ihm diese Zweifel ausgetrieben werden. Das ist der Vorteil der AG. Man profitiert stets von der Stärke der anderen. Wenn der Starke schwach wird, ist der ehemals Schwache wieder erstarkt. Ein echtes Problem stellt sich nur ein, wenn alle Teilnehmer **exakt zur gleichen Zeit** in ein solches vorgezeichnetes Tief geraten. Dies ist aber eher unwahrscheinlich, da bei jedem die zeitlichen Abstände zwischen einzelnen Motivationsphasen anders liegen. Der eine wird früher anfangen, an sich und der Gruppe zu zweifeln, der andere später, dafür vielleicht intensiver. Es ist fast ausgeschlossen, dass alle gleichzeitig und gleich intensiv völlig „am Boden" liegen.

V. Problemprävention/Kontrolle

Abbildung 13

Die persönliche Lernmotivationskurve

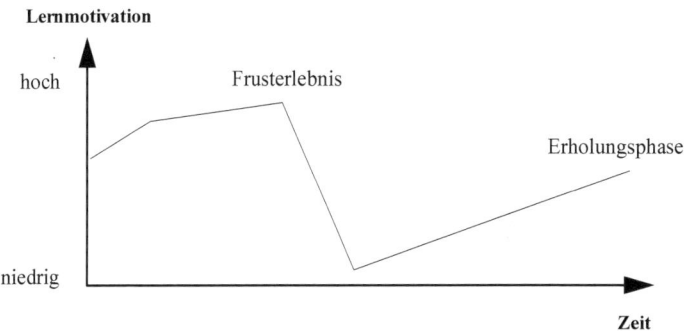

Die Lernmotivationskurve in der AG

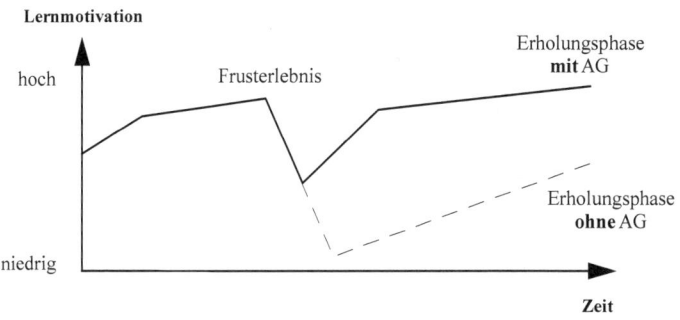

Zusätzlich führt der stete fruchtbare Austausch und die Tatsache, dass sich keiner „verstecken" kann, dazu, dass Sie der guten bis sehr guten Vorbereitung der AG-Sitzung allerhöchste Priorität einräumen. Fast automatisch steigt damit auch die subjektive Motivationskurve wieder an. Gegen Ende der AG haben wir beobachtet, dass sich diese Motivation dann auf hohem Niveau hält.

Kapitel 2: Die Arbeitsgemeinschaft

Klar, Erfolge in den Klausurenkursen, überlegenes theoretisches Wissen und die Sicherheit, die aufgrund ständiger Falllösungen gewonnen wird, schlagen sich auf das Gefühl nieder, wirklich gut vorbereitet zu sein. Jetzt gilt es nur noch, den „Biss" zu halten und auf den Punkt genau abzurufen. Daher sollte nach Ende der AG auch nicht mehr allzu lange auf den Examenstermin gewartet werden.

107 Die Problematik der Disziplinlosigkeit geht häufig mit der eigenen Motivation einher. Disziplin sollte daher eher in übertriebener als in lockerer Weise geübt werden; denn es ist noch schwer genug, pünktlich zu beginnen, konzentriert an einem Thema zu arbeiten und sich nicht ablenken zu lassen, besonders wenn draußen 27 °C herrschen und das helle Kindergeschrei aus dem Freibad in die graue WG-Küche dringt ...

▶ Disziplinlosigkeit und Motivationsprobleme können mit klaren Regeln minimiert werden. ◀

Zunächst gilt es, **Regeln** festzulegen. Je niedriger die Motivation sinkt, um so wichtiger werden diese Regeln. Ein Regelverstoß muss Sanktionen nach sich ziehen und zwar solche, die auch echte Sanktionen sind. Verspätungen kosten in der Regel Geld, viel Geld. Schlechte Vorbereitung zieht Ermahnungen nach sich, nachdrückliche Ermahnungen. Sollte sich immer noch nichts tun, so ist auch über einen Ausschluss aus der Gruppe nachzudenken. Jemanden, der sich nicht vorbereitet, kann sich die AG nicht leisten, zumindest dann nicht, wenn der persönliche Einsatz vorher anders besprochen war (AG-Vertrag!).

Dies ist auch eine Frage der Kommunikation. Jedem sollte vorher signalisiert worden sein, dass die Gruppe etwas mehr Einsatz erwartet. Es ist katastrophal, wenn Sie sich erst nach einem dreiviertel Jahr dazu entschließen, einem Teilnehmer die Meinung zu sagen und ihm mit Ausschluss zu drohen (abgesehen davon, dass überhaupt nicht „gedroht" werden sollte). Es ist selbstverständlich, dass der eine oder andere mal nachlässiger vorbereitet ist als die Übrigen. Das passiert jedem einmal und hat in der Regel **überhaupt** keine Konsequenzen. Die anderen werden einem aber durchaus zu verstehen geben, dass man das bemerkt hat („Na, das musst du dir wohl noch mal durchlesen."; „Was, davon hast

V. Problemprävention/Kontrolle

du noch nie gehört? Wie kann das passieren?"). Die anderen werden eher Hinweise geben, wie man das Thema effektiv nacharbeitet, als sogleich mit dem Ausschluss zu drohen.

Dazu gehört aber Vertrauen und dieses Vertrauen muss man sich den anderen gegenüber erst einmal durch Verlässlichkeit und gute Vorbereitung verdient haben. Ist das nicht der Fall, muss es gleich in den ersten Wochen ein ernsthaftes Gespräch mit einer zweiten Chance geben.

Im Übrigen kann man die Überwachung der Disziplin delegieren. 108
In der Regel hat der AG-Leiter auf Pünktlichkeit zu achten und auch auf eine sinnvolle Stoffbearbeitung. So kann man verlangen, dass der AG-Leiter am Schluss einer Sitzung „Tacheles" redet und klar und sachlich ausspricht, was er von seiner Einheit hält, etwa: „Ich finde, heute ist es sehr zäh und schleppend gelaufen. Ich hatte nicht das Gefühl, dass ihr Euch ernsthaft genug mit dem Problem des Gläubigerverzugs auseinandergesetzt habt. Was meint Ihr dazu? Seid Ihr anderer Auffassung?" In der Regel wird man sehr schnell zu einem „Common Sense" gelangen.

Insgesamt ist noch festzuhalten, dass die drakonisch klingenden Begriffe wie „Disziplin", „Sanktionen", „Überwachung" natürlich nicht so streng gemeint sind, wie sie klingen. Solange alle die AG als solche wirklich wollen, können Sie nur profitieren, wenn die Spielregeln eingehalten werden. Zu den meisten Problemen wird es daher schon „freiwillig" nicht kommen. Wer partout nicht mehr vorbereiten will als eine oberflächliche Durchsicht der Definitionen, der ist von vornherein falsch in der AG. So etwas ist im Übrigen weder uns noch anderen, mit denen wir uns ausgetauscht haben, widerfahren. Solche Dinge gilt es **vorher** auszuschalten.

Natürlich ist es einfach, eine AG durch Disziplinlosigkeit zu „sprengen". Dieses Kapitel dient daher eher der Ausschaltung von Restrisiken nach dem Motto „wehret den Anfängen". In aller Regel wird sich herausstellen: In der AG lernen Sie nicht nur das Examensrüstzeug, sondern auch Disziplin und effektive Gemeinschaftsarbeit – und zwar, ohne dass Sie dies als unangenehm empfinden. Es ist eben manchmal auch ein Vorteil, durch Verantwortung gegenüber anderen dem „inneren Schweinehund" offensiv gegenüber zu treten. Beim Repetitor können Sie sich viel eher hängen lassen – aber das ist bestimmt kein Vorteil!

b) Der Umgang miteinander

109 Ein ganz wichtiger Punkt, der in der AG beachtet werden sollte, weil er zu Frustrationen führt, ist der richtige förmliche Umgang miteinander. Sie sollten **immer** höfliche Umgangsformen wahren, klar und präzise ausdrücken, was Sie meinen und fühlen und immer konstruktiv vorgehen. Keinem nützt es, wenn er hört, dass dies und jenes „nervt", wenn er nicht gleichzeitig erklärt bekommt, **wie** und **warum** man es anders machen kann. Das Bemühen um Sachlichkeit wird gleichzeitig auch positive Auswirkungen haben auf die eigene Argumentationsfreudigkeit und die Überzeugungskraft eigener Argumente. Auch dies ist im Jura-Studium bekanntlich nicht zu unterschätzen.

Zum richtigen Umgang miteinander zählt ein weiteres Mal die strenge Beobachtung des Rollenverhaltens (s. Rn. 105). Geben Sie Ihrem Gegenüber die Chance, aus seiner Rolle auszubrechen und auch mal etwas zu tun oder zu sagen, was nicht „zu ihm passt". Eine Perpetuierung unerwünschter Rollenfixierung ist der Tod jeder selbstbestimmten und flexiblen Examensvorbereitung. Zu unterlassen ist das erstaunte „Nanu?", wenn der Polizeirechtsmuffel auch einmal etwas zum Störerbegriff beigetragen hat, ebenso wie das hämische „Na also!", wenn man den Wahlfacharbeitsrechtler bei einer Fehleinschätzung der Betriebsrisikolehre erwischt hat.

Da sich diese Ausführungen noch am ehesten erübrigen, kommen wir zum nächsten Punkt, der ebenso wichtig, aber lange nicht so selbstverständlich ist:

c) Gegen den „Herdentrieb" kämpfen

110 Gegen den Herdentrieb zu kämpfen fällt niemandem leicht. Erst recht nicht, wenn man sich bei der Examensvorbereitung allein auf die eigene AG verlässt. Kopfschütteln und Mitleid sind die ersten Reaktionen der anderen. „Keine Kohle für den Repetitor?", „Seid ihr wahnsinnig?" und „Wie soll das gut gehen?" sind die ersten Fragen, die an ein solches Projekt gerichtet werden. Am Anfang ist das Gefühl des Außenseiters wahrscheinlich

V. Problemprävention/Kontrolle

größer als in der wohlig warmen Atmosphäre der Examensgruppe inmitten hundert anderer Mitstreiter, die dem Frontmann lauschen.

Doch schon sehr bald werden die anderen erkennen, dass sie eben keine echten Mitstreiter an ihrer Seite haben. Und das ist die fundamentale Erkenntnis in der AG: **Miteinander!** Nicht durch einen anderen, sondern **mit** einem anderen arbeiten und lernen Sie. In jeder Situation, in jeder Minute der Vorbereitung haben Sie jemanden, den Sie fragen können, der sich mit Ihnen austauscht, der häufig genau die gleichen Ängste, Probleme und Erkenntnisse hat, jemand, der Fähigkeiten hat, von denen Sie profitieren können, wie der andere eben von Ihren Fähigkeiten profitiert. Sie haben jemanden, der mit Sicherheit vorher ebenfalls alles Verfügbare zu dem Thema gelesen und zu verstehen versucht hat, jemand, der sich mit demselben Thema ähnlich fundiert wie Sie auseinandergesetzt hat. Darauf können Sie sich beim Rep nicht ohne Weiteres verlassen. Für ein Problem hat daher garantiert ein anderer aus der AG-Gruppe die Lösung und wenn nicht, dann haben alle das gleiche Problem. Eine Gruppe, die auf lange Lebensdauer und ein wichtiges Ziel ausgerichtet ist, macht stark. Ihnen kann nichts mehr passieren, Sie sind eine Einheit, können und müssen sich auf einander verlassen. Was soll da übersehen werden? Warum auf einen einzigen Lehrer vertrauen, wenn man derer viele haben kann? Warum konsumieren, wenn man anwenden kann?

Je mehr Vertrauen den anderen gegenüber aufgebaut wird, um so größer wird das Vertrauen, das in einen selbst gesetzt wird. Dieser Verstärkungseffekt hat zur Folge, dass zum einen Selbstbewusstsein und Selbstsicherheit aufgebaut und zum anderen Soft Skills wie Hilfsbereitschaft und Verantwortungsbewusstsein geschult werden. Und von diesen Fähigkeiten braucht man später im Beruf einige.

Je länger die Gruppe miteinander arbeitet und je eher sich die ersten Erfolge (etwa im Klausurenkurs) einstellen, um so eher weichen die mitleidigen bis boshaften Fragen einem bewunderndem „Die machen das alleine – und das auch noch mit Erfolg!". Aus der Gruppe entwickelt sich eine einzigartige und nicht messbare Kraft. Gleichzeitig ist das „Wir-Gefühl" eben gerade, weil

Kapitel 2: Die Arbeitsgemeinschaft

es sich nicht einreden und planen lässt, ein hervorragendes Kontrollinstrument. Wenn es sich nämlich nicht einstellt, sollten Sie sich die Frage stellen, ob die Vorbereitung wirklich so gut läuft, ob man sich wirklich vertraut und ob man wirklich alles mit den anderen teilt.

Als Zusammenfassung lässt sich also sagen: In einer funktionierenden AG stellt sich ein stärkendes und gesundes Wir-Gefühl ein. Es wird Sie mit Stolz erfüllen, dass Sie und Ihre AG-Kollegen erfolgreich gegen den Strom schwimmen.

d) Leistungsunterschiede, Krankheit und Urlaub

111 Dieses letzte echte Kapitel der Probleme, die eine AG zerstören können, wird vor allem mit einigen kleineren Vorurteilen aufräumen.

▶ Vornoten spielen im Examen keine Rolle und können nicht als Gradmesser für Leistungsunterschiede herangezogen werden. ◀

Da wäre zunächst die Mär vom Leistungsunterschied. Viele Studenten, die zu Anfang geneigt wären, eine AG zu gründen, sehen sich nicht in der Lage, einen gleich guten Partner zu finden. Abgesehen davon, dass dies meistens eher ein Problem der gemeinsamen Zielbestimmung ist, kommt es keineswegs darauf an, für wie gut oder wie schlecht man sich **vor** der AG gehalten hat. Sobald zwei Personen das gleiche Ziel im Examen haben (Beispiel: 9 + x), ist es völlig egal, um welchen Grad die großen Scheine voneinander abweichen. Die Vorkenntnisse sollte man nicht überbewerten. Erst in der echten Vorbereitungszeit zeigt sich doch, wer das Examen ernst nimmt und wer nicht. Am ehesten wird man seinen AG-Partner an dessen gesundem Menschenverstand beurteilen können und dürfen. Allerdings wird man ohnehin keine AG mit jemandem gründen, den man für stark unterbelichtet hält.

Viel schlimmer wiegen vermeintliche Leistungsunterschiede, wenn sie erst innerhalb der AG auftreten. Jedoch handelt es sich dabei meistens um ein psychologisches Phänomen und nicht um objektive Tatsachen. Der Glaube, für andere „zu gut" zu sein, ist entweder ein Irrtum oder jedenfalls nicht schädlich. Wie gut der „Gute" wirklich ist, zeigt sich, wenn er es dem „Schlechten"

V. Problemprävention/Kontrolle

erklärt hat. Dabei lernt der „Gute" zu argumentieren und der „Schlechte" wird, wenn es wirklich gut erklärt wurde, nicht mehr lange der „Schlechte" bleiben. Logisch, oder?

Im Grunde lässt sich das Problem des Leistungsunterschieds in nur zwei Gruppen einteilen: Zum einen der Gedanke, als AG-Leiter zu schlecht zu sein. Dies ist ebenfalls häufig ein Irrtum. Man sollte den Druck, eine AG leiten zu müssen, als Ansporn zu besonders besonnener und gründlicher Erarbeitung des Themas nehmen. Objektiv können Sie dabei kaum etwas falsch machen, da Sie die Lösungsskizzen ja einsehen und sofort nachvollziehen können. Etwas fahrlässig auslassen oder übersehen werden Sie auch nicht. Zur Not sind ja noch die anderen da, die einen darauf hinweisen werden, dass etwas Elementares vergessen wurde. 112

Zum anderen ist da natürlich häufig die Angst, als Teilnehmer den Anforderungen nicht zu genügen. Häufig genügt schon ein Blick nach rechts und links, um zu erkennen, dass man auch nicht wesentlich schlechter ist als die anderen. Zum anderen aber gehört zu einer gemeinsamen Vorbereitung, dass diejenigen, denen ein Fall keine oder wenig Probleme bereitet, es den anderen, die Schwierigkeiten mit der Lösung haben, richtig erläutern. Selbst wenn also jemand hinter den Kenntnissen der anderen zurückbleibt, profitieren durch wiederholtes und gezieltes Erklären beide Seiten. Irgendwann wird es für denjenigen, der sich immer alles erklären lässt, ein Ansporn sein, bei einem anderen Thema mehr zu wissen als der Rest der Gruppe. Zur Kontrolle darf man ruhig auch einmal einen Kommilitonen fragen, der beim Repetitorium schon Baurecht hatte, was es mit heranrückender Wohnbebauung im Außenbereich so auf sich hat. Man sollte dann nicht erstaunt sein, wenn derjenige das Ganze nur genauso oberflächlich bzw. gar nicht erläutern kann, wie man es von sich selbst meinte. Da ist die AG doch die wesentlich bessere Hilfe.

Alle übrigen Determinanten wie Krankheit und Urlaub sind hinzunehmen und können in keiner anderen Vorbereitungsform ausgeschlossen werden. Eher als beim Repetitor können Sie sich in der AG noch auf einen gemeinsamen Urlaub einigen. Wenn allerdings ein Teilnehmer unbedingt für drei Tage zur Familie nach Italien reisen muss oder wegen Lungenentzündung drei Wochen ausfällt, dann ist so zu verfahren wie sonst auch: Derjeni- 113 ge, der die AG-Stunde verpasst, sollte sie im eigenen Interesse nacharbeiten und möglichst schnell wieder den Anschluss finden. Ist jemand häufiger abwesend, so ist auf den AG-Vertrag zu verweisen. Im Grunde ist es aber in höchstem Maße unrealistisch, dass jemand mutwillig ein gemeinsames Arbeiten torpediert. Und selbst auf Krankheit kann sich eine Vierer-AG zur Not besser einstellen als ein Repetitor. In Betracht kommt z. B. die Vorverlegung einer Urlaubswoche oder Nacharbeiten der anderen.

e) Notbremse

114 Streng genommen sind wir damit am Ende des „Konflikte-Kapitels". Es ist klar, dass es nicht gelingen kann, alle möglichen Konflikte von vornherein auszuschalten oder gar nicht erst entstehen zu lassen. Klar ist auch, dass in dem Moment, in dem bei mehr als der Hälfte der Mitglieder die Bereitschaft fehlt, konstruktiv zusammen zu arbeiten, eine AG zerbricht. Diese Gefahr sollte zwar bei der Gründung der AG bedacht und daher minimiert worden sein, ist aber in der Tat nicht auszuschließen.

In einer solchen Situation hilft es nichts, wenn jemand weitermacht, der dies partout nicht mehr für sinnvoll hält. Der Prozess muss aber vorhersehbar sein. Damit ist gemeint, dass es für die anderen, die sich auf die AG verlassen, vorhersehbar sein muss, wann und warum die AG zerfällt. Mit anderen Worten: In den Feedback-Runden ist anzudeuten, woran es fehlt. Der Gruppe muss die Chance gegeben werden, den Mangel zu beheben. Erst danach, zu einem fest bestimmten, aber flexibel festzulegenden Termin kann als letzte Lösung die „Notbremse" gewählt werden. Die AG ist dann abzuwickeln, wobei die Übrigen Gelegenheit erhalten haben müssten, sich zeitig nach alternativen Vorbereitungsformen umzusehen oder neue Mitglieder zu gewinnen.

Auch bei der „Notbremse" sollte klar sein, dass diese nicht einfach aus Disziplinlosigkeit angewandt werden sollte. Es muss jedem Teilnehmer klar sein, dass dies nur das allerletzte Mittel ist, sich aus einer echten Verpflichtung zu lösen. Aber mal ehrlich: Es beruhigt zwar, dass in der S-Bahn eine Notbremse hängt. Haben Sie hingegen schon mal erlebt, dass diese ernsthaft benötigt wurde?

V. Problemprävention/Kontrolle

Wir haben dieses Buch geschrieben, um Sie vor der Situation zu bewahren, die Notbremse ziehen zu müssen. Die Toolbox, die wir Ihnen zur Verfügung stellen, hat – das haben die Feedbacks von unseren Workshop-Teilnehmern gezeigt – zum Erfolg vieler AGs geführt mit Examensnoten, die bei einem großen Repetitorium auf den Werbeplakaten stehen würden. Sie haben die Chance, zusätzlich entscheidende Fertigkeiten für ihr Berufsleben zu sammeln. Nutzen Sie diese!

4. Feedbackregeln zur proaktiven Problemvermeidung

Um gegenüber anderen Menschen sensibel zu werden und die gemeinsame Arbeitssituation richtig einschätzen zu lernen, sind regelmäßige Feedback-Gespräche unverzichtbar. So abgedroschen dies klingen mag: Nur ein bewusstes und gezieltes Feedback ist das richtige Mittel gegen den offenen und unversöhnlichen Ausbruch vieler Konflikte.

Häufig mag man nicht als erster damit beginnen, unangenehme Dinge auszusprechen, die Angst vor Verletzungen verhindert häufig ein fruchtbares Gespräch genauso wie mangelhafte Sensibilität. Auf der einen Seite „schluckt" man gewissen Ärger lieber hinunter als die unangenehme Wahrheit auszusprechen. Man erlebt auch häufig, dass jemand ohne böse Absicht Stimmungsschwankungen und unterschwellige Aggressionen überhaupt nicht wahrnimmt. Daher ist es absolut notwendig, sich den anderen mitzuteilen. Das müssen Sie nicht von sich aus und unvermittelt machen. Viel geschickter ist es, eine vierzehntägige oder monatliche Feedback-Runde im Anschluss an die letzte AG-Sitzung abzuhalten.

In einem solchen „institutionalisierten Rahmen" ist es völlig klar, dass jeder einmal für sich über seine Ängste gegenüber sich selbst und seine Erfahrungen mit der AG reflektiert und das Ergebnis den anderen mitteilt. Ausgangspunkt des Gesprächs kann der AG-Vertrag sein, der von allen Teilnehmern zur Bewertung ausgefüllt werden kann. Es entsteht ein strukturiertes Gespräch, das entstehenden Ärger schon im Ansatz entschärft, also in einem Stadium, wo noch alles zu retten und noch nichts verloren ist.

Es kann natürlich auch derjenige Feedback geben, der (erfreulicherweise) **im Moment** keinerlei Beklemmungen empfindet. Ein Feedback-Gespräch kann durchaus aus lauter positiven Rückmeldungen bestehen. Auch dies stärkt das Gruppengefühl, schweißt zusammen und unterbindet das Konfliktpotenzial.

Wichtig ist letztlich nicht, dass es zu keinerlei Konflikten kommt, sondern dass diese sinnvoll kanalisiert und entschärft werden. Nur über ein Feedback lässt man die richtige Fairness walten und gibt allen gleichermaßen Gelegenheit, ständig das Arbeitsklima zu verbessern.

Im Grunde stellt sich die regelmäßige, vorher festgelegte Feedback-Runde dann als Art Forum dar. Wichtigster Effekt neben der Konfliktfrüherkennung ist die Offenheit. Solange man es im Gespräch offen aussprechen kann, dürfte nichts mehr übrigbleiben, was unter der Oberfläche gärt und die Atmosphäre zu vergiften droht.

VI. Besonderheiten der AG im Studium

117 Die AG im Studium bietet drei große Chancen: Zum einen können Sie die Noten in den Scheinen/Seminaren durch eine ernsthaft betriebene private Arbeitsgemeinschaft erheblich verbessern und Ihre Eltern beeindrucken. Zum anderen können Sie unverbindlich sowohl die Methodik als auch die Teilnehmer Ihrer AG für den „Ernstfall Examens-AG" testen. Zum Dritten lernen Sie in einer AG gegenüber dem Einzelstudium immer etwas dazu – nicht nur inhaltlich, sondern auch in sozialer Hinsicht.

118 Zum ersten Punkt: Die Ausführungen in diesem Handbuch gelten sinngemäß auch für eine Vorbereitungs-AG auf Große Scheine, Seminarthemen oder natürlich die Schwerpunktprüfung (zum Schwerpunktbereich s. Rn. 15 ff.). Es versteht sich allerdings von selbst, dass die strenge Disziplin, mit der man eine Examens-AG aufziehen sollte, nicht unbedingt auch für eine kleine Lerngruppe zu gelten hat. Das ist zwar wünschenswert, aber wohl übertrieben. Zum einen dient die strenge Disziplin bei der Examensvorbereitung der schlichten Notwendigkeit, dass man ohne diese Disziplin ein so großes und kompliziertes Unterfangen wie die Examensvorbereitung nicht richtig steuern kann. Das gilt nur be-

VI. Besonderheiten der AG im Studium

dingt für andere AG-Ziele. In der Regel ist das Ziel überschaubar und bis auf Bestehen oder Nichtbestehen meist gänzlich unwichtig. Kein noch so wichtiger AG-Schein wird je über Referendarsstelle, Arbeitsplatz, Lebensstil und damit über die Zukunft des Juristen entscheiden. Gleichwohl kann die AG Ihr Wissen und die verlangte Methodik bereits im Grundstudium ganz erheblich erweitern. Alle im Buch genannten Tools werden Sie dabei unterstützen. Sie sollten Ihren AG-Plan allerdings auf Semesterbasis entwickeln und mit den jeweiligen Anforderungen der Universität abstimmen. Die Häufigkeit der AG-Treffen sollte auch während des Semesters nicht ein bis zwei Treffen pro Woche überschreiten, da Sie mehr universitäre Verpflichtungen haben (z. B. Übungen, Hausarbeiten etc.) als während der Examensvorbereitung.

Zum zweiten und dritten Punkt: Sie dürfen eine „kleine AG" natürlich genauso aufziehen wie eine Examens-AG. Der Unterschied ist nur, dass das, was für die Examens-AG eine schlichte Notwendigkeit darstellt, für eine kleine AG höchstens wünschenswert ist (eine Ausnahme gilt natürlich für die Schwerpunktprüfungs-AG). Trotzdem gilt: Was gibt es Besseres als einen nahezu kostenlosen Testlauf für später, selbst wenn Sie es nicht mit allen Regeln so genau zu nehmen brauchen? 119

Beachten sollten Sie aber in jedem Fall den fairen Umgang miteinander, ein klar formuliertes AG-Ziel mit entsprechendem Lern- und Vorbereitungsplan sowie ständige Qualitätsverbesserung durch gegenseitiges Feedback. Nehmen Sie aber auch die Probe-AG insoweit ernst, als die Tatsache, dass es sich „nur" um eine Probe handelt, nicht als Entschuldigung für Disziplinlosigkeit dienen darf. Die kleine AG kann andererseits aber getrost dazu dienen, Fehler zu machen, die dann in der Examens-AG nicht wiederholt werden. 120

Sollte nach Ihrer Prüfungsordnung das Schwerpunktfach schon vor den Klausuren der Ersten juristischen Staatsprufung abgeprüft werden (siehe § 5d DRiG), bietet sich eine Schwerpunktfach-AG an, für die alles in diesem Buch Gesagte sinngemäß gilt (s. Rn. 62 ff.). Läuft diese AG gut, können Sie mit den gleichen AG-Partnern in die Pflichtfachprüfungen durchstarten. 121

Kapitel 2: Die Arbeitsgemeinschaft

VII. Besonderheiten der repetitoriumsbegleitenden AG

1. Das Problem

122 Die AG als Begleitung zum Repetitorium ist möglich, wenn wir diese Kombination auch nicht empfehlen. Eine AG ist, genauso wie der Besuch eines Repetitoriums, ein Full-Time-Job und beides zusammen dürfte Ihre zeitlichen Kapazitäten und Ihre Aufnahmefähigkeit sprengen. Aus unserer eigenen Erfahrung können wir leider von keiner erfolgreich durchgeführten Kombination AG/Repetitor berichten. Die guten Vorsätze, den Stoff des Repetitoriums in der AG nachzubereiten, schwinden schnell und nach einigen Wochen wird die AG zugunsten (?) des Repetitoriums eingestellt. Sie müssen sich deshalb entscheiden, welche Art der Examensvorbereitung Sie wählen wollen.

123 Wenn Sie es trotzdem versuchen wollen, sollten Sie folgende Punkte beachten:
- Der AG-Plan muss mit dem Repetitor-Plan abgestimmt sein. Die AG-Stunde ist die Wiederholung und Vertiefung des im Repetitorium behandelten Stoffes. Dort sollten Sie die behandelten wichtigen Fälle sowie die nicht behandelten Fälle durchgehen.
- Die Wiederholung in der AG sollte zeitlich versetzt mind. zwei Wochen später stattfinden.

2. Tipps und Tricks der Examensvorbereitung beim Repetitor

124 Wenn Sie sich für den Besuch beim Repetitor (oder für ein Online-Repetitorium) entscheiden, müssen Sie auch hier Ihr Jahr genau planen. Besorgen Sie sich frühzeitig den langfristigen Zeit- und Lehrplan (machen Sie sich mit der digitalen Struktur des Onlineangebotes vertraut) und stimmen Sie Ihren Lernrhythmus und Ihre Freizeit darauf ab. Messen Sie der einzelnen Veranstaltung höchste Priorität bei und versäumen Sie keine Einheit. Es wäre fahrlässig, seiner aus geringerem Gruppendruck resultierenden Neigung zur Unverbindlichkeit der Unterrichtseinheiten nachzugeben. Im Prinzip gilt alles, was bisher für die AG gesagt wurde, in besonderem Maße für den Besuch eines Repetitoriums. Das Repetitorium ist Ihr Projekt. Sie müssen sich aber noch mehr

VII. Besonderheiten der repetitoriumsbegleitenden AG

als in einer AG zum **aktiven Lernen** und **aktiven Teilnehmen** zwingen. Dies bedeutet:

- Wenn Sie schon keinen eigenen Lernplan erstellen: Bei jedem Rechtsgebiet durch das Inhaltsverzeichnis des Skripts eine erste Übersicht verschaffen. Benutzen Sie die SQ3R-Methode bei der Bearbeitung der Skripten (s. Rn. 180).
- Den Stoff vorher lernen. Die Rep-Stunde sollte wie eine AG-Stunde nur Wiederholung und Vertiefung sein und nicht die erste Begegnung mit dem Stoff. Nur so können Sie kontrollieren, ob der Stoff „sitzt".
- Planen Sie kleinlichst Ihre Wiederholungseinheiten in den Wochenplan ein. **Wiederholen ist genauso wichtig wie Lernen.** Es nützt nichts, wenn Sie etwas Neues lernen, dafür aber alten Stoff vergessen. Beim Wiederholen können digitale Angebote über die interaktive Lernkontrolle eine gute Hilfe darstellen.
- Verlassen Sie sich nicht passiv auf die mitgelieferten Skripten und digitalen Inhalte, Übersichten und Karteikarten. Arbeiten Sie aktiv mit den Materialien: Eine Übersicht zu den Grundpfandrechten oder zum EBV hilft Ihnen nur, wenn Sie alle Elemente der Übersicht wirklich verstanden haben. Erarbeiten Sie sich die Übersicht durch Ergänzungen und Verweise selbst. Das Gleiche gilt für fertige Karteikarten.
- Beteiligen Sie sich so aktiv wie möglich am Unterricht. Melden Sie sich häufig zu Wort und ignorieren Sie die vielsagenden Blicke Ihrer Nachbarn („Streber"...). Fragen Sie Ihren Repetitor, wenn Ihnen etwas unklar ist; Sie haben teuer dafür bezahlt! Machen Sie ein Spiel daraus, den Repetitor in Bezug auf Sach- und Fachkenntnis zu „schlagen". Wenn der Repetitor Ihre Benchmark ist, versuchen Sie bitte, besser zu sein.
- Hoffentlich unnötig darauf hinzuweisen, aber machen Sie sich vor der Buchung eines Online-Kurses oder ähnlicher digitaler Angebote klar, welche technischen Voraussetzungen Sie dafür erfüllen müssen, wie und von wo Sie diese Inhalte in welcher Weise abrufen können und welche (in der Regel einzeln kostenpflichtigen) "Pakete" Sie überhaupt buchen müssen.

Da Sie in einem Repetitorium zwangsläufig weniger Fälle aktiv lösen werden als in einer privaten Arbeitsgemeinschaft, müssen

Sie dieses Verhältnis in den Wiederholungsphasen zugunsten der eigenständigen Falllösung verändern. Benutzen Sie die **Fall-Spot-Methode** (s. Rn. 185), indem Sie sich während des Unterrichts Fälle markieren, die Sie entweder für besonders wichtig halten oder die Sie nicht verstanden haben. Diese Fälle lösen Sie dann als Wiederholung mittels einer Lösungsskizze eigenständig nochmals durch. Was noch nicht sitzt, muss dann vertieft werden.

VIII. Besonderheiten der AG begleitend zum Referendariat

127 Eine AG zur Vorbereitung auf das Assessorexamen unterscheidet sich im Grunde nicht von der AG zur Vorbereitung auf das Referendarexamen. Es gibt nur ein paar Besonderheiten, die wir Ihnen in diesem Kapitel vorstellen wollen. Die Veränderungen des Referendariats durch die Ausbildungsreform haben keine Auswirkungen auf die Examensvorbereitung. Die Reform wird nur den jetzt schon erkennbaren Trend verstärken, Aufgaben aus anwaltlicher Sicht zu stellen.

1. Warum eine AG während des Referendariats?

128 Die Frage ist rhetorisch. Auch für das Assessorexamen ist eine Lern-AG eine gute und vielfach erprobte Vorbereitungsform. Während des Referendariats ist eine AG aber noch sinnvoller als zur Vorbereitung des Ersten Staatsexamens. Alle Vorteile dieser Lernform kommen hier besonders deutlich zum Vorschein:

Die AG bietet das, was Sie nirgendwo anders bekommen. Denn eine vergleichbare Examensvorbereitung gibt es auf dem „Markt" nicht. Es gibt zwar auch kommerzielle Kurse zur Vorbereitung auf das Zweite Staatsexamen, diese bieten aber kaum eine systematische Wiederholung des Erstexamensstoffs. Genau wie in Ihrer Station oder im begleitenden Unterricht am Landgericht wird das materielle Recht schlicht vorausgesetzt. Eine Wiederholung dieses Stoffes ist aber notwendig. Selbst wenn Sie direkt nach dem ersten Examen Ihr Referendariat beginnen, vergehen vom Ende des Studiums bis zur schriftlichen Prüfung des Zweiten Examens fast zwei Jahre! Wie viel Sie schon in wenigen Wochen vergessen, wird Ihnen sicherlich aus der Vorbereitung auf das Erste Examen schmerzlich in Erinnerung sein. Zudem haben auch

VIII. Besonderheiten der AG begleitend zum Referendariat

die Klausuren im Zweiten Examen überwiegend einen Schwerpunkt im materiellen Recht. Folge daraus ist, dass Sie den gesamten Stoff über eine lange Zeit konservieren müssen; dies geht nur durch planmäßige Wiederholung.

So bietet es sich an, schon kurz nach Beginn des Referendariats erneut eine AG zu gründen und systematisch sowohl das materielle Recht wie auch das Prozessrecht und den neu hinzukommenden Stoff für das Assessorexamen zu lernen, zu wiederholen und aufzuarbeiten.

Ein weiterer Vorteil ist der frühzeitige „sanfte" Druck, wieder mit dem Lernen zu beginnen. Sie müssen sich bewusst sein, dass Sie während des Referendariats unter erhöhtem Zeitdruck stehen. Je nach Belastung in der Station durch mehr oder weniger motivierte Ausbilder sind unter Umständen schon mehrere Tage in der Woche weg: Akten für die mündliche Verhandlung lesen, Verhandlungstag, Akte selbst bearbeiten, Entwurf fertigen, Sitzungsdienst in der Strafstation. Hinzu kommt der begleitende Unterricht am Landgericht. Eine AG hilft Ihnen, sich schon frühzeitig und regelmäßig Zeit für die Examensvorbereitung zu nehmen. Wenn Sie bis nächste Woche die Einzelzwangsvollstreckung für die AG vorbereiten müssen, werden Sie sich die Zeit nehmen und im Zweifel Ihre Stationsarbeit einfach etwas schneller erledigen. Ohne die AG wird die Examensvorbereitung leicht auf ruhigere Zeiten verschoben, in Baden-Württemberg z. B. in die zweite Anwaltsstation, die dann zum „Abtauchen" und Lernen benutzt wird. Diese Zeit ist nicht ausreichend. Es kommt für das Zweite Examen eine enorme Stofffülle hinzu, die nur bei frühzeitigem Lernbeginn bewältigt werden kann. So abgedroschen es klingt: Der erste Tag Ihres Referendariats ist der Beginn der Examensvorbereitung auf das Assessorexamen. Und noch eines: Hinausschieben können Sie – im Gegensatz zum Ersten Examen – den Examenstermin nicht. Mit Ihrer Zulassung zum Referendariat steht der Termin der ersten Aufsichtsklausur idR bereits fest! 129

2. Die spezifischen Probleme der AG im Referendariat

Spezifische Probleme im Vergleich zum Ersten Staatsexamen gibt es keine. Sie werden nur schnell merken, dass die Organisation der AG ein höheres Maß an Flexibilität voraussetzt. Im Gegen- 130

Kapitel 2: Die Arbeitsgemeinschaft

satz zum Ersten Examen, wo Sie im Prinzip „nur" die AG, eventuell den Schwerpunktbereich und einen Klausurenkurs zu koordinieren haben, kommen im Referendariat die unterschiedlichen Termine der AG-Partner mit ihren verschiedenen Ausbildern hinzu. Jeder Ausbilder hat seinen eigenen Rhythmus und jeder AG-Partner hat von Woche zu Woche ein unterschiedliches Arbeitspensum zu erledigen. Deshalb wird es unvermeidlich sein, AG-Treffen von Zeit zu Zeit kurzfristig zu verlegen. Es wird schwierig sein, einen festen AG-Wochentag zu finden, es sei denn, die AG wird in die Abendstunden oder auf das Wochenende verlegt. Wir haben immer wieder berichtet bekommen, dass eine gemeinsame Terminfindung schwierig sei, weil der jeweilige Ausbilder seinen Referendar kurzfristig sehen wollte. Dazu ein Tipp: Reden Sie mit Ihrem Ausbilder. Sagen Sie ihm, dass Sie eine AG gegründet haben und bitten Sie ihn, auf „Ihren" AG-Tag keine gemeinsamen Termine zu legen. In den allermeisten Fällen wird Ihr Ausbilder freudig erstaunt sein über Ihre planvolle und frühzeitige Examensvorbereitung und Rücksicht auf Sie nehmen.

3. Die Organisation

131 Das Auffinden von AG-Partnern ist im Referendariat viel einfacher als während des Studiums. Sie sind mit Ihren Kollegen im Klassenverband und haben somit ca. 20 potenzielle AG-Partner. Schon während des Einführungslehrganges haben Sie die Möglichkeit, die anderen zu „beschnuppern" und möglichen Kandidaten Ihr Vorbereitungsprogramm vorzustellen. Die anderen werden überrascht sein, aber mit diesem Buch haben Sie genug Argumente zur Hand, um Ihre Mitstreiter zu überzeugen. Es ist zwar nicht zwingend, AG-Partner aus der Landgerichts-AG zu rekrutieren, es bietet sich aber an und vereinfacht vor allem die Terminabstimmung. So kann das wöchentliche AG-Treffen z. B. immer nach dem Unterricht im Landgericht stattfinden. Fragt man den Ausbildungsleiter, dürfen Sie vielleicht sogar einen Raum im Gericht für Ihre AG belegen.

132 Bezüglich der Häufigkeit der AG-Treffen müssen Sie sich im Klaren darüber sein, dass mehr als ein Treffen pro Woche aufgrund Ihrer Belastungen mit der Stationsarbeit wohl nicht möglich ist. Die AG muss zwar nicht sofort in der ersten Woche beginnen.

VIII. Besonderheiten der AG begleitend zum Referendariat

Wenn Sie aber sinnvollerweise zwischen 50 und 60 AG-Treffen durchführen wollen (vgl. Muster-Plan für das Zweite Examen, Rn. 232 ff.), müssen Sie bei einem AG-Treffen pro Woche unter Zugrundelegung der 6-Wochen/1-Woche-Regel (s. Rn. 71 ff.) ca. ein Jahr rechnen. Mit drei Monaten Wiederholungszeit ohne AG-Treffen sollten Sie also spätestens nach drei Monaten mit der gemeinsamen Arbeit beginnen. Dies lässt auch noch genug Zeit, um mit den Partnern ein paar Probe-AG-Stunden zu absolvieren.

Für die Stoffverteilung empfehlen wir, ungefähr ein Drittel der Zeit auf das Prozessrecht und zwei Drittel auf das materielle Recht zu verwenden. Das materielle Recht kann naturgemäß nur sehr komprimiert wiederholt werden. Waren z. B. im Ersten Examen fünf Stunden für das Immobiliarsachenrecht vorgesehen, sollte dieses komplizierte Thema jetzt in einer Stunde bewältigt werden. Gerade hier sollten Sie Schwerpunkte nach Ihren persönlichen Stärken und Schwächen setzen. Bezüglich der Fallauswahl ergibt sich daraus natürlich die Folgerung, dass die einzelnen Themen nicht erschöpfend mit Fällen abgedeckt werden, sondern nur exemplarisch behandelt werden können. Noch mehr als im Ersten Examen bietet es sich deshalb an, eher große als kleine Fälle zu bearbeiten. Schon früh sollten zudem regelmäßig Originalklausuren aus dem Zweiten Examen behandelt werden, da im Assessorexamen viel Wert auf die Einhaltung der Formalien (Tenor, Tatbestand, Aufbau) gelegt wird. Bewährt hat sich deshalb ein Mix aus zwei bis drei Erst-Examensfällen (aus JuS, JA, Jura etc) kombiniert mit einem Zweitexamensfall. Durch den hohen Leseaufwand gerade bei den Aktenauszügen der Assessorklausuren sollten diese einige Tage vorher ausgeteilt und von den AG-Teilnehmern zu Hause schriftlich skizziert werden. Aus dem Stand heraus lässt sich eine Assessorklausur nur schwer lösen. Um die Formalien zu Hause vertiefen zu können, empfiehlt es sich zudem, die Lösungen der Assessorklausuren gleich mitzukopieren und den AG-Partnern mit nach Hause zu geben. 133

Wichtiger Bestandteil der Examensvorbereitung ist ein regelmäßiges Klausurentraining. Zwar schreiben Sie am Landgericht Probeklausuren und in der Regel auch ein Probeexamen. Hier hängt aber viel von der Organisation am Landgericht ab. Nachteil der Klausuren am Landgericht ist, dass Ihnen im Regelfall keine aus- 134 formulierten Lösungsskizzen zur Verfügung gestellt werden, da es sich durchweg um Originalklausuren handelt, die unter „Verschluss" sind. Dies ist bedauerlich, kommt es doch mehr als im Ersten Examen auf die Darstellung an. Sollten an Ihrer Stammdienststelle nur wenige Klausuren angeboten werden, sollten Sie deshalb nicht zögern, einen kommerziellen Klausurenkurs mit Korrektur zu buchen. Dies ist etwas, was die AG nicht leisten kann. Sie sollten mindestens sechs Monate lang jede Woche eine Klausur schreiben, um über ausreichend Routine zu verfügen.

IX. Besonderheiten der AG zur mündlichen Prüfung

1. Allgemeines

135 Eine AG bietet sich auch zur Vorbereitung auf die mündliche Prüfung an. Wie bereits dargestellt, halten wir jede AG für ein ideales Training für die mündliche Prüfung. Wenn Sie also eine AG zur Vorbereitung auf die schriftlichen Prüfungen abgehalten haben, haben Sie das beste Training für die mündliche Prüfung bereits hinter sich. Sie können eine AG aber auch eigens dafür einsetzen, sich zielgerichtet auf die besondere Situation in der mündlichen Prüfung vorzubereiten.

136 Zunächst einmal sollte man sich vor Augen führen, worin die Unterschiede, aber auch, worin die Gemeinsamkeiten zwischen schriftlicher und mündlicher Prüfung liegen. Starten sollte man mit den Lerninhalten. Im Grundsatz gibt es zwischen schriftlicher und mündlicher Prüfung keinen Unterschied in Bezug auf den Prüfungsstoff. Deshalb geben die Landesausbildungsgesetze und Prüfungsordnungen in Bezug auf die mündliche Prüfung nicht viel her; in den meisten Fällen besteht sie zu gleichen Teilen aus den drei Fächern Zivilrecht, Strafrecht und Öffentlichem Recht. In einigen Ländern (z. B. Berlin, Brandenburg) kommt ein (z. B. zehnminütiger) Vortrag aus einem selbstgewählten Prüfungsgebiet hinzu, inklusive eines anschließenden (z. B. fünfminütigen) Vertiefungsgesprächs. In anderen Ländern gibt es einen weiteren (zum Teil gleichberechtigten) Prüfungsteil, das sog. Wahlfach (oder Wahlschwerpunkt), s. z. B. Hamburg, Schleswig-Holstein. Natürlich können Sie auch zum Wahlfach eine AG abhalten. Im Saarland und in Hamburg wird ausdrücklich darauf verwiesen,

IX. Besonderheiten der AG zur mündlichen Prüfung

dass zur mündlichen Prüfung auch das Verfahrensrecht bzw. sozialwissenschaftliche Prüfungsgegenstände gehören usw Es ist also auch hier ratsam, die Ausbildungsordnungen genau zu lesen und sich im Idealfall mindestens eine mündliche Prüfung als Gast einmal anzuhören.

Als zweites sollten Sie sich den Sinn und Zweck sowie den Ablauf der mündlichen Prüfung klar machen: Die mündliche Prüfung ist noch viel stärker als die schriftliche eine Verständnisprüfung, da es während der ca. 45 Minuten Prüfungszeit, die in der Regel auf einen Kandidaten entfallen, kaum möglich (und erwünscht) ist, Detailwissen abzufragen. Sie zeichnet sich durch einen gesprächsartigen Charakter aus, der sich durchaus an einer Falllösung orientieren, sich aber auch in einem allgemeinen Rechtsgespräch ausdrücken kann. Sie sollten unbedingt damit rechnen, dass man als Ergänzung und zur Abrundung neben den Strukturprinzipien und wichtigen Definitionen des allgemeinen Prüfungsstoffs rechtshistorische, rechtspolitische oder gesellschaftssoziologische Fragestellungen mit Ihnen erörtern möchte. Der vielzitierte Hinweis, vor der mündlichen Prüfung die sog. Prüfungsprotokolle zu lesen oder die Tagespresse zu verfolgen, ist dabei nicht falsch, hilft aber nur begrenzt weiter: Obwohl aktuelle tagespolitische Themen in der mündlichen Prüfung gerne als Aufhänger verwendet werden, geht es doch vielmehr darum, das Strukturwissen und Verständnis für rechtswissenschaftliche Themen sichtbar zu machen. Ein Prüfungsgespräch, welches mit einem tagesaktuellen Urteil bsw. zu den Islamistenprozessen beginnt, muss nicht unbedingt staatsgefährdende Gewalttaten abfragen wollen, sondern kann sich auch zu einem allgemeinen Rechtsgespräch über Ursachen der Radikalisierung und die völkerrechtliche „Rechtfertigung" von Kriegshandlungen entwickeln, in dessen Rahmen allgemeine strafrechtliche Themen der Abgrenzung von straflosen Vorbereitungshandlungen zu strafbaren Tathandlungen oder Fragen der Berücksichtigung kultureller Wertvorstellungen bei der Strafzumessung besprochen werden. Hier nützt es wenig, nur die politischen Entwicklungen in der Zeit zwischen schriftlicher und mündlicher Prüfung verfolgt zu haben. Genauso wenig nützt dies, wenn die Prüfungskommission statt aktueller Themen lieber die historische Entwicklung des Privatrechts besprechen möchte

137

Kapitel 2: Die Arbeitsgemeinschaft

und von Ihnen wissen will, wo sich im Schuldrecht Elemente des römischen Rechts wiederfinden, was Napoleon mit unserem BGB zu tun hat und wer eigentlich Thibaut und Savigny sind.

138 Was wollen wir damit sagen? Ein Blick über den Tellerrand sollte Jura-Studierenden ohnehin ein Anliegen sein; ohne ein originäres Interesse an den sog. Randgebieten wie Rechtspolitik, Rechtssoziologie und Rechtsgeschichte würden Sie sich nicht für Rechtswissenschaften interessieren. Falls doch, ist das für die mündliche Prüfung nicht schlimm, da diese Themen nur der Abrundung dienen. Aufholen oder gar Erlernen können Sie ein solches Interesse extra für die mündliche Prüfung nicht mehr. Sie können aber die Gesprächsatmosphäre und Prüfungssituation simulieren. In einer AG können Sie – über die reine Vorbereitung auf die schriftlichen Prüfungen hinaus – gezielt trainieren, mit anderen in einen rechtspolitischen und rechtswissenschaftlichen Dialog zu treten.

139 Wenn Sie die AG (nur oder nur noch) für die mündliche Prüfung abhalten: Führen Sie die AG wie vorher beschrieben fort. Statt eines Stunden- und Lehrplans sollte der AG-Leiter nach dem Zufallsprinzip jeweils ein übergreifendes Kapitel aus jedem Rechtsgebiet auswählen und Fälle lösen lassen. Reservieren Sie aber mindestens eine ganze Stunde für ein Hintergrundthema. Der AG-Leiter hat die Themenauswahl zu treffen und den gegenwärtigen Meinungsstand dazu zu sichten. Diskutieren Sie kontrovers, nur so lernen Sie, zu argumentieren. Der AG-Leiter darf die anderen auch zwingen, eine Position einzunehmen, die sie oder er in Wahrheit gar nicht vertritt. Justitia hält eine Waage.

2. Im Öffentlichen Recht

140 Besprechen Sie die Parlamentsbeteiligung bei Auslandseinsätzen der Bundeswehr oder bei Maßnahmen zum Euro-Rettungsschirm. Diskutieren Sie (geordnet!) über die Kompetenzen des internationalen Strafgerichtshofes. Lassen Sie sich im Detail darlegen, wann und warum die Parole "From the river to the sea" bei öffentlichen Versammlungen verboten bzw. erlaubt ist. Oft wird es übrigens kein "richtig" oder "falsch" geben, sondern lediglich überzeugendes Argumentieren und Abwägen. Nehmen Sie das föderale Gefüge der Bundesrepublik Deutschland anhand des Streits um die Führung von Strom-Trassen ins Visier. Entnehmen

IX. Besonderheiten der AG zur mündlichen Prüfung

Sie der Tageszeitung einen Artikel über das Anmieten einer Stadthalle durch a) eine verfassungsfeindliche Partei und b) eine von einer Vielzahl von Bürgerinitiativen getragene Pegida-Bewegung und ordnen beides in das Kommunalrecht ein. Fragen Sie Ihre Kollegen, was die gegenwärtige EU-Wettbewerbskommissarin sicherstellen soll (und, oh ja, wie sie heißt!). Nehmen Sie die letzte Landtagswahl zum Anlass, über das Parteien- und Wahlsystem zu sprechen. Sehen Sie sich die Privatisierungsvorschriften des GG an. Viele Studenten kennen kein Leben mehr ohne private Telekommunikationsunternehmen, Post oder Bahn. Umgekehrt sind viele Prüfer aber noch aufgewachsen mit der Abteilung Fernmeldedienst der Deutschen Bundespost.

Es ist auch nicht unzumutbar, seine AG-Kollegen zu fragen, wer gerade Justizminister ist und welche Reformprojekte er bzw. die Regierung anstrebt. Welche Rechtsnatur haben Koalitionsverträge? Was ist der Unterschied zwischen einem Staatenbund und einem Bundesstaat? Warum ist das Misstrauensvotum konstruktiv und wo ist der Länderfinanzausgleich geregelt? Warum halten wir am Föderalismus fest und welches Verhältnis pflegen EuGH und BVerfG? Fragen Sie Ihre AG-Partner, auf welches Grundrecht sich „Scientology" (nicht?) berufen kann, und kommen Sie allgemein auf Fragen des Grundrechtsschutzes zu sprechen. Vielleicht entspinnt sich eine Diskussion über die Präimplantationsdiagnostik und das Embryonenschutzgesetz. Und immer wieder informationelle Selbstbestimmung. Befragen Sie mal Ihre Facebook-Freunde unter den AG-Partnern zu den Safe-Harbour-Urteilen des EuGH. Der Weg zur Vorratsdatenspeicherung ist dann auch nicht mehr weit.

Fragen Sie Ihre Leute konkret, wer in der großen Kreisstadt untere Baubehörde ist und lassen Sie sie dies notfalls nachschlagen. Verwenden Sie ein wenig Zeit, sich mit der Revolution von 1848 oder der verfassungsgebenden Versammlung 1948 auseinanderzusetzen, schaden kann es nicht. Geschichtliche Kenntnisse dienen meist allein der Verbesserung des Kandidaten. Es fällt selten negativ ins Gewicht, wenn man nicht weiß, was die Stein'schen Reformen waren. Wenn Sie in der AG aber – abseits des Pflichtstoffs – mal darüber gesprochen haben, hilft dies natürlich – und es macht Spaß. Hin und wieder stößt man auch auf bemerkenswert gut aufbereitete Zusammenfassungen wie z. B. *Ennuschat/ Pranges*, Rechtsgeschichte für die mündliche Prüfung, JA 1995, 47 ff.

3. Im Strafrecht

142 Sinngemäß gelten die Ausführungen oben auch für das Strafrecht. Mehr noch als aktuelle Entwicklungen z. B. zum Strafmaßverhältnis zwischen Personen- und Vermögensdelikten oder zur Sicherheitsverwahrung werden in der mündlichen Prüfung Grundprinzipien der Strafrechtsordnung abgefragt. Diskutieren Sie in der AG ausführlich die Prinzipien „nulla poena sine lege", den Sinn und Zweck von Strafe, die Unschuldsvermutung. Gerade letztere kann durchaus an aktuellen Fällen aufgehängt sein, z. B. anhand des Freispruchs im Braunschweiger "McCann"-Fall oder – immer noch - des „Kachelmann"-Prozesses. Wie grenzt sich das öffentliche Interesse an Berichterstattung von der Unschuldsvermutung ab (s. wiederum "McCann")? Kennen Sie Beispiele, wie andere Staaten damit umgehen (z. B. die USA)? Wie geht man mit sog. "Reichsbürgern" um? Wo beginnt die Grenze zwischen zivilem Ungehorsam und strafbarem Verhalten (Stichwort "Letzte Generation")? Darf der Staat sog. "deals" mit Klan-Kriminellen eingehen, um erbeutete Goldmünzen gegen Strafminderung zurückzubekommen? Welche Argumente sprechen für die Einführung eines Unternehmensstrafrechts? Auch hier gibt es selten „richtig" oder „falsch", stattdessen Stoff, um in der erforderlichen Kürze die wesentlichen Stichpunkte unterzubringen. Zu mehr ist in der mündlichen Prüfung ohnehin keine Zeit!

143 Sprechen Sie über den europäischen Haftbefehl und fragen Sie Ihre Kameraden, unter welchen Voraussetzungen holländische Strafzettel in Deutschland vollstreckt werden dürfen. Fragen Sie ruhig hin und wieder Definitionen und Abgrenzungen (z. B. Trickdiebstahl vom Betrug) ab. Lesen Sie als AG-Leiter aus der „Peinlichen Halsgerichtsordnung Karls des V." vor und fragen Sie sich gemeinsam, was daran „peinlich" ist. Entdecken Sie Gemeinsamkeiten zum StGB, etwa zum Delikt der Kindstötung oder zur Fischwilderei, und erörtern Sie die Unterschiede in der Art der Bestrafung im Vergleich zu heute. All das kann Ihnen auch

IX. Besonderheiten der AG zur mündlichen Prüfung

in der mündlichen Prüfung passieren, sodass es gilt, auch auf Unerwartetes vorbereitet zu sein.

4. Im Zivilrecht

Das Zivilrecht eignet sich am ehesten, mit der bekannten Falllösungstechnik aufzuwarten. Das ist für eine AG zur mündlichen Prüfung aufgrund der unendlichen Vielzahl eine Herausforderung. Letztlich können Sie natürlich die in der AG zur schriftlichen Prüfung erarbeiteten Fälle schlicht wiederholen (wenn Sie nur für die mündliche Prüfung eine AG organisieren wollen, s.o. die Kapitel zur schriftlichen Prüfung). Aber auch im Zivilrecht gibt es allgemeine Rechtsprinzipien, die Sie kennen sollten. Besondere Schutzrechte sind Klassiker (z. B. für Minderjährige, Verbraucher, private Mieter, Arbeitnehmer), so dass Sie die Gründe dafür kennen und in der AG besprechen sollten. 144

Auch im Zivilrecht gibt es Nebengebiete, die sich manchem Prüfer anbieten, um einen etwas unbekannteren Einstieg zu wählen: Was ist mit Fällen, die verschiedene Rechtsordnungen berühren (IPR)? Hat der deutsche Familienrichter Grundsätze islamischen Rechts zu beachten? Warum gelten für Kaufleute abweichende Regelungen beim Kaufvertrag (welche?)? Quälen Sie ihre Kommilitonen mit handfester Arbeit am Gesetz: Viele Prüfer lieben es, ihre (absolut zumutbaren und im Prüfungsumfang enthaltenen) Fälle auch anhand vollkommen abseitiger Normen einzuleiten. Nicht erschrecken, wenn sich eine Frage zum allgemeinen Teil des BGB erst aus einem Fall ergibt, für den man die Vorschriften des Badischen Amtsnotariats gefunden (nicht: gekannt!) haben muss. 145

Und letztendlich gilt auch hier: Die Lektüre eines Kurzlehrbuchs zur Privatrechtsgeschichte kann ein echter Genuss sein und bietet Kapitel für Kapitel ausreichend Stoff für ein bis zwei abrundende Fragen. Fragen aus dem Römischen Recht sind in letzter Zeit im Vergleich zu früheren Jahren hingegen deutlich seltener zu beobachten. 146

Insgesamt gilt: Sie haben mit einer AG für die mündliche Prüfung mit Sicherheit schon mal mehr getan als bei jeder anderen Vorbereitungsart: Sie erlernen das Argumentieren und den Umgang mit allgemeinen rechtswissenschaftlichen Themen. Argumentie- 147 ren und Abwägen ist gefragt, das wollen die Prüfer sehen (oder vielmehr: hören). Wir wagen die These, dass Sie mit einer AG auch mehr tun als die weit überwiegende Mehrzahl Ihrer Kommilitonen.

148 Aus der Erfahrung als Prüfer nehmen wir es uns heraus, abschließend auf den einfachsten und ältesten Grundsatz vor einer mündlichen Prüfung hinzuweisen: Hören Sie spätestens zwei Tage vor der Prüfung auf, sich mit Jura zu beschäftigen. Die Gefahr der Überlagerung von Strukturwissen durch Einzelwissen (durch ein aktives und angeregtes Kurzzeitgedächtnis) ist gerade hier sehr hoch – und der messbare Ertrag einer Vorbereitung bis kurz vor Ultimo gleich null. Glauben Sie es uns. Entspannung und Sport bringt deutlich mehr. Sie können doch schon alles.

X. Zusammenfassung

149 Der Projektablauf Ihrer Examens-AG besteht aus vier Schritten: Nachdem Sie sich aus nahe liegenden Gründen für die Vorbereitungsform der privaten Arbeitsgemeinschaft entschieden haben, gilt es zunächst, Ihre Examens-AG zu gründen und die ihr innewohnenden Regeln in Erfolg versprechender Weise zu etablieren. Danach ist viel Sorgfalt auf die Erstellung des Lernplans zu verwenden, ein Schritt, der Sie schon erheblich weiterbringt als die meisten Ihrer Kollegen, die sich auf eine weniger aktive Art auf das Examen vorbereiten möchten. Danach sind bestimmte Dinge für die Durchführung der AG selbst zu beachten und schließlich haben Sie das gesamte Projekt durch gezielte und bewusste Problemprävention auf Kurs zu halten.

Bei der richtigen Wahl des AG-Typs empfehlen wir die anwendende AG, in der Fälle gelöst werden, da sich diese Art der AG am ehesten am Anforderungsprofil des Examens orientiert.

Wir behaupten, dass es keine Schwierigkeiten bereiten dürfte, AG-Partner zu finden, solange man einige Grundregeln beachtet und die **Initiative** ergreift. Setzen Sie sich ein gemeinsames Ziel, definieren Sie einen Rahmen mit Spielregeln und machen Sie sich klar, dass Sie miteinander **arbeiten** wollen – nicht mehr, aber eben auch nicht weniger.

X. Zusammenfassung

Wenn wir von Spielregeln sprechen, so ist damit ein wenig mehr gemeint: Wir haben die Erfahrung gemacht, dass ein wichtiger Bestandteil der privaten Arbeitsgemeinschaft die gemeinsame Festlegung auf verbindliche, von allen anerkannte Arbeitsabläufe bedeutet, also durchaus im Rahmen eines sozialen, nicht juristischen Vertrags. Das klingt übertrieben, bewahrt aber vor Missverständnissen und macht den Ernst der jeweiligen Absicht deutlich. Außerdem regelt solch ein AG-Vertrag die praktischen Dinge wie die Häufigkeit der Sitzungen, deren Anzahl und die Rechte und Pflichten von Teilnehmern und AG-Leiter.

Davon zu unterscheiden ist der AG-Plan, der maßgeschneidert zum gewählten Vorbereitungskonzept passt und eine erste Auseinandersetzung mit dem im Examen erwarteten Stoff verlangt. Entscheiden Sie gemeinsam anhand Ihres Lernstils, wie Sie die Verbindung von Vollständigkeit des Lernstoffs und dem Prinzip der Falllösung verwirklichen können, indem Sie die Anzahl der AG-Stunden auf den Lernstoff verteilen und anschließend die einzelnen AG-Stunden organisieren. Beachten Sie dabei auch praktische Dinge, etwa wo die einzelnen AG-Sitzungen stattfinden sollen, wann für wie lange Urlaub eingelegt werden soll und wie der wichtige Klausurenkurs an der Uni zeitlich untergebracht werden soll. Der wichtigste Erfolg bei der Erstellung Ihres Lernplans ist die Erkenntnis, dass der Lernstoff endlich ist und sich tatsächlich in überschaubare Größen einteilen lässt. Außerdem haben Sie dadurch bereits einen ersten Überblick gewonnen. Es wird nicht mehr passieren, dass Sie sich im Stoff „verloren" fühlen.

Vor der AG-Sitzung ist zu beachten, dass der Stoff möglichst bereits Wochen vorher vorbereitet wurde und nicht noch im Kurzzeitgedächtnis gespeichert ist. Daher beginnt die Vorbereitungsphase idealerweise lange vor der ersten Sitzung. Nur dann erfüllt die AG-Sitzung ihren doppelten Zweck als examensnahe (weil anwendende) Lernkontrolle und erste Wiederholung. Als AG-Leiter müssen Sie vor allem die Sorge ignorieren, etwas zu vergessen. Wir versichern Ihnen, dass das bei gut vorbereiteten Teilnehmern nicht passieren kann, ohne dass es in der Sitzung zur Sprache kommt. Genauso wichtig ist, dass Sie lernen, das Gespräch konstruktiv zu lenken – auch und gerade, wenn Sie sich dabei gegen andere durchsetzen müssen. Im Laufe der Vor-

Kapitel 2: Die Arbeitsgemeinschaft

bereitungszeit sollten Sie die Anforderungen an die Qualität der Antworten und Falllösungen erhöhen. Werden Sie kritischer mit Ihren Kameraden, erhöhen Sie langsam das Niveau der besprochenen Fälle und achten Sie verstärkt auf Strukturdenken statt auf Einzelwissen, ohne natürlich die wichtigen Definitionen zu vernachlässigen. Man kann es nicht oft genug wiederholen: Bereiten Sie die AG-Sitzung unbedingt nach – vor allem die Fälle, mit denen Sie Mühe hatten!

In regelmäßigen Abständen ist ein Feedback-Gespräch abzuhalten, um das Projekt auf Kurs zu halten. Machen Sie sich vorher klar, dass es in einer derart belastenden Situation der Examensvorbereitung immer wieder zu Konfliktsituationen kommen kann, die im Übrigen nicht unbedingt AG-spezifisch sein müssen. Bereiten Sie sich darauf vor, konstruktiv mit anderen streiten zu müssen – eine bessere Vorbereitung auf das Berufsleben gibt es kaum. Hinterfragen Sie Ihr eigenes Verhalten anderen gegenüber und räumen Sie damit mögliche Konflikte schon im Vorfeld aus dem Weg. Bei Motivationsproblemen gibt es immer einen, der helfen kann, weil er sich gerade noch oder schon wieder in einer Phase der Zuversicht befindet. Bei Versagensängsten haben Sie die direkte Kontrolle darüber, dass sie entweder unbegründet sind oder dass Sie zumindest nicht alleine damit dastehen. In der AG fällt es dann viel leichter, etwas an der gemeinsamen Vorbereitung zu ändern. Auch Leistungsunterschiede sind in der AG besser aufgehoben als bei jeder anderen Art der Vorbereitung, da der vermeintlich „Bessere" es dem „Schlechteren" so erklären können muss, dass der „Schlechte" sich danach auf dem gleichen Niveau befindet wie der „Bessere". Gegenseitige Hilfe und institutionalisierte Feedback-Gespräche sind die Schlüssel zum Erfolg in der Gruppe.

Kapitel 3: Lernen und Wiederholen

	Rn
I. Was Sie am Ende dieses Kapitels erreicht haben	150
II. Die Lernphasen	153
1. Die Lernphasen	153
2. Die Funktionsweise des Gehirns	158
3. Die Funktionsweise des Gedächtnisses	160
4. Effektivität und Effizienz	161
III. Der Lernalltag	164
1. Zeitliche Rahmenbedingungen	164
2. Örtliche Rahmenbedingungen	170
IV. Lernmethoden	174
1. Allgemeines	174
2. SQ3R Active Reading	177
3. Richtig markieren	178
4. Loci Methode	180
5. Karteikarten und Skripten selbst erstellen	181
6. Fälle lösen	182
7. Allgemeines Gedächtnistraining	183
8. Randnummernmethode/Fragen formulieren	184
V. Effektives Wiederholen	185
1. Wiederholungsmethoden	187
2. Wiederholungszyklen	189
VI. Pausen und Entspannungsmethoden (mit praktischen Übungen)	192
1. Lernerfolg durch Pausen	192
2. Pausengestaltung und Erholungstechniken (mit praktischen Übungen)	196
VII. Der Einsatz digitaler Hilfsmittel	198
VIII. Zusammenfassung	199

I. Was Sie am Ende dieses Kapitels erreicht haben

Warum soll ich noch ein Kapitel über Lernen und Wiederholen lesen, werden Sie sich vielleicht fragen? Es ist Ihnen wahrscheinlich schon länger bewusst, dass Lernen und Wiederholen entscheidende Aspekte Ihrer akademischen Laufbahn waren. Das Abitur lief prima nebenher, das Jurastudium bisher auch und

Kapitel 3: Lernen und Wiederholen

außerdem gibt es so viel Literatur zu dem Thema, das man dieses Kapitel leicht überspringen kann. Welchen Mehrwert bietet Ihnen dieses Kapitel?

Wir bieten Ihnen verschiedene Tools an, aus denen Sie Ihr maßgeschneidertes Lern- und Wiederholungsprogramm zusammenstellen können. Außerdem werden wir Sie davon überzeugen, dass Sie jetzt vor einer neuen Herausforderung, dem Ersten Staatsexamen, stehen, bei dem Sie das optimale Ergebnis erzielen, wenn Sie mit der auf Sie abgestimmten, effektivsten Lernmethodik arbeiten. Dieses Kapitel ist keine grundsätzliche umfassende Abhandlung über das Lernen, sondern es wird die allgemeinen Inhalte juraspezifisch und praxisnah auf die Vorbereitung für das Erste Examen anwenden.

151 Bevor wir zu den Einflussfaktoren ihres Lernerfolgs (Methoden sowie örtliche und zeitliche Rahmenbedingungen) kommen, erklären wir kurz die unter den Einflussfaktoren liegende Basis – den Lernprozess, die Funktionsweise des Gehirns und den Grundsatz der Effektivität. Am Ende dieses Kapitels haben Sie folgendes erreicht:

- Sie bekommen ein grundsätzliches Verständnis, wie das menschliche Gehirn arbeitet.
- Sie haben den Unterschied zwischen Effektivität und Effizienz beim Lernen und Wiederholen kennengelernt.
- Sie sind im Besitz einer Toolbox, wie Sie sich ihr Lernen und Wiederholen bezüglich zeitlicher, örtlicher und methodischer Aspekte organisieren können.
- Sie haben ein persönlich abgestimmtes Lern- und Wiederholungsprogramm aufgestellt und vertrauen darauf.

Abbildung 14

Faktoren des Lern- und Wiederholungserfolgs

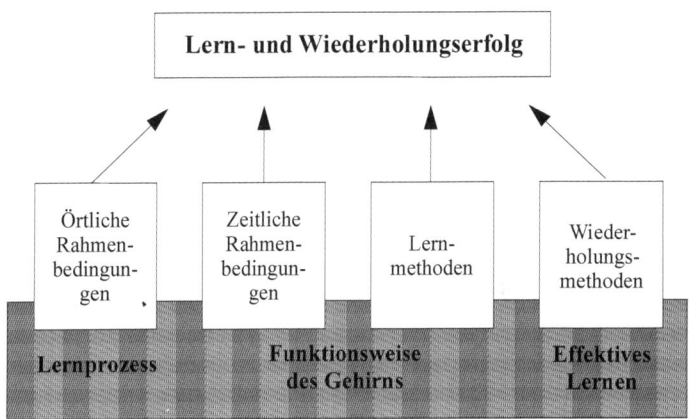

II. Die Lernphasen

1. Die Lernphasen

Wir definieren Lernen als das Einüben und Anwenden von Techniken. Dies geschieht in drei aufeinander aufbauenden Phasen. Die erste Phase, die „Input-Phase", kann als „Erwerben von Kenntnissen" (z. B. Bücher lesen), die zweite Phase, die „Verknüpfungs-Phase", als „Erwerb von Fähigkeiten" (z. B. kleinere Fälle aktiv lösen) und die dritte Phase, die „Anwendungs-Phase", als „Erwerben von Fertigkeiten" (Übertragen von Strukturprinzipien auf andere Rechtsgebiete) bezeichnet werden.

In der ersten Phase müssen die Kenntnisse erworben werden – Sie füttern ihr Gehirn mit Wissen. Dies geschieht durch das Lesen eines Buches, das Zuhören in einer Vorlesung oder das Pauken von Vokabelkärtchen.

In der zweiten Phase werden die Kenntnisse mit sogenannten Fähigkeiten angereichert, dh Sie verknüpfen Ihre Kenntnisse mit der praktischen Umsetzung und reflektieren über theoretische Grundsätze. Sie lösen überschaubare Sachverhalte, z. B. kleine PdW-Fälle, und wundern sich über Sonderfälle und Abweichungen.

▶ **Beispiel:** Sie haben im Arbeitsrecht gerade die Grundsätze des faktischen Arbeitsverhältnisses gelernt und wenden diese Grundsätze auf einen kleinen Fall an, den Sie mit den dazu erlernten Regeln zu lösen im Stande sind. Sie wissen also nicht nur, was die Grundsätze des faktischen Arbeitsverhältnisses sind, und dass das BAG sie in ständiger Rechtsprechung anwendet, sondern Sie können mit diesem Wissen ein praktisches Fällchen aus dem Arbeitsrecht **lösen**, das heißt, einer vertretbaren Lösung zuführen, ein **Ergebnis** präsentieren. Gleichzeitig wird im Idealfall ein kleines Aha-Erlebnis stattfinden (vorausgesetzt, Sie haben die erste Phase nicht nur im Arbeitsrecht schon hinter sich, sondern auch im Gesellschaftsrecht): Ihnen wird die Anwendung der Grundsätze über das faktische Arbeitsverhältnis bekannt vorkommen und zwar aus dem Gesellschaftsrecht. Ihnen wird auffallen, dass die Grundsätze dieselben sind wie beim fehlerhaften Gesellschaftsvertrag – und diese Erkenntnis ist ganz wichtig. ◀

156 Schließlich werden Ihre Fähigkeiten durch regelmäßiges Training zu Fertigkeiten, dh Sie sind in der Lage, diese ggf. auch auf neue Rechtsgebiete zu übertragen. Sie erkennen Verbindungen zwischen tragenden Strukturprinzipien und können diese in Examensfällen anwenden. Ziel einer Examensvorbereitung muss sein, diese Phase in möglichst allen Rechtsgebieten erreicht zu haben, wenn die schriftlichen Klausuren beginnen.

Für die Organisation Ihrer Examensvorbereitung bedeutet dies, dass es nicht reicht, nur auswendig zu lernen oder nur Fälle zu lösen. Sie müssen für jedes Rechtsgebiet reflektieren, in welcher Phase Sie sich befinden, und Ihr Training entsprechend gestalten.

157 Damit Sie dazu in der Lage sind, hier noch ein paar Verständnisfragen (Auflösung unter Rn. 233):

Abbildung 15

Bitte ordnen Sie die folgenden Aussagen der entsprechenden Lernphase zu:	Phase		
	1	2	3
A. Sie lösen in der Arbeitsgruppe einen Examensfall.			

B. Sie hören sich eine Vorlesung an der Universität bzw. beim Repetitor an.			
C. Sie erarbeiten für Ihre Arbeitsgruppe einen Fall zu einer kleinen Lerneinheit.			
D. Sie schreiben die Definition von Körperverletzung auf eine Karteikarte.			
E. Sie treffen sich zu einer Sitzung der Arbeitsgruppe zur Lösung von PdW-Fällen.			
F. Sie sehen sich ein Lernvideo zum Sachenrecht an.			

2. Die Funktionsweise des Gehirns

Das Gehirn ist ein Wunder der Natur, keine Frage. Auch nach vielen Jahren Forschung ist seine Funktionsweise noch nicht endgültig geklärt. In Hinsicht auf die Aufnahme, das Verarbeiten und das Speichern von Informationen gibt es aber schon Erkenntnisse, die Sie sich beim Lernen und Wiederholen zunutze machen sollten.

158

Die Informationen gelangen über die Sinnesorgane in unser Gehirn. Die Mehrzahl über das Auge (ca. 10 Mio. bit/s), der Rest über das Ohr (ca. 1 Mio. bit/s), die Hände und die Haut (ca. 0,4 Mio. bit/s) und über sonstige Kanäle (ca. 5000 bit/s). Um dieser Informationsflut Herr zu werden, hat das Gehirn verschiedene Filter aufgebaut. Nur die Informationen, die durch die Filter durchkommen, werden vom Gehirn behalten und im Kurzzeitgedächtnis gespeichert.

Von der Aufnahmekapazität der Sinnesorgane strikt zu trennen ist aber, wie viele der aufgenommenen Informationen behalten werden. Je aktiver wir die Informationen aufnehmen, desto höher ist unser Lernerfolg. Wie in der Abbildung zu sehen, ist die Wahrscheinlichkeit des Behaltens beim Zuhören weniger als ein Viertel im Vergleich zum „Selbstmachen".

159

Kapitel 3: Lernen und Wiederholen

Abbildung 16

Wahrscheinlichkeit des Behaltens von aufgenommen Informationen

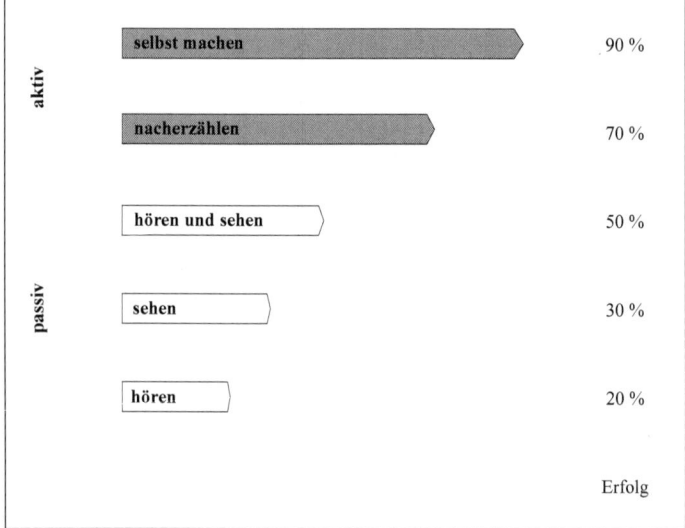

Aus dieser Tabelle folgen zwei weitere wichtige Aspekte. Zum einen, dass Sie versuchen sollten, möglichst viele verschiedene Kanäle bei der Aufnahme zu aktivieren. High-Performer können dies grundsätzlich überdurchschnittlich gut.

Zum anderen steht das im starken Widerspruch zu der von juristischen Fakultäten implizit propagierten „Mär vom auditiven Lernen" (vgl. Rn. 27). Im Unterschied zu den meisten anderen Studiengängen basiert die juristische Ausbildung offiziell noch auf der Wissensvermittlung durch universitäre Vorlesungen und Repetitorien. Die Wahrscheinlichkeit, die präsentierten Informationen zu behalten, liegt für Referenten bei 70 %, bei den Zuhörern aber nur bei 20 %. In dem Fall, dass Sie kein auditiver Lerntyp sind, sollten Sie es sich überlegen, ob Zuhören eine geeignete Art der Informationsaufnahme ist, um sich auf das Examen vorzubereiten.

II. Die Lernphasen

Durch diese Erkenntnisse im Bereich der Gehirnforschung ist die Idee der Vorlesung überholt, seit Gutenberg (um 1450) den Buchdruck erfunden hat und Bücher für alle bezahlbar geworden sind. Auch wenn mehr als 80 % der Jurastudenten ein Repetitorium zur Examensvorbereitung besuchen und der überwiegende Teil des Restes examensrelevante Vorlesungen besucht, sollten Sie sich sehr genau überlegen, ob Ihnen das wirklich hilft.

Unabhängig vom Lernstil haben Studien gezeigt, dass das aktive intensive Bearbeiten von Lernstoff deutlich wirksamer ist als passives Zuhören.

3. Die Funktionsweise des Gedächtnisses

Sobald die Information die Filter Ihres Gehirns einmal überwunden hat, wird Sie im Kurzzeitgedächtnis abgespeichert. Wollen Sie diese Informationen langfristig bzw. bis zu lebenslang parat haben, müssen Sie diese ständig wachhalten, also damit arbeiten, um einen zweiten Filter zu überwinden. Dann sind die Informationen im Langzeitgedächtnis abgespeichert. Generell können Sie die Überwindung der Filter des Gehirns unterstützen, wenn Sie die Informationen speziell hervorheben, z. B. durch Interesse und andere Emotionen, durch Lernaktivitäten/Wiederholen oder durch Assoziationen. 160

4. Effektivität und Effizienz

Wie oben aufgezeigt, gibt es offensichtlich einen Widerspruch zwischen den Aufnahmekapazitäten der Sinnesorgane und der „Durchschlagskraft der einzelnen Sinnesorgane in Bezug auf die aufgenommenen Informationen. Dies ist ein Beispiel für den Unterschied zwischen Effektivität und Effizienz. 161

Effizient handelt der, der die Sache, die er macht, auf die richtige Art und Weise tut (z. B. Informationen liest, da das Auge die größte Aufnahmekapazität hat), effektiv der, der die richtige Sache macht (z. B. sich die Informationen ins Gehirn holt, da man dabei viel behält). Häufig treffen wir diese Unterscheidung in der Wirtschaft an. Ein Produzent von CDs/DVDs kann noch so günstig („effizient") produzieren, er wird doch heutzutage außerhalb kleiner Nischen nicht mehr mit den Streaminganbietern konkurrieren können, die das Produkt herstellen, das der Markt wirklich nachfragt, und daher effektiv produzieren.

162 Im Hinblick auf das Lernen und Wiederholen für das Erste Staatsexamen sollten Sie sich daher zuerst fragen, wie organisiere ich meine Vorbereitung effektiv (oder wollen Sie nicht „das Richtige" lernen?), bevor Sie sich überlegen, wie Ihnen dieses möglichst effizient gelingt. Daher sollten Sie nicht nur analysieren, in welcher der drei Lernphasen Sie sich befinden, um möglichst effektiv die nächste Phase zu erreichen, sondern auch herausfinden, wie Sie persönlich die Filter im Gehirn am besten überwinden und danach das für Sie optimale Programm zusammenstellen.

▶ Der Unterschied zwischen Effektivität und Effizienz (abstrakt):
Effektivität: „Ich tue **das Richtige**."
Effizienz: „Ich tue es **richtig**."
Ziel: Herausfinden, was das Richtige ist, und dieses dann richtig tun. ◀

163 Effektives Lernen kann in diesem Zusammenhang uU kurzfristig mit mehr Aufwand verbunden sein, aber langfristig werden Sie einen geringeren Gesamtaufwand betreiben müssen. Langfristiges, strategisches Planen fällt uns oft schwer, weil die Erfolgskontrolle nicht sofort erfolgt. Es erfordert daher viel Selbstbewusstsein und Vertrauen in die angewandte Methodik, was sich aber im Erfolgsfall sehr auszahlt. Die von uns beschriebenen Tools basieren auf effektivem Lernen, mit dem viele Studenten das Erste Examen schon erfolgreich absolviert haben! Vertrauen Sie der Methode und sich selbst. Sie werden mindestens genauso erfolgreich sein!

III. Der Lernalltag

1. Zeitliche Rahmenbedingungen

164 Ein entscheidender Erfolgsfaktor ist die effektive Gestaltung der zeitlichen Rahmenbedingungen. Sie wird maßgeblich von drei Faktoren gesteuert: Dem **Arbeitseinsatz**, den man zu leisten bereit ist, dem eigenen **Biorhythmus**, der die Arbeitsleistung physisch beeinflusst, und dem **Selbstmanagement**, welches Sie zur Organisation und Zielerreichung benötigen. Bevor Sie diesbezüglich großartige Vorsätze fassen, sollten Sie sich Ihre neue Situation vergegenwärtigen. Es besteht in der Regel ein wesentlicher Unter-

III. Der Lernalltag

schied zwischen den ersten fünf Semestern des Jurastudiums und der Vorbereitungszeit auf das Erste Staatsexamen. Dieser Unterschied manifestiert sich vor allem im Zeitaufwand, den Sie pro Woche für ihr Jurastudium ab jetzt benötigen werden. Er wird steigen.

Dies sollte Sie nicht abschrecken; schließlich verändern sich auch Ihre Prioritäten. Diese Prüfung ist möglicherweise die eine entscheidende Prüfung in Ihrem Leben. Sie sind es sich selbst schuldig, diese erfolgreich abzuschließen. Und genau daraus sollten Sie die Bereitschaft für Ihren Einsatz ableiten. Je mehr Sie sich dieser Situation bewusst sind, desto leichter wird Ihnen dies fallen. Lösen Sie sich auch von der Angst, die diese Tatsache evtl. in Ihnen hervorruft. Vergessen Sie nicht, dass die Angst oft von denen geschürt wird, denen sie am meisten nützt. Auch wenn die Durchfallquote hoch ist, so haben doch schon mehr Jurastudenten dieses Examen bestanden als durchgefallen sind. Und mithilfe dieses Buches werden Sie zu denen gehören, die das Examen erfolgreich bestehen.

Es ist nur dann sinnvoll, damit zu beginnen, sich auf das Erste Examen vorzubereiten, wenn Sie tatsächlich bereit sind, bis zum Examen einen großen Teil Ihrer Zeit mit Jura zu verbringen. Der Faktor der Freizeitgleichung, den Sie am besten beeinflussen können, ist die Zeit, die Sie zur Erfüllung Ihres Lernzieles benötigen. Je effektiver Sie lernen, desto mehr Freizeit werden Sie haben bei Erreichung desselben Ziels. Es ist allerdings auch klar, dass diverse Freizeitbeschäftigungen bis zum erfolgreichen Abschluss Ihres Examens zurückstehen müssen.

Abbildung 17 165

Die Freizeitgleichung in der Examensvorbereitung

| Freizeit | = | 1 Tag (24h) | - | Essenzielle Tätigkeiten (schlafen, essen, duschen etc.) | - | Zeit zur Erfüllung des Lernziels |

Kapitel 3: Lernen und Wiederholen

166 Eine Möglichkeit, seinen Tag besser selbst zu managen, wird vielfach von Top-Managern angewandt: das Eisenhower-Prinzip. Nehmen Sie sich ein Blatt Papier und teilen Sie es entsprechend der unten stehenden Abbildung ein. Dann lehnen Sie sich zurück, überlegen, was Ihnen wichtig ist, was dringend, was nicht so wichtig, was nicht so dringend ist und tragen es in die entsprechenden Felder ein. Unwichtige, nicht dringliche Sachen, können Sie getrost unter den Tisch fallen lassen. Diese werden Sie nicht vermissen. Ähnlich sollten Sie mit unwichtigen Sachen verfahren, die Ihnen dringlich erscheinen. Warum wertvolle Zeit auf etwas verwenden, das Ihnen nicht wichtig ist? Setzen Sie dann die wichtigen und dringlichen Angelegenheiten ganz oben auf Ihre Prioritätenliste. Für diese ist jede Minute sinnvoll investiert.

Behalten Sie auch die wichtigen, nicht so dringlichen Sachen im Auge und erledigen Sie diese, bevor Sie dringlich werden. Dadurch nehmen Sie den Stress aus Ihrer Zeitplanung. Dieses Prinzip kann Ihnen nicht nur in dieser Situation helfen, sondern ist flexibel anwendbar, Ihr ganzes Leben lang.

Abbildung 18

Das Eisenhower-Prinzip

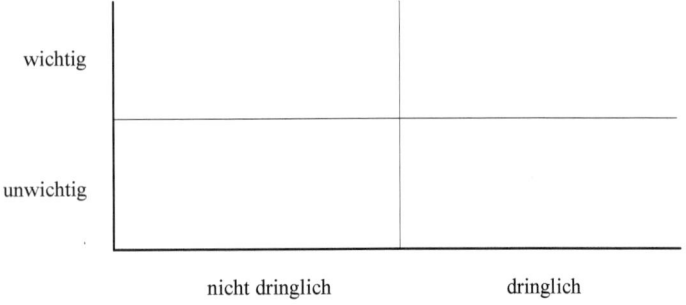

167 Als nächstes sollten Sie sich mit Ihrem Biorhythmus auseinandersetzen. Wie gestalten Sie Ihre Tage am liebsten, stehen Sie lieber

III. Der Lernalltag

früh auf oder spät, wann sind Sie am produktivsten? Jeder hat seine Vorlieben. Warum sollten Sie diese nicht zu Ihrem Vorteil ausnutzen? Entscheidend für die erfolgreiche Gestaltung der Examensvorbereitung ist, dass Sie sich nicht unnötig quälen. Es widerspricht dem Prinzip der Effektivität, nach dem Mittagessen eine Lerneinheit anzusetzen, wenn Sie da einen „Powernap" bevorzugen, um frische Energien zu schöpfen (s. Rn. 200). Genauso sollten Sie die ungeliebten Aufgaben dann erledigen, wenn Sie am produktivsten sind. Es geht viel schneller vorbei!

Horchen Sie in sich hinein und entscheiden Sie:
- Wann bin ich am produktivsten?
- Stehe ich lieber früh oder spät auf?
- Lerne ich gerne abends?
- Wann habe ich ein Leistungstief (morgens, mittags, abends)?
- Schlafe ich auch nach einer intensiven Lerneinheit sofort ein oder brauche ich Zeit, mich zu entspannen?

Wenn Sie es nicht wissen, probieren Sie es einfach aus!

Nachfolgend finden Sie eine mögliche zeitliche Gestaltung Ihrer Lernwoche. Die „Tageslänge" sollte nicht abschrecken. Zum einen haben Sie sich mit Ihrer neuen Situation auseinandergesetzt, zum anderen sind viele Pausen eingebaut. Warum Sie diese machen sollten und wie Sie diese gestalten können, dazu kommen wir am Ende des Kapitels. Deutlich sollte Ihnen aber werden, dass sechs bis acht Stunden netto Lernzeit nur während eines Arbeitstages mit zehn bis zwölf Stunden erreicht werden können.

168

Abbildung 19

Zeit	Mo	Di	Mi	Do	Fr	Sa
8–9	AG-Stunde 10:	Vorbereitung AG-Stunde 14: Betrug (2)	Uni-Rep	AG-Stunde 11: SAT	Vorbereitung AG-Stunde 15:	Examensklausurenkurs
9–10						
10–11	StrBT (3) Betrug		Nachbereitung			
11–12						
12–13	Mittagspause	Mittagspause	Mittagspause	Mittagspause	Mittagspause	
13–14						
14–15	Nachbereitung	Fortsetzung Vorbereitung	Uni-Sport	Nachbereitung	Fortsetzung Vorbereitung	
15–16	Uni-Rep			Wiederholung		
16–17				Wiederholung		
17–18	Pause	Pause	Pause	Pause	Pause	
18–19	Wiederholung	Vorbereitung AG-Stunde	Klausur lösen (nur Skizze)	Rückgabe/ Besprechung Examensklausurenkurs	Wiederholung	
19–20	Wiederholung	Vorbereitung AG-Stunde			Wiederholung	

169 Bei der Erstellung eines solchen zeitlichen Rahmenplanes sollten Sie neben Ihrem Biorhythmus und Ihren persönlichen Vorlieben auch Dauer der Lerneinheiten, das von Universität bzw. Repetitor angebotene Programm bzw. AG-Termine, etc. berücksichtigen. Je schneller Sie es schaffen, Ihren Arbeitsrhythmus zu finden, desto leichter werden Sie sich an die neue Situation gewöhnen.

Schritte zur erfolgreichen Gestaltung des zeitlichen Rahmens:

1. Setzen Sie sich mit der neuen Situation auseinander.
2. Nutzen Sie das Eisenhower-Prinzip zum besseren Selbstmanagement.
3. Erledigen Sie die Dinge, die Ihnen am lästigsten sind, dann, wenn Sie am produktivsten sind.

2. Örtliche Rahmenbedingungen

Untrennbar verbunden mit der oben behandelten Frage, wann Sie sich mit dem Lernstoff beschäftigen, steht die Frage, wo Sie dies tun. Neben den klassischen Orten Universitätsräume, Bibliotheken und zu Hause können Sie sich natürlich auch in Parks, an Badeseen oder in die Kneipe zurückziehen. Sie können es vorziehen, in absoluter Stille zu arbeiten oder Musik im Hintergrund laufen zu lassen. Wichtig ist vor allem, dass Sie sich voll auf die zu erledigende Aufgabe konzentrieren können und nicht abgelenkt werden. Finden Sie die für Sie passende Umgebung. Für eremitisch veranlagte Personen sind da die Teilbibliotheken/Seminare anderer Fachrichtungen empfehlenswert, wie z. B. der Physikfakultät oder der geologischen Fakultät. Dort trifft man nur selten jemanden, den man kennt, es ist normalerweise ruhig und leer, und man muss sein Handy ausschalten. Wenn Sie aber regelmäßige Gesellschaft vorziehen und trotzdem das Gefühl haben, effektiv lernen zu können, suchen sie sich andere Plätze. Priorität hat, dass Sie mit ihrem Lernprogramm vorankommen. Meist gelingt dies besser, wenn Sie sich in Ihrer Lernumgebung wohlfühlen – solange der Fokus auf dem Lernen liegt. Wir halten es wie gesagt für kaum darstellbar, sich konzentriert mit Jura zu beschäftigen, während das Handy eingeschaltet in Reichweite liegt. Auch dann nicht, wenn man sich einredet, sein Handy oder Tablet zum Lernen zu brauchen. Sollten Sie Ihre Fälle wirklich unbedingt auf dem Tablet erledigen wollen (wovon wir schon deshalb abraten, weil es nicht der Examenssituation entspricht), dann entfernen Sie vorher alle ablenkenden Anwendungen (also nahezu alle) oder schalten den Flugmodus ein.

Die jederzeitige Verfügbarkeit von digitalen Medien verführt auch manchmal dazu, relativ unreflektiert und eher per Gewohn-

Kapitel 3: Lernen und Wiederholen

heit davon auszugehen, dass es zum individuellen Lernstil gehört, ständig Podcasts im Ohr zu haben, darunter auch vermeintliche "Lern-Podcasts" z. B. zu Definitionen, die sich dann angeblich immersiv in das Unterbewusstsein graben. Nun, wenn Sie zu den (wenigen) Menschen gehören, die tatsächlich im Fitness-Studio nebenher nicht nur Jura-Podcasts hören, sondern deren Inhalte auch behalten können, dann gratulieren wir; Sie sind die absolute Ausnahme (s. Auch die "Mär vom auditiven Lerntyp"). Grundsätzlich raten wir von einem "nebenbei" der Wissensvermittlung ab. Jura ist keine Sprache, die man nebenher aufsaugen kann, während man gerade kocht oder putzt oder seinen Bizeps aufpumpt. Bereits die Fachtermini setzen ein grundlegendes Verständnis der Bedeutung und des abstrakten juristischen (!) Sinn und Zwecks voraus. Die juristische Fachsprache weist eine gefährliche Nähe zur Alltagssprache auf, so dass man verführt sein könnte, Definitionen oder andere fachsprachliche Bedeutungen als bereits bekannt abzutun oder auf die leichte Schulter zu nehmen, während man schwere Gewichte stemmt oder den Herabschauenden Hund übt. Sie werden auch und gerade für die Lerneinheiten einen klaren Kopf brauchen, so dass wir dazu raten, sich zu konzentrieren und zu fokussieren. Wir sind übrigens auch überzeugt davon, dass die Sport-Pause (genau wie jede andere Pause) auch eine Jura-Pause sein sollte. Hören Sie auf dem Laufband daher lieber Walgesänge oder spanische Opern.

Abbildung 20

1. Vorbereitung	Nehmen Sie sich ein Blatt Papier und erstellen Sie einen Stundenplan für die Woche (entsprechend dem obigen Beispiel).
2. Eisenhowerprinzip	Benutzen Sie das Eisenhowerprinzip zur Bewertung Ihrer wöchentlichen Aktivitäten.
3. Biorhythmus	Erstellen Sie ein Profil Ihres Biorhythmus.
4. Terminauswahl	Notieren Sie alle für die Examensvorbereitung relevanten Termine (Vorlesungen, Klausurenkurs, AG-Sitzungen etc.) und regelmäßigen Freizeitaktivitäten auf Post-It-Zetteln.
5. Planerstellung	Erstellen Sie aus den oben genannten Faktoren einen Wochenplan auf Ihrem vorbereiteten Blatt Papier. Planen Sie schwierige und unangenehme Tätigkeiten in der Zeit, in der Sie am produktivsten sind. Die Post-it sind problemlos verschiebbar, bis Sie den für sich optimalen Plan geschaffen haben.
6. Fertigstellung	Fixieren Sie den Wochenplan schriftlich und hängen Sie ihn sich sichtbar auf (z.B. über dem Schreibtisch).

Die Aspekte in der folgenden Tabelle haben nur Vorschlagscharakter und sind nicht abschließend.

Kapitel 3: Lernen und Wiederholen

Abbildung 21

Örtlichkeit	Vorteile	Tipps zur Störungsvermeidung
Zu Hause	■ Dort sollten Sie sich wohl fühlen; ■ niemand beobachtet Sie beim Lernen, Sie können essen, trinken, im Pyjama sitzen etc.	■ Stellen sie ihren Fernseher in schwer erreichbare Entfernung; am besten packen Sie ihn in den Keller („Fernsehfasten"). ■ Schalten Sie Ihr Smartphone ab. ■ Verabreden Sie sich abends zu einer bestimmten Zeit, dann vereinsamen Sie nicht und sind motiviert, bis dahin mit Ihrem Programm fertig zu werden.
Juristisches Seminar/ Bibliothek	■ Lernmaterial; ■ Lernatmosphäre; ■ Trennung „Beruf" und Privatleben; ■ Ansprechpartner bei juristischen Fragestellungen.	■ Setzen Sie sich abseits von ihren Kollegen. ■ Vereinbaren Sie feste Zeiten für die Pausen. ■ Verlassen Sie die Bibliothek dann, wenn Sie ihr Arbeitsziel erfüllt haben. Dies motiviert, zügig abzuschließen und vermeidet Störungen.
Park/ Badesee	■ Wohlfühleffekt; ■ uU Ruhe und Abgeschiedenheit.	■ Suchen Sie sich einen Platz, wo Sie effektiv lernen können. Den wenigsten gelingt das am „Studentenstrand".

Abbildung 22

Checkliste: Wo lerne ich am besten?

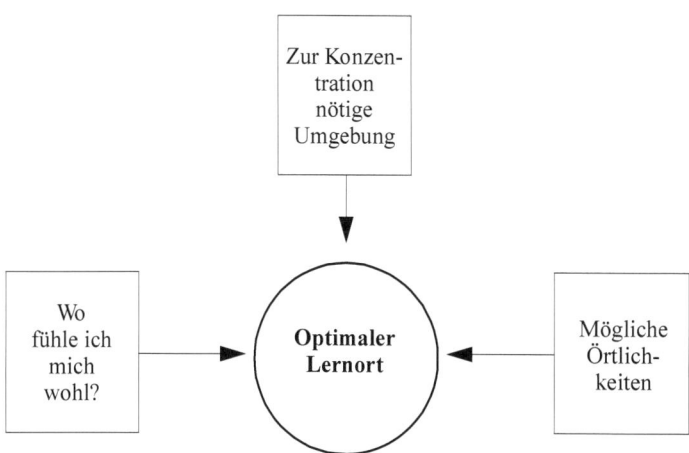

IV. Lernmethoden

1. Allgemeines

▶ Seien Sie effektiv beim Lernen und Wiederholen! ◀

Nach den vorherigen Abschnitten beabsichtigen Sie, so effektiv wie möglich zu lernen, um noch möglichst viel Freizeit zu haben. Aber wie lernen Sie effektiv? Dieser Abschnitt wird sich intensiv mit diesem Thema befassen.

Haben Sie schon einmal erlebt, dass Sie den ganzen Vormittag an einem Buch gelesen haben – und nachmittags mussten Sie nachblättern, um die Hauptaussagen zu rekapitulieren? Kam es schon vor, dass Sie auch direkt nach der Vorlesung im Tutorat bzw. im Repetitorium die Fälle nicht lösen konnten und in Ihrer Mitschrift nachblättern mussten? Hatten Sie da das Gefühl, effektiv mit Ihrer Zeit umgegangen zu sein?

Das Problem des Ersten Staatsexamens ist, dass Sie in der Prüfung nichts nachblättern können. Es reicht daher nicht zu wissen, wo man die Sachen findet, man muss sie aktiv parat haben. Damit Sie ab jetzt effektiv lernen, konzentrieren wir uns bei den vorgestellten Lernmethoden auf die aktiven, da Sie bei diesen langfristig mehr Freizeit haben werden. Leider erfordern diese in der Regel auch eine höhere Selbstdisziplin bzw. einen höheren Anfangsaufwand. Zum Beispiel benötigt man mit der SQ3R Active Reading-Methode viel länger zum Durcharbeiten eines Skriptes.

Passive Lernmethoden, wie Vorlesungen/Repetitorien besuchen und einfaches Lesen, gehen aber nur scheinbar schneller! Sie können wie oben beschrieben die Filter des Gehirns nicht optimal überwinden und müssen daher denselben Stoff nochmals durcharbeiten. Dies wird insgesamt länger gedauert haben, als gleich mit SQ3R Active Reading zu arbeiten. Die für einfaches Lesen aufgewendete Zeit ist sinnlos vergeudet! Effektives Lernen bedeutet, langfristig weniger Zeit aufzuwenden! Ineffektive Methoden halten wir nicht für sinnvoll und behandeln sie daher nicht.

Grundsätzliche Lern- und Wiederholungsregeln: Zusammenfassung

- Die meisten Informationen werden vom Gehirn bei aktivem, auf den Lernstil abgestimmten Lernen behalten.
- Zielgerichtetes effektives Lernen ist erfolgreich und erhöht den Anteil lernfreier Zeit am Tag.
- Die zeitlichen und räumlichen Rahmenbedingungen müssen Sie auf sich persönlich abstimmen.
- Das Gehirn übernimmt Informationen erst nach mehrfachem Wiederholen vom Kurzzeit- ins Langzeitgedächtnis.

Abbildung 23

Übersicht Lernmethoden

Methode	Effektivität	Benötigte Selbstdisziplin
Vorlesung / Repetitor	○	○
Lesen	○	○
SQ§R Active Reading	●	●
Richtig markieren	◐	○
Loci Methode	●	●
Karteikarten & Skripten selbst erstellen	◐	◐
Randnummernmethode / Fragen formulieren	●	●
Fälle lösen	◐ ●	●

Legende   hoch ●   mittel ◐   gering ○

Je länger Sie an eine Methode gewöhnt sind, desto weniger Kraft wird sie Sie kosten. Sie werden merken, dass sich der Aufwand gelohnt hat, wenn Sie die aktiv aufgenommenen Informationen behalten haben, während Ihre Kollegen die passiv aufgenommenen zum wiederholten Male nachschlagen müssen.

Kapitel 3: Lernen und Wiederholen

2. SQ3R Active Reading

Abbildung 24

1. Survey — Überfliegen Sie den Abschnitt grob. Schauen Sie sich die Überschriften & Zusammenfassungen zuerst an. Lesen Sie Fragen am Kapitelende jetzt. Können Sie bereits vorhersagen, um was es in dem Abschnitt geht?

2. Question — Stellen Sie sich Fragen, die auf dem Überfliegen des Abschnitts basieren. Wandeln Sie Überschriften, wie z.B. »Leistungskondiktion« in aktive Fragen um, wie »Was ist eine Leistungskondiktion«?

3. Read — Lesen Sie den Abschnitt und finden Sie Antworten zu Ihren Fragen.

4. Recite — Schauen Sie regelmäßig vom Text auf und fassen Sie den Inhalt für sich noch einmal zusammen. Versuchen Sie sich die wichtigsten Punkte noch einmal vor Augen zu führen. Nur so nimmt das Gehirn die Informationen auch auf.

5. Review — Am Schluss eines längeren Abschnitts: Überfliegen Sie den ganzen Abschnitt noch einmal kurz und führen Sie sich vor Augen, was Sie gerade gelernt haben.

Diese Technik, die ursprünglich aus dem englischsprachigen Raum kommt, verhindert, dass Sie einen Abschnitt gelesen haben und sich nicht daran erinnern können, was eigentlich darinstand. Wir empfehlen Ihnen ab jetzt, alle Text so zu lesen, auch beim Anwenden der anderen Methoden. Allerdings erfordert dies gerade anfangs viel Selbstdisziplin. Sie müssen sich vermutlich erst daran gewöhnen, einen Text nicht einfach zu lesen, sondern ihn durchzuarbeiten. Aber vergessen Sie nicht, langfristig wird das Ihren Freizeitanteil erhöhen!

3. Richtig markieren

Richtiges Markieren zwingt zu einer intensiven Bearbeitung des Textes, erleichtert das Wiederholen und hilft, die Systematik des Textes zu erkennen. Um zu verhindern, dass man den ganzen Text markiert hat bzw. man doch das „Nicht-markierte" nochmals nach Hauptaussagen durchsuchen muss, ist es wichtig, dass man sparsam markiert (nur die Hauptbegriffe), erst markiert, nachdem man die Hauptaussage des Abschnittes verstanden hat, und ein einheitliches Markierungssystem verwendet.

Wie können Sie also vorgehen? Der Text liegt vor Ihnen und Sie haben sich ein Markierungssystem überlegt (eine Möglichkeit stellen wir Ihnen unten vor). Am Ende jedes Abschnitts analysieren Sie ähnlich wie beim SQ3R Active Reading die Hauptaussagen und markieren diese nach Ihrem System. Sie können natürlich auch Kommentare oder Fragen an den Rand notieren. Erlaubt sind dabei nicht nur sachliche, sondern auch gerne provokative, beleidigende oder witzige Bemerkungen. Ihr Markieren war dann erfolgreich, wenn ein zügiges Wiederholen der Inhalte nur anhand der markierten Textstellen möglich ist.

Goldene Regeln des Markierens:

- Sparsam Markieren;
- erst Markieren, nachdem man die Hauptaussage verstanden hat;
- einheitliches Markierungssystem verwenden.

▶ **Übung:** Benutzen Sie die Methode „Richtiges Markieren" bitte anhand des Textes zur Funktionsweise des Gehirns (Rn. 161). ◀

Vorschlag für ein Markierungssystem:

Abbildung 25

Markierungszeichen	Hervorhebung
Unterstreichen im Text	Signalwörter, Kerngedanken
Anstreichen am Rand	wichtige Passagen
Einkreisen von Textfeldern, Verknüpfungen mit Pfeilen	Wichtige Inhaltsbereiche, die in enger Beziehung zueinander stehen
+ Kreuz am Rand	zusätzliches Argument
? Fragezeichen am Rand	unklar oder zweifelhaft
→ Pfeil am Rand	Folgerung oder Gedanke zum Nacharbeiten
Z	Zusammenfassung
L (Winkel)	Beispiel
P	Problem

4. Loci Methode

Unserem Gehirn fällt es leichter sich Fakten zu merken, wenn man diese in einen Zusammenhang bringt oder mit Bildern verknüpft. Dies nutzt die Loci-Methode ("loci" lat. für "Orte"), die abstrakte Inhalte (z. B. juristische Definitionen) mit Dingen aus dem eigenen Alltag verbindet. Jeder Gegenstand, der Ihnen während einer Route begegnet, ist mit einem zu merkenden Fakt belegt, indem Sie sich die Route gedanklich vorstellen und diese "entlanggehen" erinnern Sie sich and die Fakten.

Abbildung 26

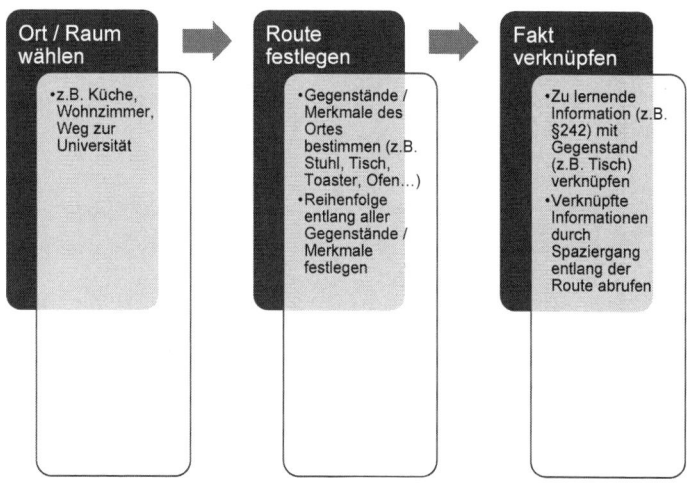

Die Anzahl der Fakten bestimmt die Länge der Route, z. B. bei 15 Fakten bleibt man in der Küche, bei 200 Fakten verlängert man diese noch mit Gegenständen aus Flur und Wohnzimmer.

5. Karteikarten und Skripten selbst erstellen

Eine gute Möglichkeit, den Stoff zu erlernen, ist das Erstellen von eigenen Skripten bzw. Karteikarten, da Sie sich so die Informationen ins Gehirn „handeln". Der Hauptunterschied zu den bereits vorgestellten Methoden besteht darin, dass nicht nur eine gedankliche, sondern eine schriftliche Zusammenfassung des Stoffs erstellt wird. Dies ist nicht nur relativ aufwändig, man setzt sich auch intensiv mit dem Stoff auseinander, wenn man zu jeder Lerneinheit eine Karteikarte erstellt. Für die Aufnahme der Informationen in das Gehirn ist daher entscheidend, dass man Karteikarten selbst erstellt. Deshalb raten wir auch von kommerziell erstellten Karteikarten und von solchen, die online angeboten werden ab. Die kommerziell angebotenen Karteikartensets sind in diesem Zusammenhang eher wie ein Lehrbuch zu behandeln, unterstützen das Lernen des Stoffes aber nicht. Entsprechendes gilt für Skripten und Podcasts, die eine Zusammenfassung vieler Kar

Kapitel 3: Lernen und Wiederholen

teikarten darstellen. Während Karteikarten Vorteile beim Wiederholen des Stoffes bieten (siehe Rn. 190), so bietet sich das Schreiben von Skripten dann an, wenn Sie das Gefühl haben, ab 200 Karteikarten die Übersicht zu verlieren. Selbstverständlich können Sie zur Erstellung von Karteikarten und Skripten auch eine (oder mehrere) der zahllosen digitalen Kartei- oder Lernkarten-Apps nutzen. Entscheidend ist nicht die technische Darbietung, sondern die inhaltliche Auseinandersetzung mit dem Stoff. Daher folgender Hinweis: Das Geschäftsfeld mit digitalen Karteikarten und Lerninhalten per (mobiler) App erschließen sich zusehends auch die Repetitoren – freilich aufgrund bereits vorgefertigter Inhalte überwiegend kostenpflichtig und damit ohne echte Möglichkeit, den Stoff schon bei der Aufbereitung für Ihren Lernerfolg nutzbar zu machen. Unser Rat ist, gerade nicht dafür zu zahlen, dass andere Ihnen Karteikarten vorformulieren, sondern bereits den ersten (nicht nur finanziellen) Gewinn daraus zu ziehen, die Karteikarten oder Skripten selbst zu verfassen. Überfrachten Sie die Karteikarten bzw. Skripten nicht mit Informationen- dann könnten Sie auch gleich das Lehrbuch in der Zeit nochmal durcharbeiten, die Sie für das Wiederholen der Karteikarten bzw. des Skripts zur Lerneinheit benötigen. Konzentrieren Sie sich auf die Kerninformationen und Aussagen zu juristischen Strukturen und vermeiden Sie Fließtext! Diese Methode für alle Stoffgebiete durchzuhalten, ist leider zeitaufwändig und erfordert viel Selbstdisziplin, lohnt sich aber.

IV. Lernmethoden

Beispiel Karteikarte

Abbildung 27

[Vorderseite:]
Versammlungsrecht
1. Definition „Versammlung" iSd Art. 8 Abs. 1 GG?
2. Definition „unter freiem Himmel"?
3. Von welchem Erfordernis des VersG ist nach der Rechtsprechung des BVerfG der Veranstalter einer Eilversammlung nur befreit?
4. Was entfällt bei der Spontanversammlung? Welche Gesetze gelten?
[Rückseite:]
1. Zusammenkommen mehrerer Menschen (hM: 3) zum Zwecke der gemeinsamen Meinungsbildung und -äußerung. P! „Love-Parade": Rechtsprechung: keine Versammlung (Kundgabe eines Anliegens nicht erkennbar).
2. Solche, die nicht durch feste Außenwände von der Umwelt abgegrenzt sind. Ob ein Dach vorhanden ist, ist nicht entscheidend. Argument: Höheres Gefährdungspotenzial.
3. Der Veranstalter einer Eilversammlung ist nicht von der Anmeldepflicht iSd § 14 Abs. 1 VersG befreit, sondern nur von der Anmeldefrist suspendiert. Er muss so früh wie möglich anmelden.
4. Pflicht zur rechtzeitigen Anmeldung entfällt. Ansonsten VersG analog. Außer natürlich die Strafvorschriften des VersG wg. Art. 103 Abs. 2 GG.

6. Fälle lösen

Sie können sich das Wissen auch induktiv aneignen, indem Sie 182
Fälle zu den Lerneinheiten auswählen und diese lösen. Sie lernen
dabei die Theorie über die Anwendung. Damit „handeln" Sie
sich die Theorie konsequent in das Gehirn. Die Aufnahme des
Lernstoffes allein mit dieser Methode ist möglich. Dabei kombinieren Sie die ersten zwei der oben beschriebenen Lernphasen.

Ständig Fälle auszuwählen und diese konsequent zu lösen, ohne die Lösung von Anfang an zur Hilfe zu nehmen, halten wir für aufwändig und schätzen die benötigte Selbstdisziplin als hoch ein. Leider ist dies unserer Einschätzung nach nur mittelmäßig effektiv, da die Auswahl von relevanten Fällen in unbekannten Rechtsgebieten sehr aufwändig ist und das Erlernen der in Jura relevanten strukturellen Verknüpfung nur mittels Fällen schwierig ist.

In Kombination mit einer der obigen Methoden, vor allem im Rahmen einer Arbeitsgruppe, ist diese Methode allerdings sehr empfehlenswert, insbesondere für die zweite und dritte Lernphase. Nutzen Sie daher diese Methode für den zweiten und dritten Lernschritt.

7. Allgemeines Gedächtnistraining

183 Es gibt eine Vielzahl von Literatur, Handbüchern und elektronischer Hilfsmittel zum Thema „Wie denke ich kreativ?" oder „Wie nutze ich die Kapazitäten meines Gehirns besser aus?". Diese Methoden lassen sich natürlich mehr oder weniger auch für ein Jura-Studium fruchtbar machen. Beachten Sie aber bitte, dass Sie sich nicht „verzetteln" und eine Lernmethode nach der anderen ausprobieren. Viele „Methoden" sind in Wahrheit gar keine, sondern schlichte Geldmacherei. Wer allerdings Erfolg hat mit einer Methode zum Gedächtnistraining, der sollte beachten: „Mir hilft, was mir guttut." und versuchen, damit auch juristisch zu arbeiten. Wir sprechen hier keine allgemeine Empfehlung für ein bestimmtes „professionelles" Lern-Konzept aus, das bekannteste und erfolgreichste unter ihnen dürfte immer noch „Mind Mapping" der *Buzan*-Brüder sein.

Wir raten bei dieser Art von Lernmethodik dazu, nicht erst zum Examen mit dem Einstudieren einer neuen Technik zu beginnen, sondern schon früher. So haben Sie Zeit, sich an eine Methode zu gewöhnen. Testen Sie ruhig einmal aus, ob Sie nach ein bis zwei Wochen in der Lage sind, sich den „Verwaltungsakt" anhand Ihrer Mind Map Aufzeichnungen zu merken. Wenn ja, sind Sie mit der Methode auf einem guten Wege. Wenn nicht, können Sie noch ein paar Wochen in andere Methoden investieren. Seien Sie nicht enttäuscht, wenn Sie keine passende Methode im Buchhandel finden oder wenn sich der Erfolg nicht unmittelbar einstellt. Vielleicht sind Sie gar nicht die richtige Zielgruppe. Dann spricht viel dafür, dass Sie genauso gut ohne auskommen und nur mithilfe dieses Buches und der richtigen Einstellung ein hervorragendes Examen machen. Eine Auswahl von uns evaluierter Bücher zu allgemeinen Methodik-Themen finden Sie unter Rn. 235 ff.

8. Randnummernmethode/Fragen formulieren

Der Bekanntheitsgrad dieser Methode ist (noch) nicht hoch. Vielleicht kennen Sie aber Lehrbücher, an denen am Ende eines Kapitels Fragen zur Lerneinheit gestellt werden. Ähnlich wird das Ergebnis dieser Methode aussehen. Wir halten sie für sehr effektiv und hervorragend kombinierbar mit anderen Methoden. Ein Text wird dabei aktiv mithilfe einer der anderen Methoden bearbeitet. Markieren Sie diesen an den wichtigsten Stellen (z. B. bei Fallstrukturen) und versehen Sie diese mit einer Randnummer. Am Ende der Lerneinheit formulieren Sie selbst Fragen, die durch die markierten Stellen beantwortet werden. Durch den Prozess des aktiven Umarbeitens einer Aussage in eine Frage, transferieren Sie sich die Information ins Gehirn. Da dies nur sinnvoll ist in der Kombination mit einer der anderen Methoden und man am Ende eines Kapitels auch oft nicht mehr motiviert ist, noch Fragen zu entwickeln, halten wir den Bedarf an Selbstdisziplin für hoch. 184

V. Effektives Wiederholen

Die aufgenommenen Informationen werden Ihnen nur dann helfen, wenn Sie diese im Examen noch abrufen können. 185

Damit das Gehirn Informationen vom Kurzzeitgedächtnis in seinen Langzeitspeicher übernimmt, ist mehrfaches Wiederholen erforderlich, ansonsten besteht die Gefahr des Vergessens. Wie aber können Sie ihre Wiederholungseinheiten effektiv gestalten und wirksam gegen das Vergessen ankämpfen? Dazu ist es entscheidend, dass Sie sich bereits bei der ersten Aufbereitung des Stoffes – beim Lernen – darüber im Klaren sind, dass Sie den Stoff mehrfach wiederholen müssen. Sie sollten ihn daher so aufarbeiten, dass Ihnen dies zügig möglich ist, und von Anfang an die Wiederholungszyklen planen.

Testfragen

1. Durch welchen Aufnahmekanal werden die Informationen am besten behalten?
2. Wie heißen die drei Lernphasen und was ist jeweils charakteristisch für sie?

Sehen Sie, dadurch dass sie den Abschnitt über das Gehirn mittels der Methode „Richtiges Markieren" aufbereitet haben, fällt es Ihnen leicht, die erste Frage zu beantworten. Den Abschnitt bezüglich der zweiten Frage haben sie vermutlich nur gelesen, da kann es leicht passieren, dass sie die Kerninhalte schon jetzt nicht mehr genau kennen.

1. Wiederholungsmethoden

Bei den meisten der oben vorgestellten Methoden zur Erarbeitung des Stoffes wird der Stoff bereits so aufbereitet, dass man ihn leicht wiederholen kann.

Abbildung 28

Wiederholungsmethode	Bemerkung
Richtiges Markieren	Wenn Sie richtig markiert haben, dann können Sie den Text nur anhand der Markierung zügig wiederholen.
Karteikarten	Karteikarten sind gut zu wiederholen, insbesondere ist eine Fokussierung auf die unbekannten Karten mittels der „Fünf-Fächer-Methode" (s. nächste Seite) möglich. Karteikarten eignen sich optimal für das Lernen und Wiederholen von Meinungsstreits und Definitionen, z. B. im Strafrecht.

V. Effektives Wiederholen

Wiederholungsmethode	Bemerkung
Skripten	Skripten lassen sich dank ihrer Komprimiertheit zügiger durcharbeiten als der Originaltext, allerdings ist eine Fokussierung wie bei Karteikarten nur in Ansätzen möglich, z. B. durch Markierungen am Rand.
Randnummernmethode	Sehr gute Möglichkeit den Stoff zu rekapitulieren. Stellen Sie sich die Fragen erneut. Anfangs werden Sie noch im Text nachblättern müssen, später können Sie einzelne Fragen herausstreichen, da Sie diese ohne Probleme beantworten können.
Fälle lösen	Wenn Sie davon ausgehen, dass das solide Grundwissen theoretisch vorhanden ist, es nur an Falllösungs- und Klausurtechnik mangelt, dann markieren Sie sich lehrreiche, maßgebliche Fälle (das können, müssen aber nicht die Klassiker sein), und wiederholen Sie diese.

Auch im Netz gibt es – überwiegend allerdings kostenpflichtig – geeignete Wiederholungseinheiten. Mitunter kann man diese jedoch nicht separat vom übrigen Online-Kursangebot buchen.

Für alle Methoden gilt die „Gefahr der Oberflächlichkeit". Sie müssen den Stoff wirklich erneut durchdringen und dürfen nicht vermeintlich Bekanntes ohne gedankliche Durchdringung reproduzieren (oder noch schlimmer: „Ach ja, der Fräsmaschinenfall, den kann ich.")! Außerdem seien Sie sich bei der Aufbereitung des Stoffes im Klaren, dass Sie diesen nicht nur wiederholen müssen, sondern auch, dass das Rekapitulieren um so schneller geht, je mehr Informationen Ihr Gehirn bereits beim ersten Mal behalten hat. Nutzen Sie daher die effektiven aktiven Methoden bereits von Anfang an! Die Wiederholungsphase ist dann der Moment, wo sich dies extrem positiv auf Ihre Freizeitgleichung auswirkt!

Kapitel 3: Lernen und Wiederholen

188 ▶ **Die „Fünf-Fächer-Methode":** Beschaffen Sie sich einen Kasten mit fünf Fächern für Ihre Karteikarten. Anfangs sortieren Sie alle unbekannten Karten in das erste Fach. Bei jedem Wiederholungszyklus ordnen Sie die bekannten Karten ein Fach weiter hinten ein, die Karten, die Sie noch nicht parat hatten, bleiben in Ihrem alten Fach. Die Karten, deren Inhalt Ihnen beim Durchgehen des fünften Faches keine Schwierigkeiten mehr machen, können Sie aussortieren und archivieren. Diese Methode erlaubt Ihnen, den Fokus auf die Inhalte, Fragen etc zu legen, die Ihnen noch unbekannt sind. Sie verhindert, dass Sie unnötig Zeit mit Bekanntem verbringen, sich dabei langweilen und Ihr Gehirn nichts mehr aufnimmt. ◀

2. Wiederholungszyklen

189 Ihre Wiederholungszyklen können Sie entweder linear oder in Potenzen gestalten. Bei den Wiederholungszyklen kann Ihnen ansonsten auch eine Künstliche Intelligenz helfen; hier und nur hier spielt der technische Fortschritt einen bemerkenswerten Vorteil aus (s. dazu u. VII). Die nachfolgende Gegenüberstellung soll Ihnen helfen, den für Sie geeigneteren Typ zu wählen. Damit Sie im Examen und darüber hinaus den Stoff parat haben, sollten Sie ihn in Ihr Langzeitgedächtnis befördern. Dazu benötigen Sie mindestens drei Wiederholungen.

V. Effektives Wiederholen

Abbildung 29

	Lineares Wiederholen	Wiederholen in Potenzen
Beschreibung	*(Diagramm: Anzahl konstant über Zeit)*	*(Diagramm: Anzahl fällt über Zeit)*
	Beim linearen Wiederholen rekapitulieren Sie den Stoff in regelmäßigen Abständen, d.h. einige Zeit nach dem Lernen fangen Sie entsprechend Ihrem ursprünglichen Lernplan an die gelernten Einheiten zu wiederholen. Um eine Mindestanzahl von drei Wiederholungen pro Stoffeinheit (wichtig für die Aufnahme ins Langzeitgedächtnis!) zu erreichen, laufen am Ende zwei oder drei Wiederholungslinien parallel.	Beim Wiederholen in Potenzen wiederholen Sie die Lerneinheit in potenzierten Abständen, d.h. am zweiten Ta, am vierten, am 16., am 32. Und am 64. Tag sowie in den Monaten vor dem Examen noch einmal. In der mittleren Phase Ihrer Examsvorbereitung wird das sehr zeitaufwändig und unübersichtlich, da viele Stränge parallel laufen. Daher benötigen Sie einen Kalender nur für diesen Zweck und viel Disziplin.
Effektivität	◕	●
Selbstdisziplin	◕	●

Legende: hoch ●   mittel ◕   gering ○

Abbildung 30

Toolbox 1: Lernmethoden	Toolbox 2: Wiederholen
▪ SQ3R Active Reading	▪ Lineares Wiederholen
▪ Karteikarten	▪ Wiederholen in Potenzen
▪ Loci Methode	
▪ Richtig Markieren	
▪ Randnummernmethode	
▪ Fälle lösen	
▪ Skripten	

Kapitel 3: Lernen und Wiederholen

VI. Pausen und Entspannungsmethoden (mit praktischen Übungen)

1. Lernerfolg durch Pausen

192 Überrascht Sie dieses Kapitel? Vielleicht meinen Sie auch, dass Sie in ihrem Studium lange genug Pause gemacht haben, jetzt aber richtig „ranklotzen" wollen; und da passen Pausen und Entspannung leider nicht hinein. Damit haben Sie grundsätzlich Recht, allerdings muss das Ziel sein, **effektiv** zu lernen und dafür sind Pausen unerlässlich.

Untersuchungen haben ergeben, dass die Konzentration relativ schnell nachlässt, Sie diese aber durch „Minipausen" leicht wiederherstellen können. Untersuchungen haben ebenfalls ergeben, dass man trotz des Zeitverlustes durch die Pausen am Ende eines mehrstündigen Lernens einen höheren Lernerfolg als ohne Pausen erzielt.

Wie kommt das? Das Kurzzeitgedächtnis des Gehirns baut bei Erschöpfung relativ schnell Lernhemmungen auf – die Informationsfilter werden immer dichter. Sie haben wahrscheinlich selbst schon gemerkt, dass Ihr Gehirn dann automatisch Pause macht; Sie schauen aus dem Fenster, hören nicht mehr zu oder beobachten Ihren Nachbarn. Die Konzentration geht in diesen Momenten verloren, das Gehirn nimmt nichts mehr oder nur noch sehr wenig auf. Regelmäßige, kurze Pausen sind in der Lage, diese Lernhemmung zu verhindern, da keine starke Erschöpfung des Gehirns auftritt; die Konzentrationsfähigkeit bleibt erhalten.

▶ Planen Sie Pausen ein, um Lernhemmungen des Gehirns zu vermeiden. ◀

193 Planen Sie diese Pausen! Damit verhindern Sie, dass Sie in stressigen Phasen zu wenig und in entspannten Situationen zu lange Pausen machen. Machen Sie daher eine Minipause (5 min) alle 20–30 Minuten Nettolernzeit, eine Kaffeepause (15 – 20 min) nach spätestens eineinhalb bis zwei Stunden Nettolernzeit und eine Erholungspause (bis zu 90 min) nach drei Stunden lernen bzw. wiederholen. Die Zeitspannen nehmen darauf Rücksicht, dass man unterschiedlich gute Lernphasen haben kann. Wenn Sie das Gefühl haben, es läuft gerade gut, dann machen Sie die Pause etwas später, läuft es dagegen schlecht, ziehen Sie die Pause

VI. Pausen und Entspannungsmethoden (mit praktischen Übungen)

etwas vor. Grundsätzlich sind kaum mehr als zwei von diesen dreistündigen Lerneinheiten zu schaffen. Organisieren Sie ihren Tagesplan so, dass Sie die Pausenzeiten einhalten können. In der restlichen Zeit können Sie organisatorische Sachen erledigen, wie z. B. kopieren oder Schönfelder einsortieren.

Machen Sie nach...	Pause
20 – 30 Minuten Lernen	5 Minuten Pause, dann wieder
20 – 30 Minuten Lernen, dann wieder	5 Minuten Pause, dann wieder
20 – 30 Minuten Lernen	jetzt 15 – 20 Minuten Pause, dann wieder
3 Zyklen mit jeweils 20 – 30 Minuten Lernen	jeweils unterbrochen durch eine Pause von 5 Minuten
nach dem letzten der drei Lernzyklen	legen Sie ein bis zu 90-minütige Pause ein
und legen danach von vorne los	usw.

Abbildung 31

Die »Siebener-Rhythmus«

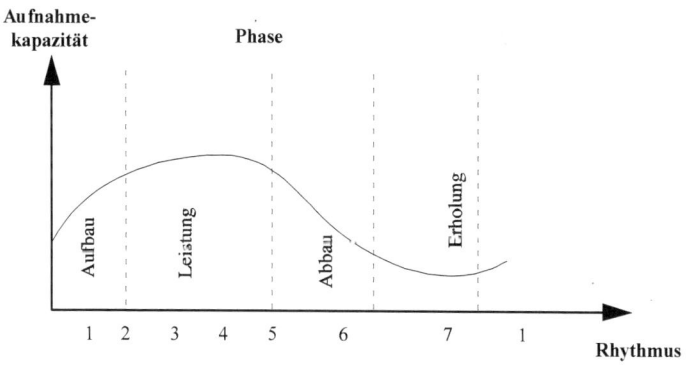

Kapitel 3: Lernen und Wiederholen

195 Pausen sollten Sie auch in Ihren Wochen- und Jahresplan einbauen. Die 7-Tage-Woche mit einem festen Tag Pause (in der Regel der Sonntag) ist fester Bestandteil unseres Biorhythmus. Planen Sie daher einen „jurafreien" Tag in der Woche. Entsprechend sollten Sie sich nach sechs Wochen Lernen eine Woche zur Erholung gönnen. Den Zeitverlust holen Sie auch hier wieder durch effektiveres Lernen auf. Sollten Sie diese Pausen nicht machen (können, z. B. weil Sie beim Repetitor sind), wird Ihre Leistungsfähigkeit langfristig nicht mehr das optimale Niveau der Leistungsphase erreichen können. Die Funktionsweise Ihres Gehirns lässt das nicht zu!

2. Pausengestaltung und Erholungstechniken (mit praktischen Übungen)

196 Die Gestaltungsmöglichkeiten für die Pausen und Freizeitfelder in Ihrem Wochenplan sind vielfältig. Machen Sie das, was Ihnen am besten gefällt. Es sollte nur mit Jura nichts zu tun haben, da sonst Ihr Gehirn die Filter nicht abbaut.

In Ihrer Freizeit finden viele den Ausgleich zum Studium in Sport oder beim Weggehen abends. Was auch immer Sie tun, vermeiden Sie Alkohol nach den Lerneinheiten. Nicht nur, dass ihre Leistungsfähigkeit am nächsten Tag leiden wird, Alkohol behindert auch die Aufnahme der zuvor aufgenommenen Informationen in das Langzeitgedächtnis. Oder wollen Sie Ihre Zeit verschwenden bzw. gegen das kurze und zweifelhafte Vergnügen eines (schon oft genug erlebten) Rausches eintauschen?

VI. Pausen und Entspannungsmethoden (mit praktischen Übungen)

Gestalten Sie auch die kurzen Pausen nach Ihrem Gusto. Einige Möglichkeiten haben wir hier gesammelt:

Abbildung 32

Pausenlänge	Aktion
5 Minuten (Minipause)	▪ Stehen Sie auf, strecken Sie sich, laufen Sie auf und ab, strecken Sie sich nochmals und schauen Sie entspannt in der Gegend umher, um nicht nur Ihren Körper, sondern auch Ihre Augen zu entspannen. ▪ Falls Sie an einem Fenster sitzen, lehnen Sie sich zurück, genießen Sie die Aussicht und lassen Sie Ihre Gedanken treiben. ▪ Schließen Sie die Augen und zählen Sie langsam aufwärts bis 10 und dann einen Countdown von 10 auf 0. ▪ Machen Sie Atemübungen.
15 – 20 Minuten (Kaffeepause)	▪ Verlassen Sie den Raum, in dem Sie arbeiten und gehen Sie etwas trinken. ▪ Sollten Sie an der Universität lernen, verabreden Sie sich mit Kommilitonen zu den Kaffeepausen, unterhalten Sie sich und muntern Sie sich gegenseitig auf.
	▪ Sollten Sie das Gefühl haben, Sie befinden sich in einem Leistungstief (z. B. die Phase nach dem Mittagessen), nutzen Sie die Zeit zum Powernapping. Dieser Trend aus den USA folgt der biologischen Uhr. ▪ Akzeptieren Sie Ihr Tief und steigern Sie ihre Leistungsfähigkeit, indem Sie sich für 15 min. bis max. 20 min. hinlegen und schlafen oder meditieren. Wichtig ist, dass Sie dies nicht länger als 20 min. tun, da sonst der positive Effekt verschwindet und statt einer Steigerung eine Reduzierung der Leistungsfähigkeit auftritt; Sie gleiten in eine Tiefschlafphase ab.

Kapitel 3: Lernen und Wiederholen

bis zu 90 Minuten (Mittagspause)	■ Bereiten Sie Ihr Mittagessen zu oder gehen Sie in die Mensa. ■ Erledigen Sie notwendige Dinge, z. B. Einkaufen. ■ Nutzen Sie die Zeit für eine kurze Freizeitbeschäftigung, z. B. einen Spaziergang oder einen Schwimmbadbesuch. ■ Erledigen Sie „en bloc" innerhalb eines festen Zeitfensters all das, was Sie an sozialer Kommunikation per Smartphone für erforderlich halten, aber verzetteln Sie sich nicht und v.a.: Schalten Sie Ihr Smartphone danach wieder aus!

198 Es ist ganz natürlich, wenn Sie sich an diesen Pausenrhythmus und die entsprechende Gestaltung der Pausen erst gewöhnen müssen. Aber seien Sie gewiss, nicht nur Ihr Körper wird es Ihnen danken, Sie sich selbst auch, wenn die Freizeitgleichung extrem positiv zu Ihren Gunsten ausfällt und Sie trotzdem ein gutes Erstes Staatsexamen ablegen. Dieser Arbeitsrhythmus wird aber auch in Ihrem Berufsleben ihre hohe Leistungs- und Konzentrationsfähigkeit fördern!

▶ Test: Was war die Kernaussage des Abschnitts?
(Vgl. Aufgabenstellung am Anfang des Kapitels.) ◀

VII. Der Einsatz digitaler Hilfsmittel

Wird Künstliche Intelligenz die Rechtswissenschaften verändern? Sicher. Wird Künstliche Intelligenz einen Einfluss auf Ihre spätere (juristische) Berufsausübung haben? Wahrscheinlich. Wird Künstliche Intelligenz Ihren Blick auf Ihre Examensvorbereitung verändern? Nein! Sie werden keine Antworten von uns auf die großen Zukunftsfragen im Zusammenhang mit Künstlicher Intelligenz erwarten. Ihr Examen bleibt höchst analog, höchst persönlich und ist keineswegs künstlich, sondern sehr real und von Ihrem menschlichen Gehirn zu bewältigen. Dabei wird Ihnen kein ChatGPT, kein Gemini und kein Perplexity helfen; da müssen und sollen Sie alleine durch. Und das ist kein Problem, denn Sie werden nach gründlicher Vorbereitung die absolute (und sehr reale) Super-Intelligenz sein, was das Lösen von Examensfällen angeht. Sie werden so viel besser sein als jedes KI-Programm,

VII. Der Einsatz digitaler Hilfsmittel

dass es eher vorstellbar ist, dass Sie KI später entsprechend trainieren – aber nicht andersherum!

Da man von einem Ratgeber der vorliegenden Art allerdings durchaus verlangen darf, sich dazu zu verhalten, ob und wie KI-Modelle die Examensvorbereitung vereinfachen können, hier der Versuch einer Einordnung:

Nach gängiger Definition ist "Künstliche Intelligenz" die Fähigkeit einer Maschine, menschliche Fertigkeiten wie logisches Denken, Lernen, Probleme lösen, (Sprache) verstehen und Planen zu imitieren. Genau das wollen Sie aber nicht. Sie wollen und sollen selbst denken und lernen, Sie müssen die Examensprobleme selbständig verstehen und lösen; allein das Planen könnten Sie sich von einer Künstlichen Intelligenz abnehmen lassen (s. u.). Erliegen Sie daher nicht der Versuchung, zu glauben, dass eine App, eine KI oder eine Online-Anwendung Sie besser auf das Examen vorbereitet als Sie selbst.

Künstliche Intelligenz kann Sie allerdings bei der Prüfungsvorbereitung **unterstützen**. Unter anderem kann KI Ihr individuelles Lernverhalten analysieren. Vorausgesetzt, Sie wissen damit umzugehen, kann Ihnen KI wertvolle Hinweise geben, wie Sie Ihren Lernplan im Hinblick auf die Stoffvermittlung anpassen können. Dies gilt v.a. für die Wiederholung. Mit Hilfe von KI können Sie möglicherweise noch gezielter die Themen wiederholen, bei denen sie Schwierigkeiten haben. Eine Vielzahl von Apps bietet hier herausragenden Service. Allerdings liegt nicht jede App jedem Studierenden. Das bedeutet, Sie müssen die Apps ausprobieren und für sich herausfinden, ob Sie die Dienstleistung benötigen und ob Sie Ihnen hilft. Es ist auch Geschmackssache, wie man auf die "Ansprache" der Apps reagiert; viele interagieren mit Ihnen über Chatbots oder virtuelle Assistenten, die z. B. Maya oder Theo heißen. Mit diesen Chatbots haben Studierende die Möglichkeit, rund um die Uhr Fragen zu stellen und Antworten zu juristischen Themen zu erhalten. Diese Chatbots sind in der Tat in der Lage, einfache Fragen zu beantworten und Studierenden zu helfen, bestimmte juristische Konzepte besser zu verstehen. Allerdings gehört auch zur Wahrheit, dass "Maya" und "Theo" Ihnen ebenso häufig schlicht weitere In-App Angebote verkaufen wollen oder Sie dazu bewegen wollen, auf eine kostenpflichtige

Kapitel 3: Lernen und Wiederholen

Version umzustellen. Es gibt Studierende, die das so lästig finden, dass sie gänzlich auf Apps verzichten oder sich ein kostenpflichtiges Angebot leisten – welches vorher allerdings auf Herz und Nieren zu prüfen ist. Wir hatten an anderer Stelle schon darauf hingewiesen: Bei Apps findet in der Regel keine staatliche oder institutionelle Qualitätskontrolle statt, was manche Studierende (wohl zu recht) verunsichert.

Aus diesen Gründen empfehlen wir hier auch keine speziellen Apps, haben aber die allermeisten ausprobiert. Warnen möchten wir ausdrücklich vor Angeboten, die Ihnen versprechen, v.a. den sog. "examensrelevanten" Stoff zu vertiefen. Dies ist nicht unser Ansatz; wir versuchen Ihnen die überragende Bedeutung der juristischen Methode nahezubringen. Damit lösen Sie jeden Stoff, und natürlich auch und erst recht den "examensrelevanten".

Ein zweiter Bereich neben dem individualisierten Wiederholen, bei welchem KI unterstützen kann, ist das automatisierte Erstellen von Lernmaterialien. KI kann dabei helfen, umfangreiche juristische Texte, Urteile und Gesetzestexte zusammenzufassen und auf das Wesentliche zu reduzieren. So lassen sich komplexe Sachverhalte tatsächlich schneller erfassen. Studierende können sich durch die automatisierte Texterstellung und Zusammenfassung einen Überblick über die wichtigsten Urteile und Grundsatzentscheidungen verschaffen, ohne jedes Urteil im Detail lesen zu müssen. Allerdings glauben wir, dass damit wieder ein wesentlicher Teil der Vorbereitung ohne Not aus der Hand gegeben wird. Es dürfte für Ihr Examen eher nützlich sein, ein Urteil oder einen Fachartikel selbst zusammenzufassen. Wer aber zu große Angst vor der Stofffülle hat, dem mag die Möglichkeit, komplexe juristische Texte zusammenfassen zu lassen, helfen. Wichtig wäre dann, sich wenigstens mit der Zusammenfassung detailliert kognitiv zu beschäftigen. Dasselbe gilt übrigens für die (aus unserer Sicht unsinnige) Angewohnheit, irgendwelche (noch so seriösen) Newsletter oder Urteilsdatenbanken zu abonnieren. Verzichten Sie darauf; Sie müssen Strukturen beherrschen lernen, keine Urteile auswendig lernen.

Wer weiter nach Beruhigung sucht, wird auch in der analogen Welt vielleicht nach früheren Examensfällen suchen. Das muss kein Fehler sein (bringt aus unserer Sicht aber auch keinen Vor-

VII. Der Einsatz digitaler Hilfsmittel

teil). Dabei kann KI ebenfalls helfen und z. B. Karteikarten und Übungsfragen erstellen, die auf der Grundlage früherer Examensfälle entwickelt wurden.

Immer mehr verbreiten sich auch interaktive KI-tools, die Studierende bei der Lösung von Fällen unterstützen. Diese tools sind teilweise beeindruckend genau; sie simulieren Examensfälle und können Studierende durch den Aufbau der Falllösung führen; sie geben z. B. Tipps, wo es hakt oder wo eine genauere Auseinandersetzung mit einem wesentlichen Aspekt des Falles gefordert ist. Obwohl solche Simulationen es den Studierenden ermöglichen, ihre juristischen Fähigkeiten praxisnah zu trainieren und die Technik der Fallbearbeitung unter realistischen Bedingungen zu üben, raten wir davon ab, solche tools zu verwenden. Der Gewöhnungseffekt ist sehr hoch und im Ergebnis ist die Verwendung solcher Simulationen nichts anderes als das gute alte analoge "Spicken" in der Lösungsskizze. Davon hatten wir an anderer Stelle bereits aus (für uns) überzeugenden Gründen abgeraten – v. a. weil es nicht der Examenssituation entspricht.

Der restliche Einsatzbereich von KI reduziert sich aus unserer Sicht auf Hilfstechniken. So kann KI bei der juristischen Recherche Zeit sparen: KI-basierte Recherchetools können den Suchprozess erheblich beschleunigen, indem sie relevante Gesetzestexte, Kommentare, Urteile, wissenschaftliche Artikel und Datenbanken effizient durchsuchen und die passenden Ergebnisse präsentieren. Besonders hilfreich ist hier die Fähigkeit von KI, semantisch ähnliche Fälle zu finden, selbst wenn bestimmte Schlüsselwörter nicht explizit verwendet werden. Dies erleichtert es Studierenden, relevante Präzedenzfälle zu finden und zu verstehen, wie bestimmte juristische Probleme in der Vergangenheit gelöst wurden.

Es gibt außerdem Applikationen, die versprechen, Klausuren automatisch zu bewerten und ein schnelles Feedback zur individuellen Lösung zu geben. In unserem Test hat allerdings keine App restlos überzeugt, v. a. nicht im Vergleich zur in der Regel deutlich brauchbareren Lösungsskizze.

Dieses Kapital ist mit der Hilfe Künstlicher Intelligenz geschrieben worden. Allerdings ist dabei eine erhebliche Umarbeitung der

Ergebnisse erforderlich gewesen. Uns sind daher als Zusammenfassung drei Punkte besonders wichtig:

Erstens ist es unerlässlich, KI als reine Ergänzung und nicht etwa als Ersatz für das menschliche Lernen zu verstehen. Das Verständnis der juristischen Logik und Methodik und das Anwenden juristischen Wissens erfordert weiterhin kritisches eigenes Denken und eine fundierte Ausprägung von Fähigkeiten und Fertigkeiten, die Sie sich nicht von KI abnehmen lassen dürfen.

Zweitens sollten Sie den Einsatz von KI auf die Bereiche beschränken, in denen KI ihre Stärken ausspielen kann, ohne Ihnen logisches Denken abzunehmen, also v.a. in logistischen Bereichen und als Hilfsinstrumente z. B. zur Zeitersparnis oder zum effektiveren Wiederholen. KI hat auch Schwächen; hin und wieder halluziniert sie. Verlassen Sie sich daher niemals auf eine Künstliche Intelligenz, ohne die Ergebnisse zumindest einer Plausibilitätskontrolle zu unterziehen.

Drittens sollten Sie sich vor dem Beginn Ihrer Examensvorbereitung ausführlich mit den Möglichkeiten der KI-Anwendungen auseinandergesetzt haben und diese sicher beherrschen. Fangen Sie nicht parallel zur Examensvorbereitung damit an. Zeit sparen Sie nur, wenn Sie sich bereits mit dem Einsatz von KI auskennen. Es nützt wenig, erst zeitaufwändig den Umgang mit KI-Programmen zu erlernen, um danach die dafür aufgewendete Zeit mit deren Einsatz wieder aufzuholen. Sie sind im Ergebnis in der

Regel besser dran, es bei der guten alten analogen Vorbereitung zu belassen.

VIII. Zusammenfassung

Abbildung 33

**Schritte für Ihr persönliches
Lern- und Wiederholungsprogramm**

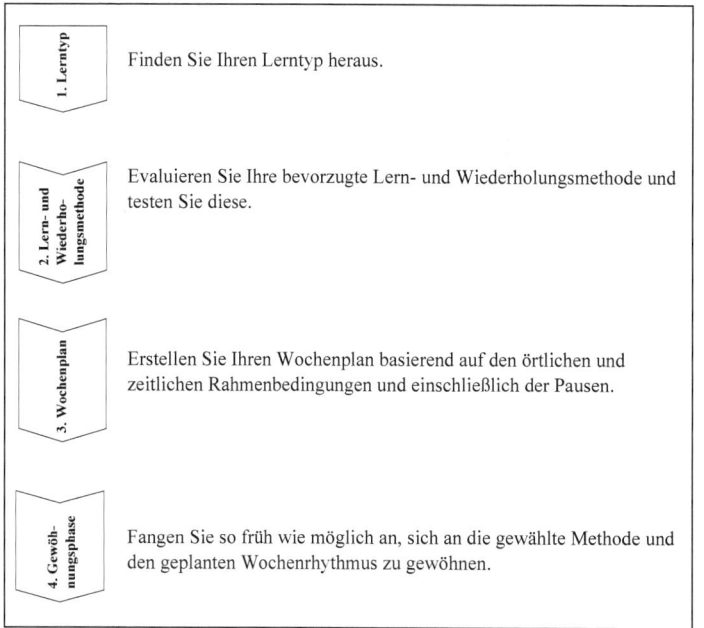

Kapitel 4: Zusammenfassung und Kurzanleitung zum erfolgreichen Examen

	Rn
I. Das Projekt der erfolgreichen Examensvorbereitung	200
1. Der erste Schritt: Die Rahmenbedingungen Ihres Projekts	201
2. Der zweite Schritt: Ihr Lernstil – ein erster Anhaltspunkt	202
3. Der dritte Schritt: Die richtige Wahl der Vorbereitungsmethode	203
II. Die private Arbeitsgemeinschaft	205
1. Der erste Schritt: Die Gründung	205
2. Der zweite Schritt: Der AG-Plan	206
3. Der dritte Schritt: Die Durchführung und Nachbereitung der AG	209
4. Problemprävention	212
III. Lernen und Wiederholen	216
1. Lernmethoden	219
2. Wiederholungsmethoden	223

I. Das Projekt der erfolgreichen Examensvorbereitung

Gehen Sie Ihre Examensvorbereitung aktiv an – und zwar von Anfang an. Irgendwann, spätestens, wenn Sie den Schwerpunktbereich in Angriff nehmen, müssen Sie die Hemmschwelle überwinden, irgendwann müssen Sie sich einer bestimmten Methodik stellen, irgendwann müssen Sie sich **Gedanken** machen über die **Art** der Vorbereitung, der Sie vertrauen. Wohlgemerkt: der **Sie** vertrauen, nicht: der **andere** vertrauen. Egal, was Sie vorher über die Examensvorbereitung gedacht haben (etwa: „Zu welchem Repetitor gehe ich bloß?" oder „Oje, wie soll das bloß alles werden?" oder: „Mist, da habe ich mir noch überhaupt keine Gedanken gemacht.", aber auch: „Klar, ich lerne gerne an ruhigen Orten."), gehen Sie noch einmal ganz an den Anfang.

200

Kapitel 4: Zusammenfassung und Kurzanleitung

1. Der erste Schritt: Die Rahmenbedingungen Ihres Projekts

201 Gehen Sie die folgende Checkliste durch:
- Welche Möglichkeiten der Vorbereitung gibt es generell?
- Notieren Sie sämtliche Vor- und Nachteile jeder Vorbereitungsmethode!
- Welches ist mein Examensziel (konkrete ehrgeizige Note bitte!)?
- Wann ist mein konkreter Examenstermin für die schriftlichen Prüfungen (Farbe bekennen!)?
- Wie viel Zeit muss ich für die Vorbereitung einplanen (in Wochen und Monaten bitte!)?
- Wie viel der verfügbaren Zeit möchte ich zum Lernen verwenden?
- Wie viel der verfügbaren Zeit möchte ich zum Anwenden und Fälle lösen verwenden?
- Wie viel der verfügbaren Zeit möchte ich zum Wiederholen verwenden?
- Wie viel der verfügbaren Zeit möchte ich für Freizeit und Urlaub verwenden?

Nach diesem ersten Findungsprozess müssen Sie sich mit der Idee anfreunden, eine der von Ihnen genannten Vorbereitungsarten auszuwählen. Dazu ist es erforderlich zu ermitteln wie Sie am effektivsten Lernen können.

2. Der zweite Schritt: Ihr Lernstil – ein erster Anhaltspunkt

202 Überlegen Sie sich, wie Sie sich bisher Wissen angeeignet haben und bewerten Sie die Effektivität? Hat Ihnen Lesen am meisten gebracht oder die Vorlesung oder doch eigenständiges Fällelösen? Blieb mehr hängen in einer lauten oder leisen Umgebung? Diese Notizen geben Hinweise für Ihren Weg, um ein gutes Lernergebnis zu erzielen. Nehmen Sie das Ergebnis ernst, auch wenn es nur einen Anhaltspunkt darstellt für die Wahl der Vorbereitungsart (s. Rn. 25 ff.). Beachten Sie, dass wissenschaftlich erwiesen ist, dass die mit Abstand meisten Informationen durch aktive Beschäftigung mit dem Material nachhaltig aufgenommen und verarbeitet werden.

3. Der dritte Schritt: Die richtige Wahl der Vorbereitungsmethode

Überlegen Sie sich – zunächst abstrakt und theoretisch –, welche Vorbereitungsmethode am besten zu Ihrem Lernstil passt. Wägen Sie die Vor- und Nachteile der verschiedenen Methoden nochmals gegeneinander ab. Machen Sie sich mit dem Arbeitsaufwand vertraut, der – abhängig von der jeweiligen Methode – jeweils auf Sie zukommt, und überlegen Sie, ob der Aufwand eher eine nutzlose Belastung darstellt oder Sie auf dem Weg zum erfolgreichen Staatsexamen bereits nach vorne bringt. 203

Bedenken Sie dabei Ihre Neigung zur Passivität. Seien Sie ehrlich zu sich selbst und gehen Sie in Gedanken die Mängel der klassischen Examensvorbereitung in Bezug auf Ihren Lernstil und Ihre Bereitschaft zur Selbstdisziplin durch. Werden Sie nun konkret. Überprüfen Sie in der Praxis, wie Sie ein Thema am besten aufbereiten, wie Sie sich am schnellsten Lerninhalte einprägen und diese anwenden können. Beobachten Sie dabei bitte auch, wie sehr die Aneignung von **System**wissen und Methodik gefördert wird. Im Idealfall nutzen Sie Informationsveranstaltungen, besuchen eine universitäre Examensvorbereitungsveranstaltung und halten eine Probe-AG (zum Beispiel zum Thema: Strafrecht BT Vermögensdelikte) ab. Gehen Sie danach hart mit sich ins Gericht und fragen Sie sich, auf welche Weise Sie wohl den größten Lernerfolg zu erwarten haben. Dass Sie sich daneben bei jeder Vorbereitungsmethode auf aktive und disziplinierte Arbeit verpflichten, versteht sich von selbst. Nur wenn Sie **ganz sicher** sind, dass Sie überwiegend auditiv lernen und sich selbst so sehr im Griff haben, dass Sie auch in größeren Gruppen entgegen der Lebenserfahrung proaktiv lernen und **anwenden** können und werden, dürfen Sie eine Vorlesungsvorbereitung wählen. Wenn Sie hingegen vernünftigerweise bereit sind, der privaten Arbeitsgemeinschaft eine Chance zu geben, lesen Sie bitte weiter! 204

II. Die private Arbeitsgemeinschaft

1. Der erste Schritt: Die Gründung

Die Gründung einer privaten Arbeitsgemeinschaft bedarf nicht mehr als ein wenig Vorbereitung, einer optimistischen Einstellung und – fast immer – der Courage zur Initiative. Wenn Sie eine AG 205 ins Leben rufen wollen, müssen (oder dürfen) Sie das erste Mal Aktivität unter Beweis stellen. Laden Sie Kommilitonen zum Diskussionsabend ein. Überlegen Sie sich vorher, wer aus Ihrer Sicht für ein gemeinsames Arbeiten in Frage kommt und gehen Sie nicht zu kritisch mit Ihren Kommilitonen und deren Persönlichkeiten um. Denken Sie daran, dass Sie niemanden heiraten möchten, sondern lediglich einen brauchbaren **Kollegen** benötigen. Zur Not machen Sie einen Aushang am schwarzen Brett. Verabschieden Sie sich von der Vorstellung, Scheinnoten und Vorarbeit könnten über das zukünftige Examen entscheiden. Geben Sie auch den Kommilitonen eine Chance, die bisher nicht viel für ihr Studium getan haben. Auf die gemeinsame Einstellung **jetzt** kommt es an. Entscheidend ist lediglich eine gemeinsame Zielsetzung, die auch aus einer Punktzahl bestehen darf. Stellen Sie Ihre Idee, Ihr Konzept (und dieses Handbuch?) vor und entwickeln Sie gemeinsam einen AG-Rahmen und einen Lernplan. Sie werden sehen, dass bereits dieser Schritt den Anfang Ihrer erfolgreichen Examensvorbereitung darstellt. Überzeugen Sie Ihre Mitstreiter und einigen Sie sich auf gewisse Spielregeln. Entscheiden Sie sich für einen AG-Typ (möglichst denjenigen der anwendenden AG!) und visualisieren Sie die Vorteile der AG im Allgemeinen und des anwendenden Typs im Besonderen. Wichtig ist, dass sich alle Teilnehmer auf den einmal festgelegten Rahmen im Sinne eines „moralisch verpflichtenden Vertrags" einschwören und ihn als verbindlich anerkennen (s. Rn. 59)

2. Der zweite Schritt: Der AG-Plan

206 Bevor Sie einen eigenen AG-Plan aufstellen, sollten Sie sich für einige Grundentscheidungen Zeit nehmen. Es gilt, eine Abwägung zwischen dem Prinzip der Vollständigkeit des Stoffes und dem Prinzip der Falllösung zu treffen. Versuchen Sie, den Stoff vollständig zu behandeln, aber gewichten Sie der jeweiligen Prüfungsordnung entsprechend. Der AG-Plan sollte genau festlegen, welches Gebiet Thema der nächsten Sitzung ist. In der Sitzung selbst ist der Stoff dann möglichst examensnah, dh ganz überwiegend anhand von konkreten Fällen zu behandeln. Als erste Anwendungs- und damit Wiederholungseinheit ist in der Sitzung

II. Die private Arbeitsgemeinschaft

dem Prinzip der Mündlichkeit mit kurzen Stichworten, möglichst bei den Lücken und Problemfällen, der Vorzug zu geben.

Danach ist der Stoff einzuteilen, zu portionieren. Bei keiner anderen Vorbereitungsmethode wird dies von Ihnen verlangt – was schade ist, da eine wichtige Erkenntnis verloren geht: Der Stoff ist überschaubar, endlich und zusammenhängend. Berechnen Sie die bis zum Examenstermin vorhandenen AG-Wochen. Berechnen Sie die zur Verfügung stehenden AG-Sitzungen. Berechnen Sie die pro Rechtsgebiet nach Ihrer individuellen Gewichtung zur Verfügung stehenden Sitzungen (s. Rn. 70). 207

Wenden Sie sich danach der Einteilung des Stoffes selbst zu. Teilen Sie den Stoff in verschiedene Ebenen ein, von denen die erste Ebene den gängigen Themen einzelner Lehrbücher entspricht (z. B. Verwaltungsrecht, Strafrecht AT, Familienrecht). Auf der zweiten Ebene teilen Sie den Stoff (ebenfalls anhand von Lehrbüchern) in einzelne Unterabschnitte (z. B. Bauplanungsrecht, Täterschaft und Teilnahme, Kaufvertrag) und auf der dritten Ebene nehmen Sie sich vor, welche konkreten zusammenhängenden Rechtsprobleme aus dem jeweiligen Gebiet in einer einzigen AG-Stunde abgearbeitet werden sollen (z. B. Störerbegriff und polizeirechtliche Verantwortlichkeit, Generalklausel und Standardmaßnahmen). Allein diese Einteilung hat schon die erste Strukturierung des verlangten Stoffes in Ihrem Gedächtnis zur Folge. Wir garantieren Ihnen, dass die Einteilung spielend zu bewältigen ist und Sie nicht überfordern wird. 208

3. Der dritte Schritt: Die Durchführung und Nachbereitung der AG

Für eine erfolgreiche Durchführung einer AG-Stunde, aber auch für eine erfolgreiche AG im Gesamten ist eine gute individuelle Vorbereitung unerlässlich. Dies klingt selbstverständlich; fragen Sie aber einmal Ihre Kommilitonen beim Repetitor, wie ernst sie die Vorbereitung auf den Kurs nehmen. Also: Auch wenn in der einzelnen AG-Stunde nichts auf dem Spiel steht; bereiten Sie sich darauf wie auf eine wichtige mündliche Prüfung vor; gründlich, konzentriert und langfristig orientiert. Die Motivation dazu ziehen Sie aus der Gruppendynamik, die es in einer privaten Arbeitsgemeinschaft schlicht nicht zulässt, dass man sich (gedanklich) zurücklehnt. 209

Kapitel 4: Zusammenfassung und Kurzanleitung

Bitte machen Sie sich klar, dass man in der AG in der Regel nicht gemeinsam lernt, sondern Fälle löst, und zwar nicht zur Veranschaulichung von Rechtsproblemen, sondern zum Training und zur Aneignung einer bestimmten Methode. Der unbestreitbare Vorteil ist der, dass die AG-Sitzung bereits die **Anwendung** Ihres Wissens und damit die erste (wichtige) Wiederholung bereits gelernten Stoffes darstellt. Ein weiterer Grund, gut vorbereitet zur Sitzung zu erscheinen.

210 Die einzelnen Sitzungen sollten nicht länger als vier bis fünf Stunden dauern, selbstverständlich mit einer Pause, wenn die Konzentration nachlässt. Mündliche Arbeit steht im Vordergrund, so dass es für die Sitzung selbst nicht viel Materials bedarf. Allerdings muss sich der jeweilige AG-Leiter vorher um Fälle unterschiedlicher Schwierigkeitsgrade inklusive der Lösungen bemühen. Als Leiter sollte man davor keine Angst haben. Es ist kinderleicht, die einschlägigen Fälle pro Rechtsgebiet in Erfahrung zu bringen. Dies ist auch keine zusätzliche mühevolle Arbeit, sondern wiederum ein echter Gewinn an Überblick und juristischer Routine im Gewichten. Der jeweilige Leiter hat die Sitzung zu moderieren, die Lösung zu beherrschen und alle Teilnehmer gleichmäßig mit Fragen und Fällen zu „bedienen". Er hat von Anfang an streng auf einen sauberen Aufbau, übertriebenen Gutachtenstil und korrekte Argumentation zu achten, denn die Falllösung in der AG ist immer auch Generalprobe für die Falllösung in der Examensklausur. Am Ende der Sitzung sollte die Frage gestellt werden, ob die behandelten Rechtsprobleme tatsächlich jedem klar sind und ob jeder Teilnehmer die AG mit einem befriedigenden Gefühl beendet.

211 Die Nachbereitung der AG-Sitzung ist genauso wichtig wie die Sitzung selbst. Sie müssen sich dazu zwingen, ehrlich mit sich zu sein und zu beurteilen, bei welchen Fällen Sie Probleme hatten (und seien sie auch noch so gering). Diese Fälle sind dann nach bestimmter Zeit gezielt nachzuarbeiten. Dies muss nicht lange dauern, sollte aber nicht abgeschlossen werden, bevor Sie sich nicht selbst sagen können: „Jawohl, jetzt habe ich zu diesem Thema alles verstanden."

II. Die private Arbeitsgemeinschaft

4. Problemprävention

Vergessen Sie die Angst vor Problemen, die bei der gemeinsamen Vorbereitung in der AG auftreten können. Vieles davon ist übertrieben und vermeidbar. Achten Sie auf einen fairen Umgang miteinander und verständigen Sie sich auf eine gewisse **Streitkultur**, die in einem festen institutionalisierten Rahmen verläuft. Halten Sie regelmäßig Feedback-Gespräche ab und betreiben Sie wie ein Teamleiter im Unternehmen aktives Risk-Management. Wie das geht? Vor allem, indem Sie gut **vorbereitet** sind. Teilen Sie mögliche Probleme vorab gedanklich ein. Welche Kategorien gibt es und welche Lösungs- und Vermeidungsansätze resultieren daraus? Sie befürchten ein Motivations- und Disziplinproblem? Dem kann durch eine realistische Zielsetzung vorgebeugt werden: Nicht zu einfach („das schaffe ich auch ohne Anstrengung") und nicht zu schwer („das schaffe ich nie"), sondern ehrgeizig und realistisch („das kann und will ich schaffen, aber nur mit harter disziplinierter Arbeit"). Verständigen Sie sich mit Ihren AG-Partnern auf ein gemeinsames Ziel. Dann entwickelt sich zusätzlich eine Gruppenmotivation, die dadurch zustande kommt, dass bei mehreren die individuellen Motivationskurven in der Regel nicht identisch verlaufen: Ist der eine „am Boden", befindet sich der andere noch oder schon wieder in einer „Hochphase" und kann den anderen mitreißen. 212

Sie befürchten die Kritik der anderen bzw. Bevormundung durch die anderen? Bringen Sie sich ein, erinnern Sie an das gemeinsame Ziel – und vor allem: Lernen Sie, zurückzustecken und auch aus Kritik zu lernen. Nur das bringt Sie voran, denn Sie werden immer von anderen beurteilt werden, nie von sich selbst. Begreifen Sie das Streitgespräch in der AG als fruchtbaren Austausch, als konstruktiven Dialog. Den größtmöglichen Nutzen ziehen Sie daraus, indem Sie sich auch mit den Argumenten der anderen auseinandersetzen. Der richtige Umgang mit Kritik wird Ihr Berufsleben in noch viel stärkerem Maße prägen als in der Examens-AG. Trainieren Sie nebenbei jetzt schon dafür! 213

Schaffen Sie ein Gesamtkonzept für die AG mit konkreten Regeln. Viele „Überraschungen" (der X, als AG-Leiter für Donnerstag eingeteilt, ist krank geworden) und „Ausreden" (der Klassiker: „Wir haben nur selten einen Arbeitsraum für unsere AG 214

Kapitel 4: Zusammenfassung und Kurzanleitung

gefunden.") können so vermieden werden. Es muss einen klaren Fahrplan bei Krankheit und Urlaub, empfindliche Sanktionen für Verspätungen, detaillierte logistische Pläne für Arbeitsräume, Stoff und Pausen usw geben. Wenn diese Regeln und der AG-Vertrag (!) stets befolgt werden, werden viele Probleme schon im Vorfeld ausgeschlossen oder zumindest erheblich minimiert.

215 Und letztlich lässt sich auch die Examensangst in der AG besiegen: Eine gut organisierte AG, die Lerneinheiten (auch optisch) abschließen und hinter sich bringen kann, die sich regelmäßig hinterfragt und die den portionierten Stoff systematisch bearbeitet, produziert ein starkes „Wir-Gefühl", vermittelt Sicherheit und gibt Selbstvertrauen. Mehrfach pro Woche müssen Sie Fälle lösen – und zwar so, dass andere Ihre Lösung verstehen. Sie haben gelernt juristisch zu argumentieren und sind gezwungen, Ihre Methode vor kritischen Kommilitonen **anzuwenden**. Wer kann das in dieser Intensität vor dem Examensernstfall schon von sich behaupten? Gleichzeitig sehen Sie anhand des AG-Plans, wie viel Stoff Sie schon beherrschen und wie viel Stoff Sie noch vor sich haben. Viele kommerzielle Repetitoren leben davon, dass der Stoff gerade nicht weniger, sondern immer umfangreicher wird. Dies wird häufig durch Besprechung „neuester Urteile" oder – für Online-Angebote – durch Freischaltung sog. Urteilsticker oder Urteils-Newsletter dokumentiert, die wohl die beruhigende Gewähr bieten sollen, kein (noch so abwegiges aber aktuelles) Urteil mehr zu verpassen. Diese Urteile müssen Sie indes im Examen nicht kennen! Beherrschen müssen Sie allein die Methode der Falllösung. Was soll Ihnen da isoliert das neueste BVerfG-Urteil zur Glaubensprüfung bei Konvertiten im Asylverfahren oder zur einstweiligen Aussetzung des Inkrafttretens des Berliner Mietdeckels nützen?

Wählen Sie immer den Weg über die Methode und Strukturtraining, nie über Einzelwissen! Die angenehme Seite bei der AG ist, dass der Stoffberg endlich ist und täglich sichtbar abschmilzt.

Und zu guter Letzt: Begreifen Sie die aktive und effektive Examensvorbereitung nicht nur als etwas, worauf Sie sich im eigenen Interesse verpflichtet haben, sondern als das, was Sie wirklich **wollen**. Wenn jeder in Ihrer AG so denkt wie Sie jetzt, dann haben Sie die besten Voraussetzungen für ein erfolgreiches Examen geschaffen.

III. Lernen und Wiederholen

Lernen und Wiederholen wird Ihren Arbeitsalltag vor dem Staatsexamen bestimmen. Es ist hilfreich, wenn nicht gar unerlässlich, sich vorher Gedanken über effektive Lernmethodik zu machen und das reichhaltige Angebot an wissenschaftlichen Erkenntnissen und bewährten Tipps und Tricks für sich selbst individuell umzusetzen.

Machen Sie sich klar, dass der Lernprozess im Wesentlichen aus drei Phasen besteht: Am Anfang steht der Erwerb von Kenntnissen (das „Lernen" im klassischen Sinne), dazu tritt mehr und mehr der Erwerb von Fähigkeiten (Sie realisieren Verknüpfungen zwischen verschiedenen Lerninhalten) und mündet in das Erwerben von Fertigkeiten, welches Ihnen ein Abrufen und Übertragen von Kenntnissen und Fähigkeiten auf einen konkreten unbekannten Fall oder eine konkrete unbekannte Situation erlaubt (= „Anwendung"). Dieser Prozess spielt sich in Ihrem Gehirn ab, ein Organ, welches Sie trainieren und unterstützen können, wenn Sie sich ein wenig mit seiner Funktionsweise auskennen.

Statistische Untersuchungen haben ergeben, dass die Wahrscheinlichkeit des Behaltens von Informationen überproportional steigt, wenn man statt oder neben der Nutzung seiner bekannten Sinne (Hören und Sehen) die Information nacherzählt oder auf sonst eine Weise „selbst macht". Nutzen Sie diese Erkenntnis und „handeln Sie sich die Informationen ins Gehirn", indem Sie so häufig wie möglich aktiv Fälle lösen und sich zu einem Nacherzählen der Lerneinheit zwingen – völlig ohne Hilfe, ohne Bücher oder Skripten. Auch wenn es am Anfang schwerfällt, lehnen Sie sich nicht zurück und verlassen sich auf ein Hängenbleiben der Informationen durch bloßes Hören (wie häufig beim Repetitor oder an der Uni); bearbeiten Sie den Lernstoff **aktiv**.

Steigern Sie neben Ihrer Effektivität auch Ihre Effizienz, indem Sie Ihren Lernalltag organisieren und strukturieren. Je mehr Sie in dieser Beziehung festen Strukturen folgen, um so mehr entlasten

Sie Ihr Gehirn in Bezug auf Organisation. Gestalten Sie die Rahmenbedingungen Ihres Lernalltags (s. Rn. 167 ff.).

1. Lernmethoden

219 Im Ersten Staatsexamen haben Sie keine Gelegenheit, Skripten oder Bücher zu Hilfe zu ziehen. Außerdem werden Sie den zu lösenden Fall im Staatsexamen mit an Sicherheit grenzender Wahrscheinlichkeit **nicht kennen**. Daraus folgt, dass Sie zum einen selbst viel wissen, viele Informationen parat haben müssen. Zum anderen müssen Sie sich darauf verlassen, den unbekannten Fall mithilfe einer antrainierten Methode in den Griff zu bekommen. Dies hat Auswirkungen auf Ihren Lernalltag. Verpflichten Sie sich zu **aktivem** Lernen. Sie kennen das Problem: Sie lesen ein Lehrbuch und können nach einer Stunde noch keine konkrete Frage dazu beantworten. Vielleicht gehören Sie auch zu den zahlreichen Studenten, die schon nach wenigen Seiten nicht mehr sagen können, worum es eigentlich in dem letzten Kapitel ging. Unsere Empfehlung: Nutzen Sie eine aktive Lernmethode, z. B. die SQ3R-Methode zum „Active Reading" (s. Rn. 180). Der hohe Aufwand an Selbstdisziplin, der dafür verlangt wird, zahlt sich am Ende in höherer Sicherheit bei der Falllösung und in einer besseren Freizeitbilanz aus!

220 Wenn Sie mit Markierungsmethoden arbeiten möchten, überlegen Sie sich **vorher** ein schlüssiges Markierungssystem, welches Sie durchgängig verwenden. Markieren Sie den Text erst, wenn Sie die Aussage verstanden haben, und zwingen Sie sich zu sparsamem Umgang mit Markierungen – so schulen Sie Ihre Zusammenfassungs- und Strukturierungsgabe. Bedenken Sie, dass das Markieren nur der Schritt zum aktiven Lernen ist. Versuchen Sie aus Ihren Markierungen ein eigenes Kurzskript oder Karteikarten zu entwickeln. Ohne fremde Hilfe natürlich. Damit verstärken Sie Ihre gedankliche Zusammenfassung mit einer visuellen, schriftlichen Zusammenfassung.

221 Lösen Sie so häufig wie möglich Fälle, egal welcher Größe und welchen Schwierigkeitsgrads. An kleinen Fällen können Sie den Gutachtenaufbau am besten trainieren, an größeren schulen Sie vor allem Ihre juristischen Argumentationsfähigkeiten. Zwingen

Sie sich zu sklavischem Gutachtenstil und achten Sie stets auf sauberen Aufbau.

Viele Juristen haben Probleme mit allgemeiner Literatur zu Gedächtnistraining. Sie fristet ein Schattendasein am Rande der juristischen Bibliothek; häufig ist sie dort überhaupt nicht vorhanden. Zu Unrecht! Versuchen Sie einmal ein Buch Ihres Geschmacks zum Gedächtnistraining. Da stehen häufig Banalitäten drin, werden Sie meinen. Na, um so besser. Wenn Sie glauben, Lernen sei banal, dann benötigen Sie diese Bücher wirklich nicht. Häufig sind es aber gerade die einfachen, banalen Dinge, die man sich noch nie in dieser Einfachheit klar gemacht hat. Testen Sie doch ruhig einmal, ob Ihnen etwa „Mindmapping" zusagt – und zwar nicht erst kurz vor dem Examen.

2. Wiederholungsmethoden

Wie Sie wissen, ist gezieltes und effektives Wiederholen des erlernten Stoffes mindestens ebenso wichtig wie das Lernen und Anwenden. Gerade bei einem so langfristigen Projekt wie der Vorbereitung auf das Erste Staatsexamen mit langen Input-Zeiten gilt es, das Erlernte nicht nur durch beständiges Falltraining in das Langzeitgedächtnis zu überführen, sondern auch, die erlernten Definitionen und Meinungsstreitigkeiten, die nicht so häufig bei der Anwendung benutzt werden, nicht zu vergessen. Verschieben Sie Ihre Wiederholung nicht auf die Zeit knapp vor dem Examenstermin. Beginnen Sie direkt nach der ersten Lerneinheit mit dem Wiederholen. Vom ersten Tag Ihrer Vorbereitung an kämpfen Sie gegen das Vergessen. Daher sollte die Wiederholung von Anfang an ernst genommen werden und keinesfalls verschoben werden. Je schneller Sie mit dem Wiederholen anfangen und je gründlicher Sie den Stoff wiederholen, um so sicherer werden Sie in der gesamten Vorbereitungszeit. Außerdem wirkt sich effektives Wiederholen ebenfalls extrem positiv auf Ihre persönliche Freizeitgleichung aus.

Bedenken Sie dies bereits bei der Wahl Ihrer Lernmethode. Mit Karteikarten kann man besser wiederholen als mit Skripten, mit einer sinnvollen und schlüssigen Markierungsmethode und selbstformulierten Fragen kann man ein ganzes Lehrbuch viel schneller „wiederholen" als ohne solche Markierungen usw.

Kapitel 4: Zusammenfassung und Kurzanleitung

Der Wiederholungserfolg hängt auch von den Wiederholungszyklen ab. Machen Sie sich daher vorher einen echten Wiederholungsplan oder entscheiden sich für ein digitales Tool, welches Ihnen den Zyklus anhand Ihres tatsächlichen Wissensstands abnimmt. Legen Sie fest, wie viel Ihrer „Vorbereitungszeit" für die Wiederholung verwendet werden soll, und planen Sie diese Zeit so konkret wie möglich fest ein. Wir empfehlen einen regelrechten „Wiederholungs-Terminkalender".

Bei allen Wiederholungsmethoden achten Sie bitte streng darauf, nicht an der Oberfläche zu bleiben. Zwingen Sie sich, den Stoff nochmals in der ganzen Tiefe zu durchdringen, und vermeiden Sie die bekannte Gewissensberuhigung in Form einer Reproduktion des Gelernten ohne echtes gedankliches Engagement (Beispiel: „Körperverletzung plus, gemeinschaftlich plus, gefährlich minus" oder „Ah, der Schweinemästerfall, den kann ich").

225 Sie werden feststellen, dass der Stoff, der zeitlich erst relativ kurz vor dem Examenstermin gelernt wurde, nicht so häufig wiederholt werden konnte, wie der Stoff, den Sie ganz am Anfang Ihrer Vorbereitungszeit gepaukt haben. Macht nichts: Dafür ist der zuletzt erlernte Stoff auch noch „frischer" im Gedächtnis. Machen Sie sich deshalb keine Sorgen, sondern gehen Sie entspannt in die schriftlichen Prüfungen. Sie können stolz auf sich sein: Sie haben die für Sie effektivste Art der Examensvorbereitung gewählt. Sie können sich das Gefühl erlauben, wovon so viele Kandidaten träumen: „Ich habe wirklich getan, was ich konnte; mir kann nichts passieren." Viel Erfolg!

Anhang 1: Unser Muster-AG-Plan für das Erste Staatsexamen

Der folgende AG-Plan wurde von uns selbst erarbeitet, erfolgreich ausprobiert und an die in Baden-Württemberg geltende Justizausbildungs- und Prüfungsordnung (JAPrO) angepasst. Der Plan bietet eine zuverlässige Grundlage für die Vorbereitung. Gleichwohl muss er auf die Besonderheiten des jeweiligen Bundeslandes abgestimmt werden. Erneut sei betont, dass auch die Abfolge der einzelnen Gebiete nicht zwingend ist. Wer z. B. zuerst mit Strafrecht AT anfangen will, möge dies tun. Wir raten allerdings davon ab, im Zivilrecht streng chronologisch mit dem BGB AT zu beginnen. Bei der Fallauswahl wird man schnell feststellen, dass es kaum reine AT-Fälle gibt, aber durchaus eine Fülle von BT-Fällen mit kniffligen AT-Problemen. Diese Fälle wird man ohne BT-Kenntnisse nicht vernünftig bearbeiten können. Da man im BGB AT zumeist auch das größte Vorwissen mitbringt, bietet es sich an, zunächst die anderen Gebiete zu behandeln. Dann werden die AT-Einheiten gegen Ende der AG automatisch gleichzeitig zu Wiederholungseinheiten des BT. Dieses Vorgehen hatte sich zumindest bei uns bezahlt gemacht. Im Strafrecht ist die Situation nicht ganz so signifikant, aber durchaus vergleichbar. So hat es z. B. wenig Sinn, sich ohne Kenntnisse des BT mit Konkurrenzen zu beschäftigen, obwohl diese streng genommen zum AT gehören.

Auch inhaltlich gibt es natürlich Überschneidungen. So wird man beim BGB AT nicht umhinkommen, bei den Grundsätzen über den Vertragsschluss auch die Einbeziehung allgemeiner Geschäftsbedingungen zu besprechen (s. u. Nr. 61). Rechtswirkungen und Wirksamkeit von AGB stehen aber ausführlich bei Schuldrecht AT auf dem Plan (s.u. Nr. 1). Solche Überschneidungen sind bewusst hinzunehmen und in ihrer Schnittmenge jeweils als sinnvolle Wiederholung und Vertiefung zu betrachten.

Was die Gewichtung anbelangt, kann möglicherweise eine Anpassung in Bezug auf das Schwerpunktfach vorgenommen werden: Wenn beispielsweise alle AG-Teilnehmer ihre Schwerpunktausbildung „Strafrechtliche Rechtspflege" vor AG-Beginn abgeschlossen haben (oder Strafrecht ohnehin untergewichten wollen), kann bei Strafrecht wahrscheinlich erheblich gekürzt oder

Anhang 1: Unser Muster-AG-Plan für das Erste Staatsexamen

gestrafft werden. Das Einsparpotenzial wäre bei einem gemeinsamen Schwerpunktbereich „Handel und Wirtschaft" demgegenüber schon deutlich geringer und z. B. bei „Rechtsgeschichte" gar nicht vorhanden.

AG-Beginn: 28. April 202X

AG-Ende: 3. Juli 202(X+1)

AG-Sitzungen pro Woche: Semester (zweimal); Semesterferien (dreimal) --> 112 AG-Sitzungen

Name des Teilnehmers	Geleitete AG-Sitzungen
B.	…………………
P.	…………………
M.	…………………
C.	…………………

Zivilrecht: BGB AT (4); Schuldrecht AT (9); Schuldrecht BT (11); Mobiliarsachenrecht (4); Mobiliarsicherungsrecht (2); Immobiliarsachenrecht (5); FamR (2); ErbR (3); HandelsR (2); GesellschaftsR (3); ArbeitsR (3); ZPO (3); IPR (1)
Gesamt: 52 (= 46 %)

Öffentliches Recht: Grundrechte inkl. Verfassungsprozessrecht (7); StaatsorganisationsR (4); VerwaltungsR AT (6); BauR (3); PolizeiR (4); KommR, öffentliches SachenR (4); VwGO (3); StaatshaftungsR (1); EuropaR (3)
Gesamt: 35 (= 31 %)

Strafrecht: AT (10); BT (13); StPO (2)
Gesamt: 25 (= 23 %)

Anhang 1: Unser Muster-AG-Plan für das Erste Staatsexamen

Wann?	Nr.	Was?	Wer?
	1	**SchuldR AT (1): Entstehung von Schuldverhältnissen:** Notwendigkeit eines Vertrages, Vertragsfreiheit, Kontrahierungszwang, Abgrenzung zum Gefälligkeitsverhältnis, vorvertragliche Schuldverhältnisse (§ 311 Abs. 2 BGB), AGB und Verbraucherschutz, Vorverträge	
	2	**StrR BT (1):** Diebstahl und Unterschlagung	
	3	**SchuldR AT (2): Inhalt von Schuldverhältnissen und Forderungen:** Treu und Glauben, Einzelheiten der Leistungserbringung (Hol-, Bring- und Schickschuld, Bestimmung des Leistungsinhaltes durch Dritte, Leistungszeit u. Leistungsort), Geldschuld, Gattungs-, Wahlschuld, Ersetzungsbefugnis, Zurückbehaltungsrecht, Aufwendungsersatz, Wegnahmerecht, Auskunftspflicht	
	4	**VerwR AT (1):** Vorrang und Vorbehalt des Gesetzes, Verhältnismäßigkeit, Ermessen und Ermessensfehler, unbestimmte Rechtsbegriffe, Umfang und Grenzen gerichtlicher Kontrolle	
	5	**SchuldR AT (3): Erfüllung und Beendigung von Schuldverhältnissen:** Erfüllung, Hinterlegung, Aufrechnung, Erlass, Vergleich, Novation, Rücktritt, Kündigung, Widerruf	
	6	**StrR BT (2):** § 243 StGB, Rest des 19. Abschnitts	
	7	**SchuldR AT (4): Leistungsstörungen I:** Verschulden des Schuldners, Verantwortlichkeit für fremdes Verschulden (§§ 278, 831 BGB etc), Gefährdungshaftung	
	8	**VerwR AT (2):** VA, Allgemeinverfügung, Rechtsverordnungen, jeweils mit Abgrenzung gegenüber anderen Handlungsformen und erstem Überblick zu Bekanntgabe, Verfahren und Form	
	9	**SchuldR AT (5): Leistungsstörungen II:** Unmöglichkeit	
	10	**StrR BT (3 – 4):** 22. Abschnitt: Betrug, Untreue, betrugsverwandte Spezialtatbestände (Teil 1)	

Anhang 1: Unser Muster-AG-Plan für das Erste Staatsexamen

Wann?	Nr.	Was?	Wer?
	11	**SchuldR AT (6): Leistungsstörungen III:** Schlechtleistung, Verzug, Störung der Geschäftsgrundlage, Kündigung (Dauerschuldverhältnisse), Vertragsstrafe	
	12	**VerwR AT (3):** der **rechtswidrige** VA, formelle Rechtmäßigkeit, Zuständigkeit, Verfahren, Form, materiell: Ermächtigungsgrundlage und allgemeine Rechtmäßigkeitsvoraussetzungen	
	13	**SchuldR AT (7): Voraussetzungen und Inhalt von Schadenersatzansprüchen:** Verursachung und Zurechnung, Kausalität, Verschulden, Art und Umfang, Schadensberechnung, Drittschadensliquidation, Erfüllungsschaden, Vertrauensschaden, Mitwirkung des Geschädigten	
	14	**StrR BT (3 – 4): 22. Abschnitt:** Betrug, Untreue, betrugsverwandte Spezialtatbestände (Teil 2)	
	15	**SchuldR AT (8): Auswechslung eines Beteiligten:** Forderungsabtretung, Schuldübernahme, Vertragsübernahme	
	16	**SchuldR AT (9): Beteiligung weiterer Personen:** Vertrag zugunsten Dritter, Vertrag mit Schutzwirkung zugunsten Dritter, Gläubigermehrheiten, Schuldnermehrheiten; insbesondere: gestörte Gesamtschuld	
	17	**VerwR AT (4):** Bestandskraft, Rücknahme, Widerruf von VA; Erstattungsansprüche nach Rücknahme/Widerruf; Grenzen des Vertrauensschutzes (insbes. bei Verstoß gegen Unionsrecht)	
	18	**SchuldR BT (1 – 3): Kauf:** Verletzung der Pflichten des Verkäufers (Leistungsstörungen beim Kauf), Gefahrtragung, Sachmängelhaftung, Tausch, Schenkung (Teil 1)	
	19	**StrR BT (5): 20. Abschnitt:** Raub, Erpressung etc; **21. Abschnitt:** Sachbeschädigung, verwandte Spezialtatbestände	
	20	**SchuldR BT (1 – 3): Kauf:** Verletzung der Pflichten des Verkäufers (Leistungsstörungen beim Kauf), Gefahrtragung, Sachmängelhaftung, Tausch, Schenkung (Teil 2)	
	21	**VerwR AT (5):** Verwaltungsvertrag; öffentlich-rechtliches Schuldverhältnis	

Anhang 1: Unser Muster-AG-Plan für das Erste Staatsexamen

Wann?	Nr.	Was?	Wer?
	22	**SchuldR BT (1 – 3): Kauf:** Verletzung der Pflichten des Verkäufers (Leistungsstörungen beim Kauf), Gefahrtragung, Sachmängelhaftung, Tausch, Schenkung (Teil 3)	
	23	**StrR BT (6):** Aus dem **16. Abschnitt** §§ 218 ff. StGB, Straftaten gegen das Leben Einzelner (Grenzen des Lebensschutzes, Sterbehilfe, Beteiligung an der Selbsttötung)	
	24	**SchuldR BT (4):** Miete, Pacht, Darlehen, Verbraucherdarlehen, Leasing, Factoring, Franchising, Verbraucherschutz bei besonderen Vertriebsformen (Haustürgeschäfte, Fernabsatzverträge, Widerrufsrechte)	
	25	**VerwR AT (6):** Realakt, Plan und Planung, Verwaltungsprivatrecht, Subventionierung, Zweistufentheorie; Verwaltungsorganisation (Aufbau), Verwaltungsvorschriften; Verwaltungsvollstreckung (im Überblick)	
	26	**SchuldR BT (5):** Dienst- und Werkvertrag (ohne Arbeitsrecht)	
	27	**StrR BT (7): Rest aus 16. Abschnitt** Mord und Totschlag, Aussetzung, fahrlässige Tötung, Verhältnis untereinander, § 28 StGB (beispielhaft am Mord)	
	28	**SchuldR BT (6): Weitere Verträge:** insbesondere Bürgschaft, Schuldanerkenntnis, Schuldversprechen, Auftrag, Verwahrung, Geschäftsbesorgung, Maklervertrag, Verwahrungsvertrag, gemischte Verträge. Im Überblick: Versicherungsvertrag, Spiel, Wette, Differenzgeschäft, Vergleich, Inhaberschuldverschreibung, andere forderungsrechtliche Papiere und Zeichen des BGB, Anweisung.	
	29	**StrR BT (8): 17. Abschnitt** inkl. ärztlicher Aufklärung, Doping, § 340 StGB	
	30	**SchuldR BT (7):** GoA	
	31	**SchuldR BT (8 – 9): Ungerechtfertigte Bereicherung:** Leistungskondiktion, Nichtleistungskondiktion, andere Kondiktionen, Mehrpersonenverhältnisse (Teil 1)	

Anhang 1: Unser Muster-AG-Plan für das Erste Staatsexamen

Wann?	Nr.	Was?	Wer?
	32	StrR BT (9): 14. Abschnitt; 23. Abschnitt (Urkundenfälschung) gem. JaPrO, § 348 StGB	
	33	SchuldR BT (8 – 9): Ungerechtfertigte Bereicherung (Teil 2)	
	34	VwGO (1): Verwaltungsrechtsweg; Klagearten: Anfechtungs-, Verpflichtungsklage, allgemeine Leistungsklage; Vorverfahren; Anforderungen an ordnungsgemäße Rechtsbehelfsbelehrung	
	35	SchuldR BT (10 – 11): Unerlaubte Handlungen (Teil 1)	
	36	StrR BT (10): 28. Abschnitt gem. JaPrO	
	37	SchuldR BT (10 – 11): Unerlaubte Handlungen (Teil 2)	
	38	VwGO (2): Feststellungsklage, Fortsetzungsfeststellungsklage, Verhältnis der Klagearten untereinander, Klagehäufung, Klagebefugnis und subjektiv öffentliches Recht; Normenkontrollverfahren	
	39	MSachenR (1): Grundprinzipien des SachenR, Besitz, Erwerb und Verlust des **Eigentums** (§§ 929 ff. BGB)	
	40	StrR BT (11): 7. **Abschnitt** (gem. JAPrO), Falschverdächtigung § 164 StGB; 9. **Abschnitt**, Rechtsbeugung	
	41	VwGO (3): Allgemeine Sachentscheidungsvoraussetzungen, Begründetheit, Einstweiliger Rechtsschutz (§§ 80, 123 VwGO); zumindest im Überblick: Wirkungen der Entscheidung, Instanzenzug und Rechtsmittel	
	42	MSachenR (2): Erwerb vom Nichtberechtigten, §§ 946–952 BGB, Aneignung, FundR, Ersitzung, Nießbrauch an der Fahrnis	
	43	StrR BT (12): Widerstand gegen Vollstreckungsbeamte, Bestechung (§§ 331 - 334 und 336 StGB gem. JAPrO)	
	44	MSachenR (3 – 4): §§ 985 ff. (EBV) (Teil 1)	
	45	MSachenR (3 – 4): EBV (Teil 2)	

Anhang 1: Unser Muster-AG-Plan für das Erste Staatsexamen

Wann?	Nr.	Was?	Wer?
	46	**StrR BT (13): 18. Abschnitt** (aus dem AT): Konkurrenzen und ihre Auswirkung auf die Strafbemessung (z. B. Gesamtstrafe)	
	47	**MSicherungsR (1 – 2):** Eigentumsvorbehalt, Sicherungsübereignung, PfandR (Überblick) (Teil 1)	
	48	**PolR (1):** Allgemeines PolR in der bundesstaatlichen Ordnung, Befugnisnormen im PolizeiR, Generalklausel	
	49	**MSicherungsR (1 – 2):** Eigentumsvorbehalt, Sicherungsübereignung, PfandR (Überblick) (Teil 2)	
	50	**PolR (2):** Gefahrenabwehr und Opportunitätsprinzip, Störer	
	51	**ImmSachR (1):** Beseitigungs- und Unterlassungsansprüche (§ 1004 BGB), NachbarR (§ 906 BGB)	
	52	**PolR (3):** Nichtstörer, Rechtsformen polizeilichen Handelns und Rechtsschutz dagegen; Altlasten	
	53	**ImmSachR (2 – 3):** Grundbuch, Erwerb des Eigentums an Grundstücken (Teil 1)	
	54	**PolR (4):** Entschädigungs- und Ersatzansprüche, Vollstreckung (Abschleppfälle etc)	
	55	**ImmSachR (2 – 3):** Grundbuch, Erwerb des Eigentums an Grundstücken (Teil 2)	
	56	**BauR (1): BauplanungsR:** Bauleitplanung (Flächennutzungsplan, Bebauungsplan), Aufstellung, Abwägung etc, Rechtsschutz gegen Bebauungspläne	
	57	**ImmSachR (4 – 5):** Abschnitt 7 (ohne Rentenschuld) Hypothek, Grundschuld (Teil 1)	
	58	**BauR (2): Bauplanungsrechtliche Zulässigkeit,** §§ 29 ff. BauGB	
	59	**ImmSachR (4 – 5):** Abschnitt 7 (ohne Rentenschuld) (Teil 2)	
	60	**BauR (3):** Bauordnungsrecht, Nachbar- u. Rechtsschutz im BauR	

Anhang 1: Unser Muster-AG-Plan für das Erste Staatsexamen

Wann?	Nr.	Was?	Wer?
	61	**BGB AT (1):** Vertrag (inkl. Vertragsschluss unter Einbeziehung von AGB und Besonderheiten bei Verbraucherverträgen), Willenserklärung (inkl. Zugang) und Rechtsgeschäft (Auslegung etc)	
	62	**KommR (1):** Selbstverwaltung: Rechtsgrundlagen und Gesetzgebungszuständigkeiten, Stellung der Kommunalverwaltung im Staat. Die Gemeinde als Gebietskörperschaft: Gemeindegebiet, Einwohner, Befugnisse der Gemeinde, Entstehung und Rechtsnatur, Verhältnis Bürger – Gemeinde. Garantie der kommunalen Selbstverwaltung: Art. 28 Abs. 2 GG; Kommunalverfassungsbeschwerde gemäß Art. 93 Abs. 1 Nr. 4b GG.	
	63	**KommR (2):** Allgemeines zur Gliederung und Zuweisung kommunaler Aufgaben. Freiwillige Aufgaben, Pflichtaufgaben, Rechtsnatur der Pflichtaufgaben nach Weisung. Auftragsangelegenheiten aus Bundesrecht. Gemeinde als Ortsgesetzgeber, gemeindliche Satzungen. Satzungsautonomie, Begriff der Satzung. Rechtmäßigkeit und Wirksamkeit. Pflicht- und freiwillige Satzungen. Gemeindeorgane: Rat und Bürgermeister	
	64	**BGB AT (2):** Bedingung und Befristung, Geschäftsfähigkeit, Form, Nichtigkeit, Ansprüche, Einreden, Rechtssubjekte (im Überblick), Rechtsobjekte; Fristen, Verjährung	
	65	**KommR (3):** Bezirksverfassung und Ortschaftsverfassung. Organe des Landkreises. Die Rechtsbeziehungen der Gemeinde zu Dritten. Erlass von VA, Vertretung und Haftung der Gemeinde; privatrechtliche Geschäfte und wirtschaftliche Betätigung.	
	66	**BGB AT (3):** Willensmängel und Anfechtung	
	67	**KommR (4):** Verletzung der gesetzlichen Aufgabenverteilung, Haftung der Gemeinde, Aufhebung von Gemeinderatsbeschlüssen. Genehmigungsvorbehalte, Rechtmäßigkeits- oder Ermessenskontrolle. Anordnungsrecht und Ersatzvornahme. Anspruch des Bürgers auf Einschreiten der Kommunalaufsichtsbehörde. Befugnisse der Rechtsaufsicht. Die kommunalen Einrichtungen.	
	68	**BGB AT (4):** Stellvertretung inkl. Titel 6.	

Anhang 1: Unser Muster-AG-Plan für das Erste Staatsexamen

Wann?	Nr.	Was?	Wer?
	69	**StrR AT (1)**: Anwendung deutschen Strafrechts, Handlung, Kausalität und objektive Zurechnung	
	70	**GrundR (1)**: Art. 5 GG und allgemeine Grundrechtslehren	
	71	**StrR AT (2)**: Vorsatz, subjektive Zurechnung (insbes. bei Erfolgsqualifikation), Irrtum über den Kausalverlauf, *aberratio ictus*, *actio libera in cause (alic)*	
	72	**ZPO (1)**: Gerichtsverfassung und Normalverfahren; Spruchkörper mit Besetzung, Instanzenzug, Personen der Rechtspflege, Recht auf gesetzlichen Richter; Versäumnisurteil; Prozessvoraussetzungen, Klageerhebung, Zustellung, Verhandlung, Urteil; Verfahrensgrundsätze, Partei als Rechtssubjekt	
	73	**GrundR (2)**: Art. 8, 9 GG	
	74	**ZPO (2)**: Rechtsbehelfe/Einlassungen des Beklagten, Anfechtung, Widerklage, Prozessaufrechnung, Anerkenntnis, Klagerücknahme, Klagehäufung, Streitgenossenschaft, Klageänderung und Vergleich; Beweisverfahren im Überblick und Rechtskraft	
	75	**StrR AT (3)**: **Rechtswidrigkeit**, Einverständnis, Einwilligung, gesetzliche Rechtfertigungsgründe im StGB (§ 32, § 34), im BGB (§§ 227 - 231, 904 BGB) und in der StPO (§ 127 Abs. 1 StPO, behördliche Eingriffsbefugnisse)	
	76	**ZPO (3)**: **VollstreckungsR**, Arten der Zwangsvollstreckung, Antrag, Titel, Klausel, Zustellung, Rechtsbehelfe gg. drohende Vollstreckung (Erinnerung, Beschwerde, Klagen, Schutzantrag); vorläufiger Rechtsschutz	
	77	**GrundR (3)**: Art. 4, 6, 7, 16a, 18 GG	
	78	**GesR(1)**: Außenwirkung der **GbR, OHG, KG**; Entstehung und Entstehungsmängel, Rechtsnatur, Vertretung, Haftung (gemäß JAPrO auch Partnerschaftsgesellschaft)	
	79	**StrR AT (4)**: Schuld, Schuldfähigkeit und Entschuldigungsgründe, übergesetzlicher Notstand, Unzumutbarkeit der Normbefolgung bei Tun/Unterlassen	

Anhang 1: Unser Muster-AG-Plan für das Erste Staatsexamen

Wann?	Nr.	Was?	Wer?
	80	**GrundR (4):** Art. 12, 12 a GG	
	81	**GrundR (5):** Art. 14 GG	
	82	**GesR (2):** Innenverhältnis der **GbR, OHG, KG**; Geschäftsführung, Verwaltung, Willensbildung, Vermögen, Eintritt, Beitritt, Austritt, Wechsel von Gesellschaftern, Nachfolge (gemäß JAPrO auch Partnerschaftsgesellschaft)	
	83	**StrR AT (5):** Irrtum, beachtliche und nicht beachtliche Irrtümer, ihre Abgrenzung zueinander und ihre rechtlichen Auswirkungen; Irrtum über normative Tatbestandsmerkmale; Erlaubnistatbestandsirrtum, Erlaubnisirrtum und Wahndelikt, Doppelirrtümer	
	84	**GesR (3):** Recht der Kapitalgesellschaft (nur **GmbH**). Errichtung und Mängel im Gründungsakt, Geschäftsführung und Vertretung (im Einzelnen: Gründungsvertrag, Organbestellung, Stammkapital, Anmeldung, Eintragung, Abberufung des Geschäftsführers)	
	85	**GrundR (6):** Art. 10, 13, 19, 17 GG	
	86	**ArbR (1):** Grundlagen und das **Individualarbeitsverhältnis**, Rechtsquellen, arbeitsrechtliche Normenpyramide, Systemzusammenhang der wichtigsten Anspruchsgrundlagen, Begründung eines Arbeitsverhältnisses mit Mängellehre, Inhalt (Vertragspflichten der Parteien), Beendigung (wichtig: Kündigungsschutz), Betriebsnachfolge	
	87	**StrR AT (6 – 7): Täterschaft und Teilnahme** (Teil 1)	
	88	**ArbR (2): Leistungsstörung** und Rechtsfolgen, Pflichtverletzung: ArN (Nichterbringung, Schlechterfüllung, Nebenpflichtverletzung), ArG (Verstoß gg. Vergütungspflicht, Fürsorgepflicht, rechtswidrige Ungleichbehandlung, Annahmeverzug mit Betriebsrisikolehre), Haftung im Arbeitsverhältnis	
	89	**GrundR (7):** Art. 2, 3, 11 GG	

Anhang 1: Unser Muster-AG-Plan für das Erste Staatsexamen

Wann?	Nr.	Was?	Wer?
	90	ArbR(3): Individualarbeitsrecht: Urlaub, Krankheit, Unfall; **Kollektives ArbR** (im Überblick; Abschluss und Wirkung von Betriebsvereinbarungen und Tarifverträgen), Mitbestimmung nach dem BetrVG, Fragen der Tarifgebundenheit nach TVG (Günstigkeitsprinzip und Tarifpluralität)	
	91	StrR AT (6 – 7): **Täterschaft und Teilnahme** (Teil 2)	
	92	HandelsR (1): Kaufmannsbegriff, Prokura, Stellvertretung, Handlungsvollmacht, Publizitätswirkung des Handelsregisters	
	93	StaatsOrgaR (1): GG als Verfassung, Staat: Staatsvolk, Staatsgebiet, Staatsgewalt, Staatsformmerkmale und Strukturprinzipien. Art. 20 GG: Demokratie, Republik, Rechtsstaatsprinzip, Sozialstaat, Wirtschaftsverfassung, Bundesstaatsprinzip: Rechtsgrundlagen und Bedeutung, Begriff, die konstruktive Aufgliederung, Verteilung staatlicher Aufgaben, Rechtsbeziehung zw. Bund u. Ländern, Kooperativer Föderalismus, Neugliederung des Bundesgebietes	
	94	HandelsR (2): Unternehmensbegriff, allgemeine Vorschriften über Handelsgeschäfte (§§ 343 ff. HGB); Handelskauf, § 377 HGB	
	95	StrR AT (8): **Versuch**, Rücktritt vom Versuch	
	96	FamR (1): Verlöbnis, Eheschließung, Rechtswirkung im Allgemeinen (**eheliche Lebensgemeinschaft** § 1353 BGB), Ehename, Pflichtverteilung, Mitverpflichtung/Bürgschaft des einkommens- und vermögenslosen Ehepartners, § 1357 BGB, Sorgfaltspflichten, § 1359 BGB, Unterhaltspflichten §§ 1360 ff. BGB, Eigentumsvermutung (Schutzvorschriften zugunsten des Gläubigers eines der Ehegatten, § 1362 BGB),	
	97	StaatsOrgaR (2): Bundestag und Parteien, Bundesrat	

Anhang 1: Unser Muster-AG-Plan für das Erste Staatsexamen

Wann?	Nr.	Was?	Wer?
	98	**FamR (2): Eheliches Güterrecht**, BGB §§ 1363–1371 Prinzipien der Zugewinngemeinschaft (§§ 1365, 1369), Zugewinnausgleich, Ehevertrag, § 1408 BGB; (nicht-)**eheliche Kinder** und Verwandtschaft (§ 1589): Rechtsstellung, elterliche Sorge (§ 1626), Vertretung (§ 1629), Ausschluss und Beschränkung der Vertretungsmacht, §§ 1629 Abs. 2, 1795, genehmigungspflichtige Rechtsgeschäfte und Sorgfaltsmaßstab (§§ 1643, 1664); allgemeines Persönlichkeitsrecht des Kindes. Eheliche Abstammung §§ 1591 – 1600. Nichteheliche Lebensgemeinschaft/Nichteheliche Kinder	
	99	**StrR AT (9):** Fahrlässigkeit	
	100	**StaatsOrgaR (3):** Bundesregierung und Bundeskanzler, Bundespräsident	
	101	**ErbR (1):** Verfügung von Todes wegen (Inhalt, Wirksamkeitsvoraussetzungen, Nichtigkeit), Auslegung der Verfügung von Todes wegen, Besonderheiten des Erbvertrages und des gemeinschaftlichen Testaments	
	102	**StrR AT (10):** Unterlassung, echte und unechte Unterlassungsdelikte, Besonderheiten für Täterschaft und Teilnahme sowie für Versuch und Rücktritt beim Unterlassungsdelikt	
	103	**ErbR (2): Gesetzliche Erbfolge:** Verwandte, Ehegatten, nichteheliche Kinder, Staat, nichteheliche Lebensgemeinschaft. Ausschluss von der Erbfolge: Enterbung, Unwürdigkeit, Verzicht, Ausschlagung. Die am Nachlass Berechtigten: Miterbengemeinschaft, Verfügung der Miterben, Verwaltung des Nachlasses, Auseinandersetzung	
	104	**StaatsOrgaR (4):** Gesetzgebung des Bundes: Bund und Länder, Kompetenz des Bundes, verfassungsändernde Gesetze, RVO; Ausführung der Bundesgesetze und die Bundesverwaltung (kompletter Verwaltungsaufbau), Bundeswehr, Auswärtige Angelegenheiten, Rechtsprechung (Aufbau)	
	105	**ErbR (3):** Widerruf und Anfechtung der Testamentsverfügung, Wirkungen des Erbscheins, Erbhaftung, PflichtteilsR	

Anhang 1: Unser Muster-AG-Plan für das Erste Staatsexamen

Wann?	Nr.	Was?	Wer?
	106	**StaatshaftungsR:** (im Überblick) Amtshaftung, Enteignung, enteignungsgleicher Eingriff, enteignender Eingriff, FBA, öffentlich-rechtlicher Erstattungsanspruch, Allgemeiner Unterlassungsanspruch, weitere Anspruchsgrundlagen (z. B. in Baden-Württemberg die §§ 100 – 103 PolG BW)	
	107	**StPO (1):** GVG und Verfahrensgrundsätze; Ermittlungsverfahren (Zwangsmittel und Eingriffsbefugnisse)	
	108	**StPO (2):** Hauptverfahren und Beweisrecht	
	109	**EuropaR (1): Organe und Handlungsformen.** Wesen des EU-Rechts, Organe mit Kompetenzen und Organisation, Struktur der EU; Rechtsquellenlehre; Grundzüge des Völkerrechts	
	110	**IPR:** Allgemeiner Teil; EGBGB und Rom I und II: Recht der natürlichen Personen und der Rechtsgeschäfte, Schuldrecht, Sachenrecht; Internationale Zuständigkeit nach EuGVVO (ohne Spezialzuständigkeiten für Individualarbeits- und Versicherungsverträge); richtige Verortung dieser Fragen in der Falllösung	
	111	**EuropaR (2):** Grundfreiheiten im EU-Recht und ihre Durchsetzung, EU-Grundrechtecharta und EMRK (vor allem Anwendungsbereich und Abweichungen/Ergänzungen im Vergleich zum nationalen Verfassungsrecht, z. B. Recht auf faires Verfahren); Rechtsschutzsystem vor dem EuGH (insbes. Vorabentscheidungs-, Vertragsverletzungsverfahren und Rechtsschutz bei Verletzung der Vorlagepflicht nach Art. 267 Abs. 3 AEUV)	
	112	**EuropaR (3):** Wechselwirkung zwischen dt. und europäischem Recht (insbes. VerwaltungsR, Staatshaftungsrecht); Bezüge zwischen EuropaR und allen anderen Rechtsgebieten, die Gegenstand des Pflichtstoffs sind (z. B. Fernabsatz, Verbraucherschutz; Strafrecht und Verfassungsrecht etc.); Anwendungsvorrang des Unionsrechts, richtlinienkonforme Auslegung, Effektivitätsgebot; rechtliche und methodische Folgen bei überschießender/nicht rechtzeitiger Richtlinienumsetzung	

201

Anhang 2: Unser Muster-AG-Plan für das Zweite Staatsexamen

Auch für das Zweite Staatsexamen fügen wir einen AG-Plan an, der von uns – allerdings unabhängig voneinander und nicht in derselben Zusammensetzung ausprobiert, optimiert und an die in Baden-Württemberg geltende JAPrO angepasst wurde. Auch dieser Plan bietet eine zuverlässige Grundlage für die Vorbereitung. Gleichwohl muss hier in besonders starkem Maße auf die Besonderheiten des jeweiligen Bundeslandes und v.a. auf die Besonderheiten der Relationstechnik abgestimmt werden, die sich nur begrenzt in einen Lernplan fassen lassen. Wie in dem dazugehörigen Kapitel dargestellt, lebt der Vorbereitungsdienst wesentlich stärker als das Studium von der praktischen Arbeit in Dezernat/Kanzlei und am Fall. Erneut sei betont, dass auch die Abfolge der einzelnen Gebiete nicht zwingend ist.

AG-Beginn: 15. April 202X

AG-Ende: 27. Mai 202(X+1)

AG-Sitzungen pro Woche: 1

Name	Geleitete AG-Sitzungen
M.	……………………
C.	……………………
A.	……………………
C.	……………………

Zivilrecht: BGB AT (2); SchuldR (4); SachenR (3); FamR (3); ErbR (1); HandelsR/IPR (1); GesellschaftsR (1); ArbeitsR (1); InsolvenzR (1); StraßenverkehrsR (1)
ZPO (3); FamilienprozessR (1); ZwangsvollstreckungsR (2)
Gesamt: 24 (= 46 %)

Öffentliches Recht: VerwaltungsR AT (2); StaatshaftungsR (1); BauR (2); PolizeiR (2); KommunalR/öffentliches SachenR (2); StraßenR (1); VersR (1); ImSchR (1); Gewerberecht (1) EuropaR (1)

Anhang 2: Unser Muster-AG-Plan für das Zweite Staatsexamen

VwGO (2)
Gesamt: 16 (= 31 %)

Strafrecht: AT (4); BT (4); StPO (3); OWiG/JGG (1)
Gesamt: 12 (= 23 %)

Wann?	Nr.	Themengebiet	Wer?
	1	**FamR (1)**: Materielles Scheidungsrecht, Unterhaltsrecht Teil 1	
	2	**FamR (2)**: Unterhaltsrecht Teil 2	
	3	**FamR (3)**: Vermögensausgleich unter Ehegatten (JA-Heft 20: § 3); allgemeine Ehewirkungen und eheliches Güterrecht	
	4	**FamProzessR**: Allgemeiner Teil des FamFG und Verfahren in Familiensachen (ohne Abschnitte 4 bis 8 nach JAPrO)	
	5	**ZPO (1)**: örtliche und sachliche Zuständigkeit; Zuständigkeits- und Gebührenstreitwert; Erledigung, Widerklage, Versäumnisurteil, Klageänderung, Parteiwechsel, Parteibeitritt, Klagerücknahme; jeweils mit zugehöriger Tenorierung und Besonderheiten bei der Kostenentscheidung; Baumbach´sche Formel	
	6	**ZPO (2)**: Berufung, Revision, Beschwerde, Rechtskraft, Beweis, Beweislast, selbstständiges Beweisverfahren	
	7	**ZPO (3)**: Einstweiliger Rechtsschutz, Beteiligung Dritter am Rechtsstreit, Prozessvergleich, Aufrechnung während des Prozesses	
	8	**ZPO (4)**: Vollstreckungsrecht (1) z. B. Lackmann, Zwangsvollstreckungsrecht, Teil 1 und Teil 2 Abschnitte 1 – 4	
	9	**ZPO (5)**: Vollstreckungsrecht (2): Lackmann Teil 2 Abschnitte 5 – 7, 3. Teil, 5. Teil	
	10	**ZPO (6)**: Insolvenz- und Anfechtungsrecht: Lackmann 6. Teil (evtl. Rest Vollstreckungsrecht)	
	11	**BGB AT (1)**: Stellvertretung (auch HandelsR), Geschäftsfähigkeit	
	12	**BGB AT (2)**: Verjährung, Fristen, Sicherheitsleistung, Anfechtung, Vertragsschluss, AGB	

Anhang 2: Unser Muster-AG-Plan für das Zweite Staatsexamen

	13	StPO (1): Verfahrensfragen (Beweisgewinnung im Ermittlungsverfahren, Zwangsmittel), Abschlussverfügung der Staatsanwaltschaft (Anklageschrift, Surrogate der Anklageschrift, Einstellungsverfügung)	
	14	StPO (2): Das Urteil erster Instanz (Zwischenverfahren, Hauptverfahren)	
	15	StPO (3): Rechtsmittel (Revision/Berufung/Beschwerde); Behandlung von vorinstanzlichen Verfahrensfehlern in der Rechtsmittelinstanz; Notwendiger Inhalt und Beweiskraft des Protokolls (vgl. § 274 StPO); sog. "Protokollrüge"	
	16	OWiG, Straßenverkehrsdelikte, JGG	
	17	Straßenverkehrsrecht	
	18	**StrR AT (1)**: Täterschaft, Teilnahme, Unterlassung, Fahrlässigkeit	
	19	**StrR AT (2)**: Versuch, Rücktritt, Schuld	
	20	**SchuldR (1)**: Recht der Leistungsstörungen	
	21	**SchuldR (2)**: Gewährleistung (insbes. im Kauf- und Werkvertrag), Mietrecht	
	22	**StrR AT (3)**: Rechtswidrigkeit und Wahlfeststellung	
	23	**SchuldR (3)**: Maklervertrag, Auftrag, GoA, Leasing, Architektenvertrag	
	24	**StrR AT (4)**: Vorsatz und Zurechnung	
	25	**SchuldR (4)**: Delikt, Produkthaftung, §§ 249 ff. BGB	
	26	**StrR BT (1)**: Widerstand ua, Sachbeschädigung, Aussagedelikte, Falschverdächtigung ua.	
	27	**StrR BT (2)**: Ehr- und Amtsdelikte, Tötungs- und KV-Delikte, 14. und 30., 16., 17. Abschnitt	
	28	**VwGO (1)**: Einstweiliger Rechtsschutz, Widerspruchsverfahren, Tenorierung	
	29	**VwGO (2)**: Klagearten, Urteil/Beschluss, Kosten, Normenkontrollverfahren	
	30	**AVwR (1)**: Z. B. Maurer / Waldhoff §§ 1 – 8 und §§ 21 – 24	

Anhang 2: Unser Muster-AG-Plan für das Zweite Staatsexamen

	31	**AVwR (2)**: Maurer / Waldhoff §§ 9 – 20
	32	**AVwR (3)**: Staatshaftung (Maurer / Waldhoff §§ 25 – 31)
	33	**StrR BT (3)**: Diebstahl, Erpressung, Begünstigung, Untreue
	34	**StrR BT (4)**: Urkundsdelikte, Delikte gg. die Freiheit, Umweltdelikte, Brandstiftung
	35	**SachenR (1)**: Bewegliches Sachenrecht
	36	**SachenR (2)**: Unbewegliches Sachenrecht
	37	KommR (1)
	38	KommR (2)
	39	**SachenR (3)**: EBV und Unterlassungsansprüche
	40	ErbR
	41	PolR (1)
	42	PolR (2)
	43	ArbeitsR
	44	HandelsR, IPR
	45	EuropaR
	46	GesellschaftsR
	47	BauR (1)
	48	BauR (2)
	49	ImSchR, insbes. Naturschutz- und Wasserrecht und BImSchG
	50	GewerbeR, einschließlich Gaststättenrecht
	51	StraßenR
	52	VersR

Anhang 3: Literaturempfehlungen

I. Allgemeine Hinweise

232 Die Zusammenstellung stellt nur eine kleine Auswahl der auf dem Markt erhältlichen guten Bücher dar. Für jedes Rechtsgebiet schlagen wir Ihnen jeweils – wenn auch mit gewissen Bauchschmerzen – ein Buch zur Einführung (Grundlagen), zur Vertiefung und schließlich eine Fallsammlung vor. Wir möchten Ihnen mit der Aufstellung zeigen, dass Sie auch ohne Repetitor genügend Lehrbücher und Fälle zu jedem Fachgebiet finden werden. Verpflichtend ist die Auswahl keinesfalls; die folgenden Bücher haben wir allerdings mit großem Gewinn für unsere eigene Arbeitsgemeinschaft einsetzen können. Wie schon wiederholt gesagt, gilt: Ein Buch ist gut, wenn **Sie persönlich** damit gut arbeiten können. Sagt Ihnen ein Lehrbuch von Stil oder Aufbau her nicht zu, so quälen Sie sich nicht, sondern nehmen Sie ein anderes zur Hand. Der Vorteil der eigenverantwortlichen Examensvorbereitung besteht ja gerade darin, selbstständig auswählen zu können und nicht auf bestimmte Materialien (z. B. das Repetitorium-Skript) fixiert zu sein.

233 ■ Am effektivsten wird es sein, wenn Sie ein Grundlagenbuch auswählen und lediglich ausgewählte Probleme – in der Regel die, die Sie im Grundlagenbuch nicht verstanden haben – mit den großen Lehrbüchern vertiefen (informativ zur richtigen Arbeit mit juristischen Lehrbüchern Wolff/Langbein, JuS 2025, 296). Denken Sie immer wieder daran: **Strukturen sind wichtiger als Einzelwissen!** Diesen Grundsatz müssen Sie auch bei der Literaturauswahl berücksichtigen. Bevor Sie den Studienkommentar von **Jacoby/von Hinden** nicht vollständig durchgearbeitet haben, bleibt der **Medicus/Petersen** im Schrank. Solange Sie nicht den Studienkommentar von **Joecks** oder **Kindhäuser** „zerarbeitet" haben, bleibt **Roxin/Greco** unter Verschluss. Unter „Zerarbeiten" verstehen wir dabei, dass Sie das Buch vollständig (!) durchgearbeitet, ggf. mit eigenen Anmerkungen versehen und jeden Satz verstanden haben bzw. nachvollziehen können. Dies bedeutet in der Regel, dass Sie das Buch immer und immer wieder in die Hand nehmen müssen. Verstehen Sie uns nicht falsch. Die großen Lehrbücher sind hervorragende Bücher, die Sie intensiv nutzen sollen; lei-

der machen jedoch viele Studenten und Referendare den zweiten Schritt vor dem ersten. Gerade das **Bürgerliche Recht** von **Medicus/Petersen** ist wahrscheinlich das beste Buch zum Zivilrecht, wahrscheinlich aber auch das am häufigsten falsch eingesetzte. Das Buch ist so kompakt geschrieben, dass Sie es mit Gewinn erst lesen, verstehen und den Inhalt behalten (!) können, wenn die Grundlagen wirklich sitzen. Es macht auch keinen Sinn, wenn Sie das 29. Problem aus dem Buch „30 Probleme aus dem Eigentümer-Besitzer-Verhältnis" lernen, in der Klausur leider aber vergessen, dass ein Anspruch aus EBV eine Vindikationslage voraussetzt.

Bei der Fallauswahl benötigen Sie Fälle verschiedener Schwierigkeitsgrade. Für jedes Rechtsgebiet gibt es neben den unten genannten Fallsammlungen folgende Ressourcen, die nicht mehr einzeln aufgeführt werden:

- **PdW/Prüfe dein Wissen** (Beck-Verlag): Existiert fast zu jedem Rechtsgebiet. Gerade für den Einstieg eine gute Grundlage. In der Anfangszeit der AG werden Sie PdW-Fälle vermehrt einsetzen, später – bei steigendem Wissensstand – allerdings umfangreichere Fallsammlungen benötigen.

- **Alpmann/Schmidt-Skripten**: Diese sind für die AG-Stunde sehr gut brauchbar, da die Fälle recht anspruchsvoll sind und komplett durchgelöst werden. Wer diese Fälle benutzt, vergisst nichts Wesentliches. Insbesondere die ÖR-Skripten sind sehr ordentlich.

- Häufig finden Sie in der JuS sogenannte **Grundfallreihen**, die bestimmte Themenblöcke abhandeln. Die vorgestellten Fälle decken fast alles ab, sind aber häufig etwas kurz und allein hinsichtlich des gerade besprochenen Problems gelöst! Unten finden Sie eine Übersicht der letzten Jahre.

- Einen schier unerschöpflichen Fundus an Examensklausuren finden Sie in den Ausbildungszeitschriften **JuS/Jura/JA**. Auch ältere Jahrgänge sind zu empfehlen, wenn es um Klassiker geht. Von den teilweise zu ausführlichen Lösungen der JuS (die eher an Monographien erinnern) nicht abschrecken lassen. Prägnanter sind meist die Klausurlösungen in der JA. Für das öffentliche Recht empfehlenswert sind auch die Verwaltungsblätter (Baden-Württemberg, Bayern, etc). Beim Auf-

Anhang 3: Literaturempfehlungen

finden von Klausuren eines bestimmten Schwierigkeitsgrades oder zu einem bestimmten Rechtsgebiet helfen interaktive Verzeichnisse auf der Webseite der jeweiligen Zeitschrift. Zu empfehlen sind insbesondere der sog. "Klausurenfinder" für die Zeitschrift JuS (https://rsw.beck.de/zeitschriften/jus/klausurfinder) und der sog. "Klausur-Campus" für die Zeitschrift JA (https://rsw.beck.de/zeitschriften/ja/klausur-campus). Zum Teil finden sich dort auch weitere Hilfsmittel wie z. B. Bewertungsbögen, anhand derer nachvollzogen werden kann, welcher Teil der Lösung vom Aufgabensteller in welcher Weise gewichtet wurde.

- Wer auf die berühmt-berüchtigte **aktuelle Rechtsprechung** nicht verzichten möchte, findet sie hervorragend aufgearbeitet in den Jura-Rechtsprechungskarteien. Die Fälle werden auf minimalem Raum komplett durchgelöst. Etwas ausführlicher ist die A/S-Rechtsprechungsübersicht bzw. die JuS.

II. Literatur für das Erste Staatsexamen

1. Grundfälle

235

Ingold, Grundfälle zum Informationsfreiheitsgrundrecht	JuS 2024
Deckenbrock/Sossna, Grundfälle zum Rechtsschein des Handelsregisters	JuS 2024
Steinl, Grundfälle zum Vortäuschen einer Straftat	JuS 2023
Schemmel, Grundfälle zum Rechtsschutz im Zusammenhang mit Bundestagswahlen	JuS 2023
Fuhrmann/Röseler, Grundfälle zum Recht der Bruchteilsgemeinschaft	JuS 2022
Hengstberger/Scheu, Grundfälle zum Bund-Länder-Streit	JuS 2022
Deckenbrock/Özman/Sossna, Grundfälle zur Rügeobliegenheit beim Handelskauf	JuS 2022

Anhang 3: Literaturempfehlungen

Flöck, Grundfälle zur Gesamtschuld	JuS 2022
Hengstberger, Grundfälle zur Lohnhöhe im Arbeitsrecht	JuS 2021
Knoth/Seyer, Grundfälle zur Grundrechtecharta	JuS 2021
Nitsche, Grundfälle zum Internationalen Zivilverfahrensrecht (Brüssel Ia-VO)	JuS 2021
Fischinger/Junge, Grundfälle zur handelsrechtlichen Stellvertretung	JuS 2021
Eibenstein, Grundfälle zur prinzipalen Normenkontrolle nach § 47 VwGO	JuS 2021
Armbrüster/Wollenberg, Grundfälle zum AGG	JuS 2020
Kindt, Grundfälle zur Rom I-VO	JuS 2020
Ladiges, Grundfälle zu den Sachbeschädigungsdelikten, §§ 303 – 305a StGB	JuS 2018
Austermann, Grundfälle zum Geschäftsordnungsrecht des Bundestages	JuS 2018
Bäumerich, Grundfälle zu den Gesetzgebungskompetenzen	JuS 2018
Bäumerich/Fadavian, Grundfälle zum Gesetzgebungsverfahren	JuS 2017
Wachter, Grundfälle zum Computerbetrug	JuS 2017
Schultheiß, Grundfälle zum Darlehensrecht	JuS 2017
Klocke, Grundfälle zu den verbundenen und zusammenhängenden Verträgen	JuS 2016
Hennig/Honer, Grundfälle des bürgerlich-rechtlichen Nachbarrechts	JuS 2016
Braun, Grundfälle zu § 252 StPO	JuS 2016

Anhang 3: Literaturempfehlungen

Staake/Bressendorf, Grundfälle zum deliktischen Unternehmensschutz	JuS 2016
Odemer, Grundfälle zur gesellschaftsrechtlichen Haftung natürlicher Personen im Privatrecht	JuS 2016
Staake/Bressendorf, Grundfälle zum deliktischen Schutz des allgemeinen Persönlichkeitsrechts	JuS 2015
Schulz-Merkel/Meier, Grundfälle zur Haftung bei Verkehrsunfällen	JuS 2015
Fischinger, Grundfälle zur Bedeutung des Schweigens im Rechtsverkehr	JuS 2015
Mertens, Grundfälle zu Geld und Geldschulden	JuS 2014
Schultheiß, Grundfälle zum Erwerb nach den §§ 953 ff. BGB	JuS 2013
Geis/Meier, Grundfälle zur allgemeinen Leistungsklage	JuS 2013
Müller/Eckel, Grundfälle zur Rückabwicklung sittenwidriger „Schenkkreise"	JuS 2013
Kuhli, Grundfälle zum Hausfriedensbruch	JuS 2013
Braun/Schultheiß, Grundfälle zur Hypothek und Grundschuld	JuS 2013
Frenzel, Grundfälle zu den Art. 93 ff. GG	JuS 2012
Geis/Thirmeyer, Grundfälle zur Verfassungsbeschwerde, Art. 93 I Nr. 4a GG, §§ 13 Nr. 8a, 90 ff. BVerfGG	JuS 2012
Geis/Schmidt, Grundfälle zur verwaltungsprozessualen Feststellungsklage (§ 43 VwGO)	JuS 2012
Geis/Schmidt, Grundfälle zur abstrakten und zur konkreten Normenkontrolle	JuS 2012

Anhang 3: Literaturempfehlungen

Otto, Grundfälle zu den Justizgrundrechten	JuS 2012
Steinbeck, Grundfälle zum Personengesellschaftsrecht	JuS 2012
Brodowski, Grundfälle zu den Justizgrundrechten	JuS 2012
Löhning/Gietl, Grundfälle zum Recht der Allgemeinen Geschäftsbedingungen	JuS 2012
Lehmann/Durczek, Grundfälle zur Rom II-VO	JuS 2012
Meier/Geis, Grundfälle zum Organstreitverfahren	JuS 2011
Frenzel, Grundfälle zu Art. 11 GG	JuS 2011
Gietl/Löhnig, Grundfälle zum Mietrecht	JuS 2011
Augsberg, Grundfälle zu Art. 2 II 1 GG	JuS 2011
Krausnick, Grundfälle zu §§ 48, 49 VwVfG	JuS 2010
Martens, Grundfälle zu Bedingung und Befristung	JuS 2010
Wirth/Koch, Grundfälle zur Anstiftung	JuS 2010
Fischinger/Lettmaier, Grundfälle zum Reisevertragsrecht	JuS 2010
Kramer, Grundfälle zu Art. 7 GG	JuS 2009
Magen, Grundfälle zu Art. 4 III GG	JuS 2009
Seher, Grundfälle zur Beihilfe	JuS 2009
Schmolke, Grundfälle zum Bürgschaftsrecht	JuS 2009
Meßmann/Kornblum, Grundfälle zu Art. 16, 16a GG	JuS 2009
Gietl/Löhnig, Grundfälle zum Finanzierungsleasing	JuS 2009

Anhang 3: Literaturempfehlungen

Schwarz, Grundfälle zu Art. 3 GG	JuS 2009
Seher, Grundfälle zur Mittäterschaft	JuS 2009
Kielmansegg, Grundfälle zu den allgemeinen Grundrechtslehren	JuS 2009
Kahl/Ohlendorf, Grundfälle zu Art. 2 I iVm 1 I GG	JuS 2008
Kahl, Grundfälle zu Art. 2 I GG	JuS 2008
Funke/Lüdemann, Grundfälle zu Art. 10 GG	JuS 2008
Hummel, Grundfälle zu Art. 15	JuS 2008
Krausnick, Grundfälle zu Art. 19 III GG	Jus 2008
Starke, Die Kommunalverfassungsbeschwerde (Grundfälle)	JuS 2008
Schramm, Grundfälle zum Diebstahl	JuS 2008
Koch, Grundfälle zur mittelbaren Täterschaft	JuS 2008
Löhning/Gietl, Grundfälle zur Vormerkung	JuS 2008
Krausnick, Grundfälle zu Art. 19 I und II GG	JuS 2007
Bickenbach, Grundfälle zu Art. 19 IV GG	JuS 2007
Franz/Günther, Grundfälle zu Art. 6 GG	JuS 2007
Wissmann, Grundfälle zu Art. 13 GG	JuS 2007
Armbruster, Grundfälle zum Schadensrecht	JuS 2007
Neureither, Grundfälle zu Art. 4 I, II GG	JuS 2006/07
Günther, Grundfälle zu Art. 9 GG	JuS 2006
Kobor, Grundfälle zu Art. 5 III GG	JuS 2006
Nolte/Tams, Grundfälle zu Art. 12 I GG	JuS 2006
Schroeter, Grundfälle zum Verbrauchsgüterkaufrecht	JuS

Lembke, Grundfälle zu Art. 8 GG	JuS 2005
Durner, Grundfälle zum Staatshaftungsrecht	JuS 2005
Kment, Grundfälle zur Tenorierung im verwaltungsgerichtlichen Verfahren	JuS 2005
Tröger, Grundfälle zum Sachmangel nach dem neuen Kaufrecht	JuS 2005
Dumer, Grundfälle zu Art. 14 GG	JuS 2005
Rösler, Grundfälle zur Störung der Geschäftsgrundlage	JuS 2004/05
Langenbucher, Grundfälle zum Recht der GmbH	JuS 2004
Seher, Grundfälle zu strafrechtlichen Konkurrenzen, §§ 52, 53 StGB	JuS 2004
Nolte/Tams Grundfälle zu Art. 5 I 1 GG	JuS 2004
Kettner, Grundfälle zur EU-Warenverkehrsfreiheit	JuS 2004
Reischl, Grundfälle zum neuen Schuldrecht	JuS 2003
Haus/Cole, Grundfälle zum Europarecht	JuS 2002/03
Geis/Hinterseh, Grundfälle zum Widerspruchsverfahren	JuS 2001
Leible/Sosnitza, Grundfälle zum Eigentumsvorbehalt	JuS 2001
Michael, Grundfälle zur Verhältnismäßigkeit	JuS 2001
Ahcin/Armbrüster, Grundfälle zum Zessionsrecht	JuS 2000
Nolte/Niestedt, Grundfälle zur Rechtsnachfolge im Öffentlichen Recht	JuS 2000

Baetge, Grundfälle zum IPR	JuS 1997/1998

2. Was Sie auf jeden Fall benötigen im Zivilrecht

236
- *Jacoby/von Hinden* Studienkommentar BGB, 18. Auflage 2022. Ein echtes Muss! Wer dieses Buch nicht kauft, ist selbst schuld. Kurz gefasst steht hier für unter 40 EUR fast alles drin, was man wissen muss, und nichts, was man nicht wissen muss. Sollte ab sofort zum ständigen Begleiter werden. „Zerlesen" Sie dieses Buch, in dem Sie es immer wieder zur Hand nehmen, um nachzuschlagen und zu wiederholen.
- *Schulze u.a.*, Handkommentar BGB, 12. Auflage 2024. Der „große Bruder" des *Jacoby/von Hinden*. Im Gegensatz zu dem eher für Praktiker geschriebenen Palandt mit vorbildlicher Sammlung von Rechtsprechungsdetails ein Kommentar, der Schwerpunkte auf Verständnis, Zusammenhang und Grundwissen setzt. Sollte in der AG wenigstens 1 x vorhanden sein.
- *Herresthal/Magnus/Stoffels*, Staudinger BGB – Eckpfeiler des Zivilrechts, 9. Auflage 2024. Ein umfangreiches und doch übersichtlich gestaltetes Handbuch mit vielen zusätzlichen Schemata, das sich vor allem an Studierende und Referendare in der Examensvorbereitung richtet. Für jedes Themengebiet des Bürgerlichen Rechts enthält es eigenständige Abschnitte, in denen alle relevanten Zusammenhänge und Probleme dieses Themengebietes systematisch aufbereitet und erklärt werden. Für ambitionierte Studierende, die ein Rechtsgebiet nicht nur bewältigen, sondern verstehen wollen, ist dieses Werk ein absolutes Muss.
- *Wesel*, Fast alles, was Recht ist – Jura für Nichtjuristen, 10. Auflage 2021. Hervorragend für die juristische Allgemeinbildung, zur Entspannung und Wahrung der notwendigen kritischen Distanz zum Fach. Unterhaltsam dazu.

3. Was Sie auf jeden Fall benötigen im Strafrecht

237
- *Joecks/Jäger*, Studienkommentar StGB, 13. Auflage 2020. Hat die gleiche Aufmachung wie *Jacoby/von Hinden*, gehört auch in jeden Bücherschrank.

Anhang 3: Literaturempfehlungen

- *Kindhäuser/Hilgendorf*, Lehr- und Praxiskommentar StGB, 9. Auflage 2022.
- *Joecks/Jäger*, Studienkommentar StPO, 5. Auflage 2022.

4. Was sie auf jeden Fall benötigen im Öffentlichen Recht

- *Schwerdtfeger/Schwerdtfeger*, Öffentliches Recht in der Fallbearbeitung, 15. Auflage 2018. Prägnante Darstellung des Stoffes im Öffentlichen Recht. Viele Beispielfälle, Klausurtechnik. Stellt typische Fehler dar.
- *Wolf/Decker*, Studienkommentar VwGO/VwVfG, 4. Auflage 2021. Orientiert sich am bewährten Konzept der Studienkommentare und sollte ebenfalls in keinem Bücherschrank fehlen.

5. Was Sie allgemein lesen können (Methodik und Projektmanagement)

- *Schmalz*, Methodenlehre für das juristische Studium, 4. Auflage 1998. Eines der kürzesten brauchbaren Bücher zur Methodenlehre.
- *Rüthers/Fischer/Birk*, Rechtstheorie und Juristische Methodenlehre, 12. Auflage 2022. Dieses umfangreiche und weit über den Grundlagenstoff hinausgehende Werk bietet neben einer zum Teil durchaus kritischen Analyse der juristischen Methodik und ihrer verfassungsrechtlichen und rechtstheoretischen Hintergründe interessante Denkanstöße dazu, was Recht überhaupt ist und wie es wirkt. Hier finden Sie wirklich alles, was Sie in Hinblick auf juristische Methodik und juristisches Argumentieren wissen müssen (und noch einiges mehr).
- *Kallert ua,* Das erfolgreiche Jurastudium, Eine praktische Anleitung, 1998. Ausführlich zum Examen mit und ohne Repetitor und zur Vorbereitung in der privaten AG.
- *Lange*, Jurastudium erfolgreich, Planung, Lernstrategie, Zeitmanagement, 8. Auflage 2015. Sehr ausführliches Buch. Viel zur privaten AG (Kapitel 10). Sehr gut (Kapitel 6): Wie erarbeite ich mir ein bestimmtes Rechtsgebiet. Pflichtlektüre!!
- *Grüning*, Garantiert erfolgreich lernen, Über die Fähigkeit, Ihre Lese- und Lernfähigkeit zu steigern, 2. Auflage 2019. Mit

Anhang 3: Literaturempfehlungen

vielen Tipps und Methoden durchaus lesenswert; verzetteln Sie sich aber bitte nicht.
- *Litke u.a.*, Projektmanagement, Einfach! Praktisch!, 5. Auflage 2022. Der Versuch, ein komplexes Thema kurz und anschaulich aufzubereiten. Für den interessierten Leser als Einstieg nicht schlecht. Geht allerdings deutlich über das hinaus, was Sie für die Examensvorbereitung benötigen. Daher keine Top-Empfehlung nur für Ihr Projekt „Examensvorbereitung".

6. Die einzelnen Rechtsgebiete

a) BGB Allgemeiner Teil

Grundlagen	*Brox/Walker,* Allgemeiner Teil des Bürgerlichen Gesetzbuchs, 48. Auflage 2024
	Musielak/Hau, Grundkurs BGB, 18. Auflage 2023
	Schmidt, BGB Allgemeiner Teil, 19. Auflage 2022
Vertiefung	*Neuner,* Allgemeiner Teil des Bürgerlichen Rechts, 13. Auflage 2023
Fallsammlung	*Alpmann/Schmidt* oder Fälle/Übungsklausuren aus *Musielak*

b) BGB Schuldrecht

Grundlagen	*Brox/Walker,* Allgemeines Schuldrecht, 49. Auflage 2025
	Brox/Walker, Besonderes Schuldrecht, 49. Auflage 2025
	Musielak/Hau, Grundkurs BGB, 18. Auflage 2023
Vertiefung	*Medicus/Lorenz,* Allgemeines/Besonderes Schuldrecht, 22./18. Auflage 2021/2018

Anhang 3: Literaturempfehlungen

Fallsammlung	*Kornblum/Stürner,* Fälle zum Allgemeinen Schuldrecht, 9. Auflage 2022
	Wieling/Finkenauer, Fälle zum Besonderen Schuldrecht, 9. Auflage 2022
	Medicus/Brandt, Gesetzliche Schuldverhältnisse, 6. Auflage 2024. Erklärt anhand von Fällen kurz und knapp unerlaubte Handlungen, GoA und Bereicherungsrecht. Zur Einführung und Wiederholung sehr gut geeignet.

c) BGB Mobiliarsachenrecht/Immobiliarsachenrecht

Grundlagen	*Gerhardt,* Mobiliarsachenrecht und Immobiliarsachenrecht, 5. Auflage 2000. Ein absoluter Geheimtipp. Das Buch ist zwar für Anfangssemester konzipiert und nicht ganz frisch, der Stoff ist aber auch für das Examen hinreichend umfassend.
	Hütte, Sachenrecht I, 9. Auflage 2022
Vertiefung	*Prütting,* Sachenrecht, 38. Auflage 2024
Fallsammlung	*Lange/Schiemann,* Fälle zum Sachenrecht, 6. Auflage 2008
	Alpmann/Schmidt, bzw. Fälle aus *Gerhardt*

d) BGB Familienrecht

Grundlagen	*Alpmann/Schmidt,* Familienrecht, 23. Auflage 2023
Vertiefung	*Lipp/Mayer,* Examensrepetitorium Familienrecht, 5. Auflage 2020

Anhang 3: Literaturempfehlungen

Fallsammlung	*Roth,* Familien- und Erbrecht mit ausgewählten Verfahrensfragen, 5. Auflage 2010. Anspruchsvolle Fallsammlung, mit der man die examensrelevanten Fragen dieser beiden Rechtsgebiete komplett abdecken kann.

e) BGB Erbrecht

Grundlagen	*Leipold,* Erbrecht, 23. Auflage 2022
Vertiefung	*Frank/Helms,* Erbrecht, 8. Auflage 2024
Fallsammlung	*Roth,* Familien- und Erbrecht mit ausgewählten Verfahrensfragen, 5. Auflage 2010. Anspruchsvolle Fallsammlung, mit der man diese examensrelevanten Fragen der beiden Rechtsgebiete komplett abdecken kann.

f) Gesellschaftsrecht

Grundlagen	*Schwabe,* Handels- und Gesellschaftsrecht, 12. Auflage 2024
Vertiefung	*Koch,* Gesellschaftsrecht, 13. Auflage 2023
Fallsammlung	*Alpmann/Schmidt,* Die TOP 55 Klausurfälle Handels- und Gesellschaftsrecht, 4. Auflage 2024 *Schöne,* Fälle zum Handels- und Gesellschaftsrecht Band 1, 10. Auflage 2018 *Schöne,* Fälle zum Handels- und Gesellschaftsrecht Band 2, 9. Auflage 2019

g) Handelsrecht

Grundlagen	*Jung,* Handelsrecht, 13. Auflage 2023
Vertiefung	*Schmidt,* Handelsrecht, 6. Auflage 2014

Fallsamm-lung	*Schöne*, Fälle zum Handels- und Gesellschaftsrecht Band 1, 10. Auflage 2018
	Schöne, Fälle zum Handels- und Gesellschaftsrecht Band 2, 9. Auflage 2019

h) Arbeitsrecht

Grundlagen	*Brox/Rüthers/Henssler*, Arbeitsrecht, 20. Auflage 2020
	Reichold, Arbeitsrecht, 6. Auflage 2019
Vertiefung	*Rolfs/Seiwerth/Witschen*, Studienkommentar Arbeitsrecht, 5. Auflage 2024
Fallsamm-lung	*Oetker*, 30 Klausuren aus dem Individualarbeitsrecht, 12. Auflage 2023

i) Zivilprozessrecht (ZPO)

Grundlagen	*Musielak/Voit*, Grundkurs ZPO, 16. Auflage 2022
Vertiefung	*Knöringer*, Die Assessorklausur im Zivilprozess, 18. Auflage 2021
Fallsamm-lung	*Zimmermann*, Fallrepetitorium zur ZPO, 12. Auflage 2022. Deckt mit kleinen Fällen verschiedener Schwierigkeitsgrade die gesamte ZPO ab. Fälle für Studenten sind mit einem oder zwei Sternen markiert.

j) Internationales Privatrecht (IPR)

Grundlagen	*Hebert,* Fallbearbeitung und Qualifikationsprobleme im IPR, JuS 2000, 255. Dieser zeitlose Beitrag ist in methodischer Hinsicht nach wie vor aktuell und sollte auch heute noch gelesen werden. *Bach/Huber,* Internationales Privat- und Prozessrecht – Der Pflichtstoff, 2 Auflage 2022 (vor allem §§ 7-9)
Vertiefung	*Kropholler,* Internationales Privatrecht, 6. Auflage 2006. Hinsichtlich der Allgemeinen Lehren des IPR nach wie vor das Standardwerk, leider hinsichtlich des Besonderen Teils mittlerweile veraltet. *Rauscher,* Internationales Privatrecht mit internationalem Verfahrensrecht, 5 Auflage 2017 *Junker,* Internationales Privatrecht, 5 Auflage 2022 *Brödermann/Rosengarten,* Internationales Privat- und Zivilverfahrensrecht – Anleitung zur systematischen Fallbearbeitung, 8 Auflage 2019. Anders als die übrigen Werke orientiert sich dieses Buch explizit an der Logik einer gutachterlichen Fallbearbeitung und punktet mit entsprechenden Prüfungs- und Aufbauschemata

Fallsamm-lung	*Baetge,* Grundfallreihe zum IPR, JuS 1996, 600 ff. Dieser Beitrag Ist zwar hinsichtlich des Normbestands nicht mehr in jeder Hinsicht aktuell, er bietet aber gleichwohl einen guten Überblick zu typischen Fallkonstellationen, die im ersten Examen auftreten können. *Köhler,* Examinatorium Internationales Privatrecht, 3. Auflage 2024 Nitsche, Grundfälle zum Internationalen Zivilverfahrensrecht, JuS 2021, 727

Anhang 3: Literaturempfehlungen

k) Verwaltungsrecht Allgemeiner Teil

Grundlagen	*Detterbeck*, Allgemeines Verwaltungsrecht und Verwaltungsprozessrecht, 22. Auflage 2024
Vertiefung	*Maurer/Waldhoff*, Allgemeines Verwaltungsrecht, 21. Auflage 2024
Fallsammlung	*Becker,* Fälle und Lösungen zum Verwaltungsrecht, 2. Auflage 2006
	Böhm/Gaitanides, Fälle zum Allgemeinen Verwaltungsrecht, 4. Auflage 2007
	Heyen/Collin/Spiecker, 40 Klausuren aus dem Verwaltungsrecht, 12. Auflage 2020

l) Grundrechte und Verfassungsprozessrecht

Grundlagen	*Alpmann/Schmidt,* Grundrechte, 21. Auflage 2023
	Schmidt, Grundrechte, 27. Auflage 2024
Vertiefung	*Kingreen/Poscher,* Grundrechte Staatsrecht II, 39. Auflage 2023 (vormals *Pieroth/Schlink*)
Fallsammlung	*Höfling/Augsberg,* Fälle zu den Grundrechten, 3. Auflage 2021
	Degenhart, Klausurenkurs im Staatsrecht II, 10. Auflage 2024

Anhang 3: Literaturempfehlungen

m) Staatsorganisationsrecht

Grundlagen	*Ipsen*, Staatsrecht I, 35. Auflage 2023
Vertiefung	*Degenhart*, Staatsorganisationsrecht, 39. Auflage 2023
Fallsammlung	*Höfling/Rixen*, Fälle zum Staatsorganisationsrecht, 6. Auflage 2019. Anspruchsvolle Fälle auf Examensniveau. *Degenhart*, Klausurenkurs im Staatsrecht I, 6. Auflage 2022

n) Baurecht

Grundlagen	*Dürr/x*, Baurecht, Existiert für mehrere Bundesländer. *Stollmann/Beaucamp*, Öffentliches Baurecht, 11. Auflage 2017
Vertiefung	*Kment*, Öffentliches Baurecht I, 8. Auflage 2022 *Otto*, Öffentliches Baurecht II, 8. Auflage 2023/
Fallsammlung	*Muckel/Stemmler*, Fälle zum öffentlichen Baurecht, 9. Auflage 2022 *Sander*, Fälle zum Besonderen Verwaltungsrecht, 4. Auflage 2014

o) Polizeirecht

Grundlagen	*Ruder/Pöltl*, Polizeirecht Baden-Württemberg, 9. Auflage 2021
Vertiefung	*Würtenberger/Heckmann/Tanneberger*, Polizeirecht in Baden-Württemberg, 8. Auflage 2024
Fallsammlung	*Sander*, Fälle zum Besonderen Verwaltungsrecht, 4. Auflage 2014

Anhang 3: Literaturempfehlungen

p) Kommunalrecht

Grundlagen	*Plate/Schulze/Fleckenstein*, Kommunalrecht Baden-Württemberg, 8. Auflage 2018
Vertiefung	*Gern/Brüning*, Deutsches Kommunalrecht, 4. Auflage 2019
Fallsammlung	*Sander*, Fälle zum Besonderen Verwaltungsrecht, 4. Auflage 2014 *Muckel*, Fälle zum Besonderen Verwaltungsrecht, 8. Auflage 2022

q) Verwaltungsprozessrecht (VwGO)

Grundlagen	*Gersdorf*, Verwaltungsprozessrecht, 7. Auflage 2024 (Jurathek Grundversorgung). Ausgezeichnetes Buch, das alle examensrelevanten Probleme des Verwaltungsprozesses mustergültig aufbereitet. *Alpmann/Schmidt*, VwGO, 11. Auflage 2023
Vertiefung	*Hufen*, Verwaltungsprozessrecht, 13. Auflage 2024 *Bosch/Schmidt/Vondung*, Einführung in die Praxis des verwaltungsgerichtlichen Verfahrens, 10. Auflage 2019
Fallsammlung	*Alpmann/Schmidt*, VwGO, 11. Auflage 2023 *Keller/Menges*, Die VwGO in Fällen, 1. Auflage 2010

Anhang 3: Literaturempfehlungen

r) **Staatshaftungsrecht**

Grundlagen	*Maurer/Waldhoff*, Allgemeines Verwaltungsrecht, 21. Auflage 2024
Vertiefung	*Schmalz*, Staatshaftungsrecht, 38 Fälle und Lösungen innerhalb einer systematischen Darstellung, 2000
	Baldus/Grzeszick/Wienhues, Staatshaftungsrecht, 5. Auflage 2018
Fallsammlung	*Alpmann/Schmidt*, Verwaltungsrecht AT 2, 17. Auflage 2022
	Baldus/Grzeszick/Wienhues, Staatshaftungsrecht, 5. Auflage 2018

s) **Europarecht**

Grundlagen	*Hemmer/Wüst/Hutka*, Europarecht, 14. Auflage 2021
Vertiefung	*Oppermann/Classen/Nettesheim*, Europarecht, 9. Auflage 2021
Fallsammlung	*Lecheler/Gundel*, Übungen im Europarecht, 2. Auflage erscheint voraussichtlich 2025

t) **Strafrecht Allgemeiner Teil**

Grundlagen	*Krey/Esser*, Deutsches Strafrecht Allgemeiner Teil, 7. Auflage 2022

Anhang 3: Literaturempfehlungen

Vertiefung	*Kühl*, Strafrecht Allgemeiner Teil, 8. Auflage 2017
Fallsammlung	*Rudolphi*, Fälle zum Strafrecht, Allgemeiner Teil, 5. Auflage 2000. Sehr anspruchsvolle Fälle auf Examensniveau und darüber. Für Klausurtraining sehr gut brauchbar, da ausführlich gelöst. Für AG-Stunde oft zu lang. Aber immer einmal nachschauen, ob etwas zum Thema vorhanden ist. *Hilgendorf*, Fälle zum Strafrecht für Examenskandidaten, Klausurenkurs III, 2. Auflage 2016.

u) Strafrecht Besonderer Teil

Grundlagen	*Rengier*, Strafrecht Besonderer Teil I und II, 22./21. Auflage 2020
Vertiefung	*Krey/Hellmann/Heinrich*, Strafrecht Besonderer Teil Band 1 und 2, 17./18. Auflage 2020 (im Erscheinen). Lehrbuch, das anhand von Fällen aufgebaut ist. Die Fälle sind gut für die AG einsetzbar.
Fallsammlung	*Wagner*, Fälle zum Strafrecht, Besonderer Teil, 4. Auflage 1998. Gleiche Aufmachung wie Rudolphi. *Hilgendorf*, Fälle zum Strafrecht III Klausurenkurs für Fortgeschrittene und Examenskandidaten, 3. Auflage 2022.

v.) Strafprozessrecht (StPO)

Grundlagen	*Murmann/Grassmann*, Die strafprozessuale Zusatzfrage im Ersten Juristischen Staatsexamen, Beilage zu JuS Heft 3/2001
Vertiefung	*Beulke/Swoboda*, Strafprozessrecht, 16. Auflage 2022

| Fallsammlung | *Beulke/Swoboda*, Strafprozessrecht, 16. Auflage 2022. Mit ca. 70 kleinen Fällen deckt Beulke alles ab, was Sie für das Erste Examen zur StPO wissen müssen. |

III. Literatur für das Zweite Staatsexamen

Soweit keine besonderen Angaben zu bestimmten Fachgebieten gemacht werden, gelten die Angaben für das Erste Staatsexamen. Zur *Wiederholung* (!) des materiellen Rechts unter Berücksichtigung der Besonderheiten des Assessorexamens empfehlen sich die Skripten von Kaiser u.a.

- *Kaiser/Kaiser/Kaiser*, Materielles Zivilrecht im Assessorexamen, 12. Auflage 2024.
- *Kaiser/Köster/Seegmüller*, Materielles Öffentliches Recht im Assessorexamen, 6. Auflage 2024.
- *Kaiser/Holleck/Hadeler*, Materielles Strafrecht im Assessorexamen, 6. Auflage 2023.
-

1. Was Sie auf jeden Fall benötigen im Zivilrecht

- *Knöringer*, Die Assessorklausur im Zivilprozess, 19. Auflage 2022
- *Kroiß/Neurauter*, Formularsammlung für Rechtspflege und Verwaltung, 29. Auflage 2023
- *Deubner*, Aktuelles Zivilprozessrecht (Fortsetzungsartikel in JuS)
- *Wallisch/Spinner*, Die Tenorierung zivil- und arbeitsgerichtlicher Entscheidungen – Eine Übung für Rechtsreferendare, JuS 2000, 64 ff., 377 ff.; JuS 2006, 883
- *Hecker/Temmen*, Die zivilrechtliche Anwaltsklausur im Zweiten juristischen Staatsexamen, JuS 2000, 688 ff., 693 ff., 894 ff.
- Examensklausuren: *Schmitz/Dallmayer*, Zivilrechtliche Musterklausuren für die Assessorprüfung, 7. Auflage 2015

Anhang 3: Literaturempfehlungen

- *Raiser/Schmidt/Bultmann,* Anwaltsklausuren, 2003. Beschäftigt sich mit den geänderten Anforderungen an die Examensklausuren durch die Reform der Juristenausbildung.

2. Was Sie auf jeden Fall benötigen im Strafrecht

- *Vollmer/Heidrich/Neher,* Die Assessorklausur im Strafprozess, 12. Auflage 2019
- *Kroiß/Neurauter,* Formularsammlung für Rechtspflege und Verwaltung, 29. Auflage 2023
- *Russack,* Die Revisionsklausur im strafrechtlichen Assessorexamen, 15. Auflage 2023.
- *Mansdörver/Timmerbeil,* Grundfälle zur Tenorierung strafrechtlicher Entscheidungen, JuS 2001, 1102 ff., 1209 ff.
- *Müller-Christmann,* Aktuelles Strafprozessrecht (Fortsetzungsartikel in JuS)
- *Rabe von Kühlewein,* Das sogenannte B-Gutachten in der staatsanwaltlichen Assessorklausur, JuS 2002, 271
- *Wolters/Gubitz,* Die staatsanwaltliche Abschlussverfügung in der Assessorklausur, JuS 1999, 378
- *Westphal,* Strafrechtliche Musterklausuren für die Assessorprüfung, 8. Auflage 2020
- *Meyer-Mews,* Beweisverwertungsverbote im Strafverfahren, JuS 2004, 126
- *Wolters,* Die Revision in der strafrechtlichen Assessorklausur, JuS 2004, 584 (684).

3. Was Sie auf jeden Fall benötigen im Öffentlichen Recht

- *Bosch/Schmidt/Vondung,* Einführung in die Praxis des verwaltungsgerichtlichen Verfahrens, 10. Auflage 2019
- *Jacobs,* Zur Tenorierung verwaltungsgerichtlicher Entscheidungen, VBlBW. 1995, 35 ff., 72 ff.
- *Kment,* Grundfälle zur Tenorierung im verwaltungsgerichtlichen Verfahren, JuS 2005, 420 ff., 517 ff., 608 ff.

- *Schübel-Pfister*, Aktuelles Verwaltungsrecht (Fortsetzungsreihe in der JuS)
- *Schmidt*, Ausgewählte Assessorklausuren im öffentlichen Recht, 3. Auflage 2015

4. Was Sie allgemein lesen können (Methodik und Projektmanagement)

Über die unter Rn. 238 genannten Bücher hinaus vielleicht noch:
- *Covey*, Die 7 Wege zur Effektivität, Prinzipien für persönlichen und beruflichen Erfolg, 60. Auflage 2024. Ein typisch amerikanischer Bestseller, der manchmal etwas banal daherkommt, es aber unter die wichtigsten Managementklassiker geschafft hat. Nicht zu Unrecht, da Covey hervorragend auf die Anforderungen im Beruf vorbereitet – und zwar gleich welcher Disziplin.

5. Die einzelnen Rechtsgebiete

a) Zivilprozessordnung (ZPO)

Grundlagen	*Musielak/Voit*, Grundkurs ZPO, 16. Auflage 2022. Im Grundkurs ZPO von Musielak finden sich fast 150 kleine Fälle zur ZPO. Von der Tiefe her auf jeden Fall vor Knöringer zu empfehlen. *Mürbe/Geiger/Haidl*, Die Anwaltsklausur in der Assessorprüfung, 6. Auflage 2011
Vertiefung	*Knöringer*, Die Assessorklausur im Zivilprozess, 18. Auflage 2022
Fallsammlung	*Schmitz/Dallmayer*, Zivilrechtliche Musterklausuren für die Assessorprüfung, 7. Auflage 2015

Anhang 3: Literaturempfehlungen

b) Zwangsvollstreckungs-/Insolvenzrecht

Grundlagen	*Musielak/Voit,* Grundkurs ZPO, 16. Auflage 2022.
Vertiefung	*Lackmann,* Zwangsvollstreckungsrecht mit Grundzügen des Insolvenzrechts, 12. Auflage 2021
Fallsammlung	*Lackmann,* Zwangsvollstreckungsrecht mit Grundzügen des Insolvenzrechts, 12. Auflage 2021 Enthält vier Examensklausuren zum Zwangsvollstreckungsrecht *Lackmann/Wittschier,* Die Klausur im Zwangsvollstreckungsrecht, Mit Insolvenzrecht, 6. Auflage 2021

c) Familienrecht

Grundlagen	*Lipp/Mayer,* Examensrepetitorium Familienrecht, 5. Auflage 2020
Vertiefung	*Gerhardt u.a.,* Materielles Scheidungsrecht, 10. Auflage 2012. Hartes Brot, da jede zweite Zeile mit „(siehe BGH FamRZ ...)" abschließt. Sollte Familienrecht aber in vollem Umfang in Ihrem Bundesland Prüfungsstoff sein, kommen Sie um diesen Schinken wohl nicht herum. Die Autoren können schließlich auch nichts dafür, dass Familienrecht in so weitem Umfang Richterrecht ist. *von Heintschel-Heinegg,* Das Verfahren in Familiensachen, 10. Auflage 2011
Fallsammlung	*Fixl/Krätzschel/Siede,* Assessorklausuren im Familien- und Erbrecht, 9. Auflage 2018

Anhang 3: Literaturempfehlungen

d) Erbrecht

Grundlagen	*Leipold*, Erbrecht, 23. Auflage 2022
Vertiefung	*Krug*, Erbrecht, 4. Auflage 2009 (Examenskurs für Referendare)
Fallsammlung	*Roth*, Familien- und Erbrecht mit ausgewählten Verfahrensfragen, 5. Auflage 2010. Anspruchsvolle Fallsammlung, mit der man die examensrelevanten Fragen dieser beiden Rechtsgebiete komplett abdecken kann.

e) Verwaltungsprozessrecht

Grundlagen	*Gersdorf*, Verwaltungsprozessrecht, 7. Auflage 2024 (Juratek Grundversorgung). Ausgezeichnetes Buch, das alle examensrelevanten Probleme des Verwaltungsprozesses auch für das Zweite Examen mustergültig aufbereitet. *Alpmann/Schmidt*, VwGO, 11. Auflage 2023
Vertiefung	*Hufen*, Verwaltungsprozessrecht, 13. Auflage 2023 *Bosch/Schmidt/Vondung*, Einführung in die Praxis des verwaltungsgerichtlichen Verfahrens, 10. Auflage 2019
Fallsammlung	*Alpmann/Schmidt*, VwGO, 11. Auflage 2023 *Keller/Menges*, Die VwGO in Fällen, 1. Auflage 2010

f) Straßenrecht

Grundlagen	*Alpmann/Schmidt*, Besonderes Ordnungsrecht, 6. Auflage 2012
Vertiefung	*Schnebelt/Kromer*, Straßenrecht Baden-Württemberg, 3. Auflage 2012

Fallsamm-lung	*Schnebelt/Kromer*, Straßenrecht Baden-Württemberg, 3. Auflage 2012

g) Umweltrecht

Grundlagen	*Kotulla*, Umweltrecht, Grundstrukturen und Fälle, 7. Auflage 2018
Vertiefung	*Kahl/Gärditz*, Umweltrecht, 13. Auflage 2023
Fallsamm-lung	*Kotulla*, Umweltrecht, Grundstrukturen und Fälle, 7. Auflage 2018

h) Strafprozessrecht

Grundlagen	*Murmann/Grassmann*, Die strafprozessuale Zusatzfrage im Ersten Juristischen Staatsexamen, Beilage zu JuS Heft 3/2001
	Beulke/Swoboda, Strafprozessrecht, 16. Auflage 2022. Gerade im wichtigen Bereich der Beweisverwertungsverbote gibt Beulke immer noch den besten und kompaktesten Überblick. Bevor Sie sich an den schwer lesbaren Vollmer/Heidrich ranmachen, sollten Sie Beulke durcharbeiten.
Vertiefung	*Kunnes*, Strafprozessuale Revision, 12. Auflage 2024
	Vollmer/Heidrich, Die Assessorklausur im Strafprozess, 12. Auflage 2019. Zwar manchmal etwas unglücklich geschrieben, an dem Buch werden Sie trotzdem nicht vorbeikommen. Es gibt schlicht nichts anderes.
Fallsamm-lung	*Westphal*, Strafrechtliche Musterklausuren für die Assessorprüfung, 7. Auflage 2015

Anhang 4: Checklisten und Lösungen

Die einzelnen Projektphasen der Examensvorbereitung:
Die Checklisten zum Abarbeiten und Ergänzen.

Checkliste I: Vorlaufphase

Aufgabe	Steht wo?
☐ Examenstermine und jeweiligen Anmeldeschluss beim Prüfungsamt erfragen	
☐ Meinen Examenstermin festlegen	Rn. 14
☐ Freiwochen festlegen	Rn. 71
☐ Festlegung der einzelnen Projektphasen	Rn. 56
☐ Ziele festlegen (Notenkorridor, Zeitaufwand)	Rn. 56
☐ Methodenentscheidung treffen	Rn. 25
☐ Probe-AG in einem abgegrenzten Bereich abhalten	
☐ AG-Partner auswählen	Rn. 58
☐ Vorläufigen AG-Leiter für die Planungsphase bestimmen	Rn. 68
☐ AG-Plan erstellen	Rn. 62
☐ „Lernen lernen"	Rn. 153
☐ Methodenlehre erarbeiten	Rn. 242
☐ Nach Probe-AG Feedback durchführen	Rn. 119
☐ AG-Vertrag schließen	Rn. 59
☐ »Lieblingsarbeitsplatz« finden	Rn. 176
☐	
☐	

Anhang 4: Checklisten und Lösungen

Checkliste II: Lern- und Wiederholungsphase

Aufgabe	Steht wo?
☐ Regelmäßige Feedbacks veranstalten	Rn. 119
☐ Wiederholungsphasen festlegen	Rn. 60
☐ Regelmäßiges Controlling: Klausurenkurs	Rn. 97
☐ Regelmäßiges Controlling: Stoffplan	Rn. 97
☐	
☐	

Checkliste III: Wiederholungs- und Anwendungsphase

Aufgabe	Steht wo?
☐ Wiederholungseinheiten intensivieren	
☐ Aktuelle Rechtsprechung aufarbeiten	Rn. 237 f.
☐ Alte Klausuren auf Fehler durchsehen	
☐ Planung des Wahl-/Vertiefungsfaches für die Zeit nach dem schriftlichen Examen (wenn nicht Teil der schriftlichen Prüfung)	
☐ Gesetzestexte auf den verlangten Stand bringen	
☐	
☐	

Checkliste IV: Regenerationsphase

Aufgabe	Steht wo?
☐ Nur noch Grundstrukturen wiederholen	
☐ Examenswochen planen	
☐ Lebensmittel einkaufen	

Anhang 4: Checklisten und Lösungen

Aufgabe	Steht wo?
☐ Alle Hilfsmittel auf dem neuesten Stand? Welche Hilfsmittel brauche ich?	
☐ Wo findet die Auslosung statt?	
☐ Wie komme ich zum Prüfungsraum?	
☐	
☐	

Lösungen

Lösung zu 3.2.1:

A 3, B 1, C 2, D 1, E 2, F 1   251

Stichwortverzeichnis

AG-Plan 51, 72, 83, 85, 86, 90, 119, 120, 133, 180, 189, 202, 233

AG-Vertrag 57, 70–72, 97, 110, 116, 117, 133, 184, 233

Anmeldefristen 26

Anwaltsorientierung 74

Anwendungs-Phase 137

Arbeitsgemeinschaft 19, 20, 22, 24–26, 28, 30, 39–41, 46–48, 50–53, 57, 59–72, 74–77, 79–81, 83–97, 100, 103, 105, 107–126, 132–134, 146, 179–184, 189, 190, 202, 206, 207, 215, 226, 233

Arbeitstag 56, 145

Assessorexamen 122, 123, 125

Biorhythmus 52, 142, 144, 146, 168

Checklisten 23, 57, 233

Disziplin 65, 97, 107, 110, 111, 118

Durchfallquote 143

Ebene 82–85, 181

Effektivität 43, 136, 141, 145, 185

Effizienz 136, 141, 185

Einzelwissen 49, 50, 134, 184, 206

Eisenhower-Prinzip 144

Erarbeitungs- und Wiederholungsphase 28

Erholungsphase 79

Examensangst 53, 104, 184

Examensklausur 90, 182

Examenskurse 45

Examensnote 21, 25, 48, 55

Examensstoff 82, 83

Examenstermin 26, 48, 57, 77, 110, 123, 178, 181, 187, 188, 233

Examensvorbereitung
- klassische 41, 42, 68, 179
- privaten Arbeitsgemeinschaft 47
- repetitoriumsbegleitende AG 120
- universitär 22

Examensvorbereitungskurse 19, 20, 45

Examenszeitpunkt 68

Fallauswahl 48, 125, 207

Falllösung 45, 73, 76, 77, 87, 92, 122, 133, 180, 182, 186

Falltraining 64, 187

Feedback 9, 72, 94, 102, 107, 116–119, 134, 183, 233

Freizeit 25, 44, 56, 79, 98, 143, 151, 152, 168, 178

Freizeitgleichung 143, 163, 170, 187

Frontalunterricht 43–45, 53

Gehirn 25, 136, 137, 139, 141, 142, 157, 159, 161–163, 166, 168, 185, 186

Gewichtung 84, 90, 181

Grundlagenbuch 206

Hausarbeit 44, 119

Input-Phase 137

Kaffeekränzchensyndrom 43

Stichwortverzeichnis

Karteikarte 48, 121, 157, 158, 162, 163, 165, 186, 187
Klausur 23, 29, 30, 44, 48, 50, 74, 80, 98, 119, 123, 125, 126, 138, 207, 219, 222, 234
Klausurenkurs 30, 113, 124, 126, 133, 222, 223, 234
Kleingruppenkurse 45
Kommilitone 44
Kommunikation 72, 110
Konflikte 60, 67, 96, 116, 117, 134
Konzentration 61, 79, 85, 166, 182
Krankheit 114, 115, 184

Landesjustizprüfungsamt 27, 49
Langzeitgedächtnis 31, 141, 164, 168, 187
Lehrbuch 41, 48, 63, 83, 84, 157, 161, 181, 186, 187, 206, 226
Leistungsunterschiede 114, 134
Lernalltag 142, 185, 186
Lernen 42, 48, 51, 52, 63, 64, 66, 78, 79, 87, 97–99, 104, 121, 123, 135–137, 139, 140, 142, 152, 157, 161, 162, 167, 168, 178, 183, 185–187, 233
– Allgemeines Gedächtnistraining 160
– Fälle lösen 78, 122, 159, 163, 165, 178, 184, 185
– Karteikarten & Skripten selbst erstellen 157
– Lernerfolg durch Pausen 166
– Randnummernmethode 161, 163, 165
– Randnummernmethode/Fragen formulieren 161
– Richtig markieren 155
– Wiederholen in Potenzen 165
– Wiederholungszyklen 162, 164, 188
Lernerfolg 136
Lernkontrolle 63, 133
Lernmethoden 151, 152, 186
Lernmotivation 108
Lernphasen 137, 142, 159, 162, 166
Lernplan 46, 51, 60, 104, 121, 180
Lerntyp 22, 38, 39, 42, 57, 65, 140, 141, 177–179
Lieblingsarbeitsplatz 44, 233
Literaturauswahl 206
Lösungsskizze 88, 90, 91, 95, 122

Mind Mapping 160
Motivation 27, 67, 70, 87, 97, 107, 109, 110, 181
Motivationskurve 107–109
Mündliche Prüfung 52, 76, 181

Nachbereitung 43, 44, 51, 94, 95, 181, 182
Notbremse 116, 117

Organisation 123–125, 138, 142, 186

Passivität 22, 41–43, 45, 179
Pause 67, 86, 94, 166–168, 182
Powernapping 169
Probleme 20, 44, 46, 48, 50, 51, 65, 71, 72, 90, 95–97, 102, 104, 113–115, 123, 163, 182–184, 187, 206, 224, 231
Problemprävention 96, 132, 183
Projekt 9, 17, 18, 22–27, 57, 112, 120, 132, 134, 177, 187
Prüfungsstoff 51, 74, 75, 230

Stichwortverzeichnis

Rechtsgebiet 80, 121, 138, 181, 182, 206, 207, 215
Rechtsprechung, aktuelle 49, 208
Referendariat 122–124
Regenerationsphase 28, 31, 234
Repetitor 18, 19, 28, 40–43, 45, 48, 57, 69, 79, 81, 82, 87, 88, 104, 105, 108, 112, 115, 120, 121, 146, 168, 177, 181, 185, 206, 215
Repetitorium 18, 19, 22, 26, 28, 39, 41, 47, 48, 50, 97, 115, 117, 120, 121, 141, 151, 206
Risk-Management 97, 107, 183
Rollenverhalten 105

Scheine 10, 21, 61, 114, 118
Schwerpunktfach 74, 119
Semester 10, 21, 46, 190
Sitzung 64, 71, 77, 79–81, 84–88, 90–92, 94, 95, 107, 109, 111, 117, 133, 180–182, 190, 202
Skripten 43, 50, 83, 87, 89, 121, 157, 163, 165, 185–187, 207
Soft Skills 9, 53, 113
Soziale Kompetenz 53
Sport 31, 86, 98, 100, 168
SQ3R 121, 152, 154, 155, 165, 186
Staatsexamen 10, 18, 20–23, 53, 57, 64, 65, 74, 77, 100, 122, 136, 142, 143, 170, 179, 185–187, 208, 221, 226, 227, 232
Stoffauswahl 48
Stoffverteilung 125

Strukturen 46, 49, 158, 185, 206
Strukturierung 51, 81, 84, 181

Teilnehmer 9, 27, 51, 55, 63–65, 67–72, 74, 86, 88–94, 107, 108, 110, 115, 116, 118, 180, 182
Teilrechtsgebiet 84

Übung 26, 31, 52, 56, 57, 63, 69, 227
Universität 19, 20, 40, 46, 119, 146, 169
Urlaub 52, 114, 115, 133, 178, 184

Verknüpfungs-Phase 137
Vollständigkeit 21, 73, 75, 133, 180
Vorbereitungsart 39, 40, 178
Vorbereitungsaufwand 71
Vorbereitungsformen 22, 116
Vorbereitungsphase 27, 133
Vorbereitungszeit 79, 85, 114, 134, 143, 187, 188
Vorkenntnisse 44, 68, 114
Vorlaufphase 24, 28, 233
Vorlesung 43–45, 56, 63, 137, 141, 151
Vorwissen 46

Wiederholung 44, 51, 65, 77, 78, 87, 90, 120–122, 133, 182, 187, 188, 217
Wiederholungsphase 28, 29, 79, 122, 163, 234

Zielsetzung 67, 68, 70, 180, 183
Zielvorgaben 24, 39